情報コミュニケーション学への招待

明治大学情報コミュニケーション学部 編

ミネルヴァ書房

序　文

　この企画『情報コミュニケーション学への招待』は，明治大学情報コミュニケーション学部の講義「情報コミュニケーション学入門」の公式テキストとして生まれました。読み手として想定しているのは，本学部の学生（とくに1年生）のみならず，高校生，そして広く一般の方々です。そこで，この「序文」では情報コミュニケーション学部とはどのような学部なのか，ということを簡単に紹介しておこうと思います。

情報コミュニケーション学部の理念

　情報コミュニケーション学部は，社会科学に基盤をおき，高度情報社会における人間と社会のあり方を情報コミュニケーションという視座から究明することを理念として誕生し，多様性や様々な価値観・文化を尊重することを宣言しています。そして，1　社会の〈現在〉を捉える，2　多様で学際的なアプローチ，3　創造と表現という3つの柱がこの理念と宣言をささえています。

　さらに，本学部は「ガクの情コミ」を掲げています。ここでいう「ガク」とは学・楽を指しています。本来，学問・研究とは楽しいものである，ということを表象したものです。

　そして，多様性を尊重する本学部は，「ジェンダーの違いによる社会的な役割分担や，様々な抑圧や不平等を見直し，すべての人類が平和で幸福な社会を築くこと」（ジェンダーセンター設置の理念および趣旨 https://www.meiji.ac.jp/info-com/gender/outline/）を意識した「ジェンダーセンター」という研究機関を付設し，毎年，世界各地から研究者を招聘し国際シンポジウムを開催しています。

講義と国際交流

　本学部は1学部1学科というシンプルな構造となっています。学科や専攻と

いう枠に固定されることなく，学生みなさんに様々な専門分野に関心を持ってもらいたいからです。本学部の教員の専門分野は多様・多彩です。個性ある教員たちの講義を類型化し，3分野の科目フレームの中に配置してあります。1・2年次（和泉キャンパス）では「社会科学」「人文科学」「自然科学」，3・4年次（駿河台キャンパス）では「社会システム」「文化と表象」「人間と環境」という科目フレームです。これらのフレームは学問体系を意識した類型であり，学生は自由に講義科目を選択することができます。

　また，学際を掲げる本学部は自由度を高め，カスタマイズできるカリキュラムを設定しています（マイカリキュラム）。ただし，冒頭で紹介した「情報コミュニケーション学入門」は数少ない必修科目となっています。本学部の教員の専門分野は多様・多彩です。この科目はその教員たちのオムニバス講義となっています。1年生は，この講義をとることによって，教員の専門分野を知り，自己の問題関心の方向性を理解することができます。

　そして，本学部の教員はそれぞれの専門領域において国際的研究交流を実行しています。そこで蓄積した経験をもとに，世界中の研究機関・教育機関から研究者を招聘し，最先端の学問・研究について講義「世界のキャンパスから」を開講しています。2018年度からスタートし，現在まで約1,000人の学生が履修しました。この講義に参加することにより，自分の問題関心や研究を実行するには，どの地域（国）に留学すればよいのかが分かります。

　本書『情報コミュニケーション学への招待』は，以上，紹介した本学部の特質と知が反映されたものとなっています。現代社会を読み解くためのテキストとして役立てていただければ幸いです。

本書の構成

　本書は三部構成となっています。簡単に紹介しておきましょう。

第Ⅰ部「生活から世界を解き明かす」

　インターネット・災害といった，わたしたちを取り巻く生活環境の問題から現代社会を考察するものとなっています。

第Ⅱ部「文化から社会を考える」

　近年，経済優先主義（儲かる至上主義）の風潮から人文科学や，知性までもが軽視されています。本学部の教員たちは，ファッションやジェンダーの問題から現代社会の様々な問題に切り込んでいきます。

第Ⅲ部「コミュニケーションから世界を読む」

　多様性の尊重，多文化共生といった問題や国際関係（協調）を考察した論文や，メディアとコミュニケーションの問題に切り込んだ論文が集まっています。

　以上，いかがでしょうか。まず，目次をごらんください。多彩な論者と魅力あるテーマが勢揃いしています。さあ，情報コミュニケーション学部の知の宝庫にどうぞ。

情報コミュニケーション学部長　須田　努

はじめに

　現在は先を見通すことが難しい時代です。この混迷した現代の社会を読み解き，先を見通すのに最も重要なキーワードは本書のテーマである「情報」と「コミュニケーション」です。それはなぜでしょうか？　そもそも「情報」とは何でしょうか。ここではまず，情報とは何で，それがわれわれの社会にどう影響をしているのかを考えます。その上で，次に「コミュニケーション」とは何かを考えてみましょう。

1　情報とは何か

■ビッグデータから SNS，古文書まで

　現代社会における情報とは，スマホの位置情報などのビッグデータであったり，インスタグラム，ツイッター，フェイスブックなどの SNS に皆さんが書き込むことで得られる個人情報であったりします（第9章，第26章）。こうした情報は，現代のビジネスで成功するにはとても重要です（第8章）。それを AI などで分析することにより，皆さんのスマホの画面にどんな広告を表示すれば，クリックして購入してもらえるかが分かるからです。だから，皆さんのアプリに表示される広告は皆さんの性別や年齢，住んでいる場所，どんなものが好きかなどに応じて異なった広告が表示されているのです。しかし，情報はこうしたビジネスに役立つものに留まりません。例えば，本書で扱われている防犯カメラの画像データ（第27章），衛星からの地球の画像データ（第21章）も情報です。これらを分析することにより例えば衛星画像の場合は経済活動の状況がより正確に分析できるようになってきているのです。

■「情報」は時間や空間を超える

　今，述べてきた情報は同じ時代の情報だけですが，異なる時代や地域の情報もあります。情報の特徴は「時間」や「空間」から自由であることです（第12章が論じている超域文化はまさにその具体例の一つです）。私たちは物理的には日本の今を生きていても，目を閉じて思いを巡らせれば，たちまち平安の時代を想像したり（第14章），中東など他の地域の生活を想像したりすることができます（第13章，第17章，第23章）。これはいわば，私たちの思考は時間も空間も超えて，自由にそこで楽しむことができるのと同じです。古典や歴史上の情報から，時間を超えて過去の人々の考えを知ることができます。知ることができるだけでなく，現代の問題を読み解くことにもつながります。

　例えば狂言に釣狐（つりぎつね）という演目があります。罠を仕掛けて狐を狩る猟師と，狐を狩ることをやめさそうという古狐の対決の話です。猟師の側には武器があり，餌を作り出す経済的な力があります。狐の側には武器はなく，食糧を作り出す経済的力もなく，また，罠があるという情報を仲間に伝えるコミュニケーションの方法もありません。これに対して，狐は「言葉」で狐狩りをやめるべきだと対抗します（暴力に対する言論）。それ以外に手段を持たないからです。この釣狐のストーリーは，猟師は罠を仕掛け，狐は間一髪で逃れて終わります。勝者も敗者もない終わりです。しかし，この猟師と狐の話は単なる古いストーリーでしょうか。猟師と狐の間にあるのは圧倒的な軍事力，経済力，情報操作能力の格差です（加藤，2018）。現在のイスラエルとパレスチナ，アメリカ社会における黒人の地位（BLM：Black Lives Matter），ミャンマーにおける軍事政権と市民の関係などの話としても読めるかもしれません。少なくとも考えるきっかけを得ることができそうです。

　また，古典という時間を遡る情報だけでなく，同時代の他地域という空間を超える情報もあります。私たちは「日本の現代」という視点から世界を眺めています。しかし，中東やアフリカなど別な地域には全く別な考え方でものを考え，行動する人々もいます。彼らの視点を知ることは，自らの視点を相対化することになります。インドの寓話に「群盲象を評す」というものがあります。人間とは全体が見えないまま，それぞれの人が象の鼻や足の一部を触って，象

とは何であると話をする生き物であるというものです。「知る」ことが難しいということを表現しています。何が真実の情報であるかというのは分かりにくいものですが，自分たちが真実の一部しか分かっていない可能性があるということを知ることは大切なことだと思います。他の地域，あるいは他の地域の別な時代の人たちの考え方，生き方やものの見方を知ることは，自分たちが独りよがりにならないためにも大切です（第10章，第19章）。そもそも人はどのように行動をするのか知る必要もあります（第1章，第2章，第4章，第7章）

■なぜ情報を隠そうとするのか？

　情報の中には政府の公文書なども含まれます。アメリカの公文書館の公文書は充実しており，例えば日本占領時の GHQ の様子などもかなり詳しく知ることができます。公文書は政府と市民の間のチェックアンドバランスのために重要な役割を果たしてきています。しかし，ある特定の時期や，ある地域の政府としてはこうした公文書が残ることが望ましくないと考え，隠したり，破棄したり，改ざんしてしまうことも少なくありません。日本でも森友学園問題で文書改ざんがあったことが問題になりました。日本だけではありません。2017年にはパナマ文書関連で政治家の税逃れを追及していたマルタのジャーナリスト，ダフネ・カルアナガリチアさんが車を運転中に爆弾が爆発，殺害されました。こうして，情報をねじ曲げたり，なかったことにしたり，ウソにするということも起こります。逆に言えば，それだけ情報というものが社会を動かすほど大切なものだということでもあります（第24章，第25章）。

2　コミュニケーション手段の変化はどんな影響をもたらすか

　しかし，情報は存在しているだけでは意味はありません。それが伝えられて初めて意味を持ち始めます。文字，言語や手話は情報を交換するための手段です（第10章，第11章，第15章，第16章）。音楽も楽譜に音符が書かれているだけでは音楽ではありません。それが楽器で演奏されて初めて音楽となり，私たちを感動させるものとなります。このコミュニケーション手段の変化も社会に大き

な変化をもたらしてきましたし，また，現在ももたらしています。私たちはこの変化の行く末を見定める必要があります。

　例えば，現代では自分の想いを伝えるのは LINE やインスタグラムです。平安時代にはメールはまだありませんでした。伊勢物語などの時代，人は和歌を紙に綴って想いを伝えていました。和歌は1000年の時を超えて伝えられています。私たちの LINE メッセージは膨大な量ですが，1000年後にどれだけが残り伝わっているでしょうか。

　こうした変化は今に始まったものではありません。文字のなかった時代，口承が情報を記録し伝える手段でした。過去形にしましたが，西アフリカではグリオと呼ばれる伝統的な口承文学を伝える人々が今もいて，その地域の歴史を伝える重要な役割を果たしています。日本でもアイヌは様々な口承文学を育んできました。平家物語も琵琶法師によって語り継がれてきた文学です（第15章）。

■Zoom は社会に何をもたらすか？──二極化する世界

　しかし，いつしか口承はアルファベットや漢字などの文字にとって代わられました。時代が下って距離の離れた場所のコミュニケーション手段は郵便やラジオになり，さらに技術の発達とともに電話や TV へと変化しました。今では Zoom や LINE などに変わってきています。

　こうしたコミュニケーション技術の発展は社会にも大きな変化を与えています。Zoom などの情報技術は「空間」という制約をさらに減少させています。新型コロナ禍でのリモートワークがその典型でしょう。こうした空間という制約からの自由は，途上国にとっては先進国という市場に近づく一つのチャンスであると言えます。アフリカでもルワンダはこうした情報コミュニケーション技術によって国家を発展させようとしていることで注目されています。

　しかし，一方，情報を分散させずに一極集中させることが可能になりました。企業では，これまで以上に本社機能が重要になってきています。本社ですべての情報を収集し，処理することが可能になったからです。また，インターネット上ではアマゾンやグーグルといったプラットフォーム企業が出現し巨大な企業が出る一方で，その他，大勢の企業はプラットフォーム企業に頼らざるを得

ない状況になっています（勝者総取り）。こうした一極集中傾向は企業だけでなく都市レベルでも起きています。グローバル・シティが出現する一方，日本の地方都市などは疲弊してきています（二極化，格差）。こうした中，給与も二極化しています。IT エンジニアなど技術を持つ人の給与は急上昇しています。一方，技術を持たない人たちの雇用は失われ，あるいは給与が低く抑えられるようになっています（第5章）。

　また，こうした変化がジェンダー平等にどのように影響を与えるかも考えていかなければなりません。リモートワークが可能になりこれまでよりも就業することが容易になる女性もいると思います。しかし一方で，政治や企業の主要な意思決定に関わっている女性の数はまだまだ少ないのが現状です（第18章）。SDGs の取り組みが重要となっているのは以上のような背景があるからです（第20章，第21章，第22章，第23章）。

■グローバル化社会と芸術

　社会の変化が表現に影響を与えることもあります。19世紀の後半，フランスではジャポニズムという日本の浮世絵などに影響を受けたクロード・モネなどの画家が出現します。これは日本が鎖国から開国し，日本美術を収集するコレクターたちが出てきたからです。しかし，この時代，フランスはアフリカの美術にも強い影響を受けていました。代表的な例はピカソです。この時代はグローバリゼーションの幕開けと言っても良い時代でした。こうした時代の影響を受けたのがこの時代の印象派だったのです。

　また，印象派の画家たちはこの時代の技術進歩を絵の技術に取り込んだ人たちでした。例えば，それまでは青は高価な色でしたが，安価な合成顔料プルシャンブルーが18世紀に登場します。この色を積極的に取り入れたのがモネやピカソといった印象派の画家たちで，特にピカソは「青の時代」に多用します。また印象派の画家たちは戸外で絵を描くことを始めました。これが独特の色彩を印象派にもたらします。この戸外で絵を描くことも，チューブ入りの絵の具が発売されて初めて可能になることでした。同じように技術の変化が表現に変化を与えたのは音楽も同じです。

■インスタグラムと **YouTube** の時代の表現

これまで技術の進歩や社会の変化は，その時代の芸術や表現を大きく変えてきました。最近では TV を見るよりも YouTube などを見るようになってきています。こうした映像コンテンツが見られるようになったのは19世紀後半の映画からです。この映画の登場は，小説や絵などしかなかった時代に衝撃を与えました。今では YouTube や TikTok などで当たり前となった映像ですが，映像にしかできない独特の表現が可能になったからです。

例えば，『海街 diary』という映画を見てみましょう。綾瀬はるか，長澤まさみ，夏帆，広瀬すずが出演して話題を呼びました。映画終盤，長女（綾瀬はるか）と腹違いの妹（広瀬すず）が海を見渡す山から「お父さんのバカー」と叫んだ後，二人で抱き合うシーンがあります。カメラは最初，長女の表情をアップで捉え，そして次に妹の表情のアップに移ります。二人の表情が交互に映されることにより，異母姉妹の二人がお互いを大切に思っていることが伝わってきます。このシーンは二人が建前の姉妹から本当の姉妹になった瞬間で，とても印象的です。二つの視点から撮られた映像が交互に映し出され，それにあった音楽が流れる。二人の心が近づいていくことが表現されています。こうした表現は劇や絵と小説では難しく，映像だからこそ可能になった表現で，それを私たちは YouTube や TikTok で楽しんでいるのです。

■バーチャル空間のコンサートと美術展

コロナ禍のため，コンサートや美術展が人数制限になり，中止や延期になる中，バーチャルにコンサートをする事例も多く見られます。準備してきたオペラやコンサートを無観客公演にして YouTube で無料ライブストリーミング配信し成功した事例も多く出てきました。特に最初の緊急事態宣言が出された際，実施されたびわ湖ホールのプロデュースしたオペラ『神々の黄昏』は大きな話題を呼びました。BTS のように有料のライブストリーミング配信が成功しているケースもあり，今後のコンサートや美術展のあり方ももしかしたら少し変わってくるのかもしれません。

私たちにとっては美術館やコンサートホールというものは当たり前にあるも

のです。しかし，これらもかつては考えられないものだったことを忘れてはいけません。美術館が生まれるのはフランス革命以後です。それまでは王侯貴族が所有していた絵を市民に公開したのが美術館の始まりです。同じようにバロック音楽はもともと王侯貴族と教会が主な担い手で，市民がそれを楽しむ場はありませんでした。市民が音楽を楽しむ場所としてできたのが，コンサートホールでした（岡田，2019）。

新しい技術や，それにともなう社会の変化・格差は今後，どのような表現を生み出していくのか。これが私たちの今後，考えていかないといけない課題です。

3　どうして学際的アプローチが必要なのか？

これまで述べてきた通り，私たちの社会や表現はどこへ向かうのか。格差などの課題をどう解決していけばいいのでしょうか？　答えを先に述べておくと，それは学際的な取り組みです（超域的な取り組みでもあります）。つまり，経済学だけ，工学だけなどの単一の学問ではなく，それらの研究成果を広く見渡して課題を解決しようとする取り組みです。

現場に近くなればなるほど，一つの学問だけでは問題を解決できなくなります。例えば，コロナ禍に対する対応は医学だけでなく，看護学，薬学，公衆衛生学といった医療分野の研究はもちろん必要ですが，それだけではありません。緊急事態宣言にともなうロックダウンが，経済にどのように影響が出るのかは経済学の問題です。リモートワークを進めるためには情報技術やプログラミングなどの技術が必要になります。アフリカではワクチンをどうやって地方都市に運ぶのか，道路や交通，そして冷蔵するためにどのように電気を供給するか，そのための資金をどうやって調達するかなど，様々な課題に直面しています。災害後の復興の場合も同じでしょう（第6章）。一つの学問だけではなく，多くの学問の専門知識を突き合わせて問題を解決して学際的な取り組みが必要になってきているのです。特に，上で見てきたように情報コミュニケーションの変化が与える社会への影響は大きいです。なので，情報コミュニケーションを

切り口に学際的に社会を考えることにより，新たな知見を生み出す契機になります。そうすることにより，既存の学問領域では解決できない問題を考えることができるのです。

ソニーのウォークマンという製品は皆さん，ご存じだと思います。今となっては日常の生活の中にあるありふれた製品の一つになっていますが，発売当初は売れなかったことは知られています。まず，音楽は家の中でスピーカーを使って聞くものでした。ウォークマンはイヤホンと音楽再生の機械という，すでにあった技術の「組み合わせ」から生まれた製品でした。音楽を家の外に持ち出すという新しいアイデアが，この組み合わせというイノベーションを産んだのです（第3章）。

学際的な取り組みというのは，このウォークマンの発明の例に少し似ています。それぞれの学問の中では当たり前になっている知識があります。これを横断的に見ることにより新しい知識が生まれる可能性があるのです。逆にそれぞれの学問が自分の殻に閉じこもっているとどうなるでしょう。技術の発展は原子力爆弾や核弾頭を生み出しました。多くの場合，技術者はその政治的，社会的な影響に盲目でした。学際的なアプローチというのは，そうしたタコツボ化した専門知をもう一度，私たちの手に取り戻す試みでもあるのです。

4 本書の目的と構成

本書は明治大学 情報コミュニケーション学部において「情報コミュニケーション学入門」という講義を担当している教員によるものです。情報とコミュニケーションという現代を読み解くためのキーワードから社会，文化，世界について論じています。学際的なアプローチである，情報コミュニケーション学の豊かな中身を紹介することを目的にしています。

この本は次のような人にぴったりです。まずは，高校生，大学生の人で様々な学問に興味があり，学際的なアプローチで勉強してみたいという人です。さらに，若い社会人の人で，もう一度，自分の今いる地点を歴史の流れの中や，他の国との比較の中で確認したい人にも役に立つでしょう。

もちろん，大学1年生で情報コミュニケーション学部に入学し，これから勉強の方向性を考えるという人には，これから4年間をかけて学ぶ内容の豊かさを感じてもらいたいと思います。また，高校生でこれから明治大学 情報コミュニケーション学部を志望しようと考えている人にとっても絶好の入門書になると思います。

　上にも書いた通り本書は，情報とコミュニケーションという現代を読み解くためのキーワードから社会，文化，世界について論じています。第Ⅰ部は「世界から社会を解き明かす」です。社会が中心テーマです。社会は国家から皆さんの家族や地域社会まで様々です。第Ⅱ部では，文化をテーマとし，文化という切り口から社会を読み解きます。ここで言う文化は，舞台表現から，音楽，文学，宗教などを扱います。第Ⅲ部では，世界をテーマとし，コミュニケーションから世界を読み解きます。また，短く，読みやすいスペクトラムを各部に織り交ぜています。

　第Ⅰ部から第Ⅲ部，そしてスペクトラムの詳細な構成はぜひご自身で目次を読み，確認してみてください。本書を通して，自らで自らの関心を探し出すこと，そこから情報コミュニケーション学部の学際的な学びが始まるのですから。

明治大学情報コミュニケーション学部書籍編集委員会

高馬京子，小林秀行，島田　剛，宮本真也，横田貴之

情報コミュニケーション学への招待

目　　次

第Ⅲ部　コミュニケーションから世界を読む

おわりに

引用・参考文献

第 I 部

生活から社会を解き明かす

第1章

つながる私たち
恋愛，結婚と家族のあり方

施　利平

1　小説にみる結婚と家族のあり方

　私たちの多くは家族の中で生まれ育ちます。成人すると今度は自分の家族を作ります。親やきょうだい，そして祖父母，おじやおば，または甥や姪，さらに夫や妻と子ども，孫。私たちは何をもって，相手を家族かどうかを判断するのでしょうか。家族になるために何かの条件や資格はあるのでしょうか。血の繋がりですか。結婚という法的な承認ですか。それとも排他的な性関係でしょうか。

　辻村深月の『朝がくる』という小説の中では，栗原清和・佐都子夫婦が血の繋がっていない朝斗を養子として迎え，育てます。朝斗には彼を10カ月も胎内で育て，産んでくれた，血の繋がった母である片倉ひかりがいます。まだ中学生であり，両親から出産を拒否されたひかりは，自らの意志で朝斗を出産しましたが，養子に出す選択をせざるをえませんでした。朝斗と栗原清和・佐都子夫婦は血の繋がりを持っていません。しかし彼らは少しずつ家族になっていきます。他方，朝斗とひかりは紛れもなく血の繋がりがありますが，一緒に生活することもままならず，世間からも家族として認知されません。

　血が繋がっていなくても，家族であると認識しているのは朝斗と栗原清和・佐都子夫婦だけではありません。落合恵子の『偶然の家族』には東京・中野にある古びた洋館アパート「かりん荘」に暮らす，年齢も境遇も性格また性的な指向も異なった7人の住人が登場します。6歳で小学生の志賀滋とシングルマザーの志賀恭子以外はみんな血の繋がりを持っていません。しかし，誰もが滋を家族のように接してくれます。滋も周りの大人たちを家族と認識し，小学校

の授業参観にみんなを招待します。そして，血の繋がった実の父親が突然現れ，滋を連れ去ろうとした時に，滋の判断を信じ，助けてくれたのも，一緒に住んでいる，血の繋がっていない人々でした。親子とは何だろう。家族とは何だろう。おそらく子どもである滋の視点から見る場合，家族は安心して一緒にいられて，自分を見守り，育ててくれる人々のことでしょう。

　他方，互いに選び，選ばれた大人同士の関係は，何によって繋がれているのでしょうか。愛情と言ってしまえば，愛情に間違いはありません。ところが愛情は何によって表現されるのでしょうか。排他的な性関係でしょうか。経済的に扶養しあう関係性でしょうか。『偶然の家族』に登場する城田夏彦（58歳）と山下平祐（66歳）は，互いに経済的には自立していますが，ゲイカップルとして一緒に暮らしています。同じアパートに暮らすほかの住人からもカップルとして認められ，慕われている間柄です。

　凪良ゆうの『流浪の月』の中で登場する更紗と文は恋人でもなければ，性的な繋がりもありませんが，互いを必要とし，一緒に生きていくことを選択した二人です。二人の間には身体的な親密性こそともないませんが，そばにいるだけで得られる安心感と信頼関係によって，彼らは互いを必要とし，一緒にいることを自ら選択しています。作中で更紗は文のことを「わたしがわたしでいるために，なくてはならないもの」と表現し，文は「どこへ流れていこうと，ぼくはもう，ひとりではないのだから」と言います。

　保護，養育・養護・介護，繋がり，安心感と信頼関係。これは，是枝裕和の小説または映画『万引き家族』にも見出せます。実の両親から虐待を受けていた祥太，じゅり，家族と心が通わない亜紀，元夫から DV をふるわれていた信代，信代を助けようと信代の DV 夫を殺してしまった柴田治，夫に別の家族を作られて，見捨てられた初枝が登場します。ここに登場する人々は，血の繋がりを持っていません。婚姻関係もありません。彼らは互いを必要とし，家族と認識しているのでしょう。そして読者または観客である私たちも，彼らを家族だと思ってしまいます。彼らの関係性は，「家族」という言葉の代わりに，友達，仲間，相棒，身内では表現しきれないのでしょうか。「家族」に私たちは何を託し，何を見出そうとしているのでしょうか。

2　データでみる結婚と家族のあり方

　現在の日本社会は少子高齢化社会の一つです。晩婚・未婚化と少子化が進んでいます。家族を持ちたいのに，結婚しない人，結婚できない人が増えています。国立社会保障・人口問題研究所の調査（2015）によると，1987年から2015年まで未婚男性と未婚女性の9割弱がいずれ結婚したいと考えています。しかし生涯未婚率（50歳時点で1回も結婚したことのない人の割合）が年々増加しています。2020年時点で男性の26.6％，女性の17.8％が50歳まで未婚のままでいるという計算です。さらにパートナーを持たない人も増えています。

　また統計数理研究所が1958年から2013年まで，20歳以上の日本国民（「日本人の国民性調査」はすべて，20歳以上）に，「あなたにとって一番大切と思うものはなんですか。一つだけあげてください（なんでもかまいません）」という質問に答えてもらい，「生命・健康・自分」「子ども」「家族」「家・先祖」「金・財産」「愛情・精神」「仕事・信用」「国家・社会」「特になし」という選択肢から一つだけを選んでもらいました。「家族」を選択した人の割合は，58年の12％，63年13％，68年13％，73年18％，78年23％，83年31％，88年33％，93年42％，98年40％，03年45％，08年46％，13年44％と増えています（図1－1を参照）。

　ここでの家族は誰を指しているのでしょうか。確かに子どもだけではありません。また家・祖先でもありません。おそらく子ども，家・祖先を含む家族でしょう。家族が，「愛情・精神」よりも，「生命・健康・自分」よりも，「金・財産」「仕事・信用」「国家・社会」よりも，人々は重要であると認識しています。

　この家族は私たちに何を提供してくれているのでしょうか。子どもには養育を，病弱者には養護を，高齢者には介護を，経済力のない人には経済的扶養を，そして全般的に私たちに安心と安全を提供しているのではないでしょうか。だから，バブルがはじけて，リスクと不確実性が高まった1993年以降，私たちが一番大切なものに「家族」をあげる割合が高まっているかもしれません。日々の生活にリスクと不確実性が高ければ高いほど，私たちは安心と安全を家族に

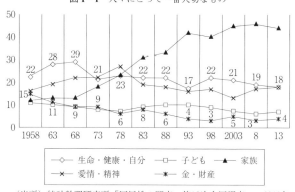

図1-1 人々にとって一番大切なもの

（出所）統計数理研究所「国民性の研究 第13次全国調査——2013年全国調査」（https://www.ism.ac.jp/editsec/kenripo/pdf/kenripo116.pdfp.46）より筆者作成。

求めるようになっていることが読み取れます。

　他方，家族への期待が大きい分，期待に応えられない事態も発生して，家族を形成できない，家族の関係を維持できないことも多発しています。結婚したいのに結婚できない，または結婚を先送りする理由，子どもを持ちたいのに持てない理由には，経済的な理由があげられています。実際私たちの周囲には，経済的な理由で，結婚や出産を先送りする人や断念する人が少なくありません。そして家族のケアと就労との両立ができず，家族のケアを選択した場合は離職して経済力を失いますし，経済力を維持するために家族のケアを放棄せざるを得ないというケースもよく見聞きします。

　私たちは家族に多くのことを求めれば求めるほど，家族を支える側に立った場合，支えきれなくなるというジレンマに陥ってしまいます。それでも，私たちは家族に多くの希望を託し，救いを求めようとします。

3　出産と子育て

　希望や救いの代表の一つとなっているのは，子どもです。厚生労働省によると，1人の女性が一生のうちに産む子どもの数の指標となる「合計特殊出生率」は2020年では，1.34人となっています。ちなみに，現在日本の人口を維持

する出生数，いわゆる人口置換水準は，2.07人です（国立社会保障・人口問題研究所，2015年）です。しかし，人々は決して子どもをもうほしくないと思っているわけではありません。

　内閣府の調査（内閣府2009年）によると，55.1％の人が2人の子どもを，26.7％の人が3人の子どもを持つことを理想としていますが，0人を理想としているのは，1割未満です。ただし，実際予定として持つ子どもの数が理想とする子どもの数より少なくなっています。子どもを持つ予定のない人が26.1％，1人を持つ予定の人は16.1％となっています。

　理想とする子どもの数を持てないのは，結婚しない人が増えているとともに，子育てに莫大なお金と手間ひまがかかるのも，大きな理由です。

図1-2　理想の子ども数と予定の子ども数

Q16　あなたにとって，理想的な子どもの数は何人ですか。*1
Q17　では，実際には何人の子どもを持つつもりですか。*2

*1　以下，「理想の子ども数」と表記。
*2　以下，「予定の子ども数」と表記。

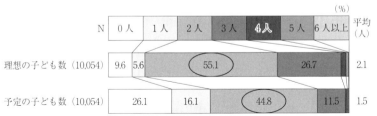

注：調査票では，「6人」「7人」「8人」「9人」「10人以上」という選択肢で質問していたが，図表では『6人以上』にまとめている。平均値算出に際しては，「10人以上」は10人として計算。
（出所）内閣府　2009　https://www.8.cao.go.jp/shoushi/shoushika/research/cyousa21/net_riyousha/html/2_1_1.html

　ところで人々はなぜ子どもを産み育てるのでしょうか。子どもがかわいいから，育ててみたいのでしょうか。老後の面倒を見てもらうためでしょうか。血統や家系の継承のためでしょうか。それとも自分の生まれ変わりとして，自分にできなかったことを実現してもらうためでしょうか。それとも今まで繋いできた命，学んできたものを次世代に繋げていくためでしょうか。

　人によって子どもに期待するものは違います。しかし，今でも子どもは，血

統や家系の継承者として，期待されています。一人っ子政策が実施されていた
中国では，一人娘の家庭が大量に出現し，一人娘の家庭には息子という後継者
がいません。一人娘しか持たない親たちは，家族の後継者を娘に産んでもらい
たくて，娘に子どもを二人出産してもらい，そのうちの一人を女性の生家の後
継者にしようと，奮闘します（施，2021）。日本でも女性は生家の姓を残すため
に，事実婚を選択し，法律上シングルマザーとなり，子どもたちに母親の姓を
名乗らせるケースやペーパー離婚したりするケースがよく報告されます（東京
新聞 2021.8.22）。また，歳を取ったら，子どもに迷惑をかけたくないと思って
いるにもかかわらず，実際の高齢者のケアを担っているのは，配偶者とともに，
娘や息子，またその配偶者が多いようです（詳しいことは，4「介護」を参照され
たい）。

　かわいい子どもに可能な限りの時間とお金，愛情を注ぎたい。子どものこと
を自分の命以上に大切と思っている親も多いでしょう。子どもという無垢で純
粋な生き物に癒やされ，生きる力をもらうことも多いでしょう。他方，子ども
を産み育てるには，多大な責任もともないます。

　近年小学受験，中学受験がますます白熱化しています。子どものため，時間
とお金をかけて，幼児期から多くの習い事や勉強をさせます。勉強よりも遊び
に熱中してしまう子どもをあの手この手を使って習い事や勉強に向けさせよう
とします。学年が上がるにつれ，進学塾に入塾し受験勉強に何年もかけて親子
で力を合わせて専念します。せっかくの夏休みや冬休みも集中講習で終わって
しまいます。これは親にとっても，子どもにとっても生やさしいことではあり
ません。時には親子関係や夫婦関係が悪化してしまうほど，葛藤やストレスが
多いこともあります。すべて子どもの成長や成功には必要だと，親は自分自身
と子どもを納得させようとします。

　親はなぜ子どもに少しでも良い学校に通わせ，高い学歴を身につけさせよう
とするのでしょうか。タイガー・マザー，キロギアッパ[2]はいくら子どものため
とはいえ，「常識的」に考えると行き過ぎていないでしょうか。小林和美の
『早期留学の社会学——国境を越える韓国の子どもたち』の中で，子どもに早
期の英語教育を受けさせるため，家族で過ごす時間と空間，家族の団欒，親

子・夫婦という関わり，父親の健康まで犠牲にしてしまう家族の姿が描かれています。中国の一人っ子世代の日常を描いている Fong の『Only Hope : Coming of Age Under China's One-China Policy』の中でも，乳幼時から遊ぶ時間も寝る時間も惜しんで，受験勉強に励む一人っ子たちが登場します。

　子どものためとはいえ，なぜそこまでして多くの大切なもの——子どもの時間，子どもとの時間，家族の時間，親自身の時間——を犠牲にするでしょうか。子どものためと言いますが，大人たちは子どもを手段や道具にしてしまっていないでしょうか。子どもを介して，親自身の存在証明，そして家族の地位向上を図ろうとしていないでしょうか。

4　介　護

　2018年11月27日に，認知症が進んでいる79歳の父親を高速道路パーキングエリアに置き去りにした46歳独身の娘が逮捕された事件がありました。「自分が面倒をみるより，警察に保護してもらって施設に入った方がいいと思った」と娘が自供したそうです。一人で認知症の父親を抱え込み，自分の生活も，さらに将来への展望も持てない日々に絶望をしてしまった女性の心情を察するのは難しくありません。他人事とも思えません。また，テレビや新聞には，介護する家族が介護を受ける家族に手をかけてしまう事件に関する報道が後を絶ちません。

　図1-3は要介護者からみた主な介護者の続柄です。6割弱の要介護者が家族と同居しており，配偶者，子どもと子どもの配偶者によって介護されています。さらに，別居の家族など（12.2%）も加えると，7割の要介護者は同居家族，または別居の家族に介護されていることになります。その半数は子どもです。

　要介護者からみれば，家族だから見捨てられないという安心感があります。しかし介護者からみれば家族だから，ケアから，経済的な扶養から，自由になれないという束縛もあります。ケアを必要とする家族，扶養を必要とする家族を抱えた私たちにとっては，家族自体はリスクとなることもあります。

図1-3 要介護者からみた主な介護者の続柄

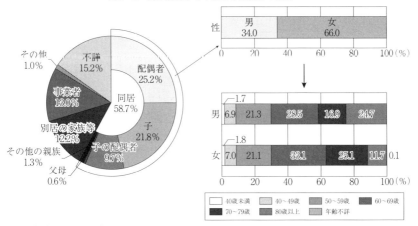

注：熊本県を除いたものである。
（出所）厚生労働省「国民生活基礎調査」（平成28年）https://www8.cao.go.jp/kourei/whitepaper/w-2018/html/zenbun/s1_2_2.html（最終閲覧日：2021年11月10日）

　『朝が来る』の中でひかりは中学生であり，親からの経済的扶養，ケアを必要とします。ゆえにひかり自身の意志で子ども（朝斗）を産むことができたとしても，育てることができません。そのために朝斗を扶養能力，ケア能力がある栗原清和・佐都子夫婦に託すしかありません。『偶然の家族』の中では，滋はシングルマザーの志賀恭子に経済的に扶養されるが，ほかの血の繋がらない5人の大人に見守られながら，ケアされながら，成長します。他方，大人同士はいずれも経済的に自立しているが，歳を取り，ケアが必要とされたときに，同じアパートの住人である恭子にケアされる夏彦，自分の意志で老人ホームで暮らし，時々「かりん荘」に「里帰り」する者もいます。『万引き家族』の中では誰とも血の繋がりを持たない6人は，初枝のわずかな年金，柴田治と信代の限られた稼ぎ，子どもたちが万引きした食材などで身を寄せ合って，暮らしていました。

　経済的な扶養と身体的なケアを受け，安心と安全を得ることができるその場所は，私たちの家庭であり，そこでともに暮らす人々は家族となります。家族は扶養とケアを介して私たちに安全と安心感を提供してくれます。他方，家族は扶養とケアを提供する側の家族を追い詰めているという側面もあります。私

たちは家族に多くのものを求めているゆえに，家族が機能できなくなっているということからも，目を逸らすことができません。

注

(1)　ただし第11次・第12次調査は20歳以上80歳未満，第13次調査は20歳以上85歳未満の男女個人を調査対象とした標本調査です。各回とも層化多段無作為抽出法で2,254〜6,400名の標本を抽出し，個別面接聴取法で実施しています。

(2)　タイガー・マザーはエイミー・チュアの著書『タイガー・マザー』（齋藤孝訳，朝日出版社 2015）で知られるようになった言葉です。中国式スパルタ教育を実践する母親像の代表例の一つです。他方，キロギアッパは韓国語の「キロギ」（渡り鳥，雁）と「アッパ」（父）を組み合わせた言葉です。80年代からアメリカなどの英語圏で早期英語教育を受けさせるために，子どもを母親同伴で海外留学させ，自らは国内で一人暮らしをしながら仕送りをする父親を意味し，子どもの教育を最優先する家族を指す韓国語です。

ブックガイド

落合恵美子『21世紀家族へ——家族の戦後体制の見かた・超えかた（第4版）』有斐閣選書，2019年。

石原邦雄・青柳涼子・田渕六郎（編集）『現代中国家族の多面性』弘文堂，2013年。

施　利平『戦後日本の親族関係——核家族化と双系化の検証』勁草書房，2021年。

第2章

現代社会を生きる・見る・変える

宮本真也

1 「社会科」と社会学はどう違うのか？

　私は明治大学情報コミュニケーション学部で，社会学という学問分野を教えています。そして，社会学のそれぞれのテーマを紹介する入門講義を担当しています。そこで最初に問われないといけないことは，「社会」ってなんなのか，という問いです。みなさんは高校までの学校で「社会」という教科を勉強してきたと思いますが，それらは社会学が扱う「社会」とは少々異なります。もちろん，地理も歴史も公民も，基礎知識としては必要になりますが，特に社会学が関心の中心においているのは，現在の社会です。過去からの変化やこれからの発展を知ることも必要ですが，この学問分野で何よりもまず知らなければいけないのは，現代の社会のあり方，簡単に言えば，私たちの生きる社会のあり方です。

　では，社会を扱う他の学問分野と，社会学をはっきりと分けることができるポイントは何でしょうか。それは研究対象と方法の二つに見出すことができると思います。

2 社会学の特色

　まず，研究対象については，冒頭で社会学が扱うのは「社会」と言いましたが，これが何を指すのかを説明するのは実は意外に難しいです。具体的に「家族は社会です」とか，「バスケ部は社会です」とか，「明治大学は社会です」とか，挙げるのは簡単ですが，それがどうして社会なのかを説明すること，言い

換えれば,「あるものが社会であることを示す条件」を決めることは, そう簡単ではありません。試しに「社会」と呼んでよさそうなものを, 挙げましょう。家族, 学校(塾, 稽古事), バイト先(企業), 友だち関係, 課外活動のクラブなどが, みなさんにとって身近な「社会」でしょうか。これらを見てみると共通点があります。つまり,「社会」とは, 人と人とのつながりや関係であると言えそうです。このつながりや関係は, さらに細かく見れば, 一方から他方へ, あるいはそれぞれの側から相手側への働きかけ(言葉や行い)によって, 起きています。専門用語を使うならば, そこで個々のあいだで相互行為が起きていることによって, 社会が発生していると言ってもいいでしょう。「社会が発生する」と言うと難しいかも知れませんが, 例えば, 廊下でたとえ知らないものどうしでも, すれ違いざまに挨拶をすることがあります。互いに挨拶をすることで, それぞれの心の中に変化が起きたり, 知っている人とのあいだであるなら, その人により親近感を持ったりすることもあります。こうした出来事は, 風に舞う木の葉どうしにも, 川の底でぶつかり合う石どうしにも起きません。まとめるならば, 社会学が扱うのはあるテーマにおける人と人, 人と人の集まりのあいだの相互行為によって起きた関係性(=社会)と言っていいと思います。もちろん, この関係性は多様です。友人関係や家族と, 企業や国家のような社会を, 同じものと考えることはできません。また, 学校や大学のように, いくつもの要素を含んだ社会もあります。

　このように見ると, 本屋さんの社会学コーナーで目にする「○○社会学」といった書籍の多さの理由が分かってきます。家族社会学, 組織の社会学, ジェンダーの社会学, 文化社会学, 都市社会学, ネットワークの社会学, スポーツ社会学, 観光社会学, アニメの社会学, ロックの社会学などなど, 書き切れません。個人と社会集団が関連することは, 社会学として研究することができるのです。しかし, それらのテーマを扱うのは社会学だけではありません。そこで方法が重要となってきます。

　社会について研究をする学問分野は, いくつもあります。例えば, 哲学も家族や友情を, ジェンダーや文化も, アニメもスポーツも扱います。実はこの重なり合いは当然で, それは研究方法が進歩してきた中で, 哲学から社会学が枝

分かれしてきたということに理由があります。哲学はその方法の中心を論理的に思考することに置いています。もちろん、このことは別の学問、社会学にとっても重要です。しかし、社会学はそれと同時に、社会調査という方法を19世紀にはじめました。この方法ではまず、データを集めることが大事です。その方法としては、人々の相互行為を観察する、インタビューやアンケートを行う、新聞や雑誌、小説や作品のテキストから関連し合うキーワードを選び出すなどのやり方があります。その後に、それらの数値化されたデータに統計学的な処理をして分析を行うわけです。言わば、データから社会を語るのが社会調査という方法の特徴で、これにより人々がぼんやりとしか捉えていなかった考え方や見方、社会全体で見渡せなかった行動や振る舞いの傾向が浮き彫りになります。

3　現代社会ってどんな社会？

　それでは、私たちの社会、すなわち現代社会の特徴とはどこにあるのでしょうか。この問いは、実は私たちが生きる社会の、過去から未来に向けて進んでいる変化と強く関係があります。この変化のことを、私たちは社会の発展や進歩と呼んでいますが、社会学では特に、社会の近代化や合理化と呼んでいます。漠然と「はるか昔の社会」のイメージを思い描いてください。西洋のイメージでも、東洋のイメージでも構いません。それらと比べながら、考えていただければ分かりやすいと思います。ここでは現代社会が進行中の変化の、三つの特徴をご説明しようと思います。つまり、「合理化」、「個人（主義）化」、そして「情報化」です。

　まず、「合理化」ですが、これは社会学を生みだした人々のうちの一人であるマックス・ヴェーバーが世界の文化圏を比較しながら研究したテーマでもありますが、彼はこの現象を「脱魔術化」という観点から分析しました。つまり、私たちがお呪いや迷信、地域の伝承や宗教にしたがって個人や集団の意志決定をしていた時代から、より遠ざかっていくプロセスです。星占いやお守りに、確かに私たちは今でも願いをかけることがもちろん、あります。しかし、受験

の模試の判定や天気予報や医師の診断よりも，お告げや昨日見た夢やその時の
フィーリングに任せることがありますか？　さらに「個人（主義）化」とも関
係しますが，恋人や婚約者を，進路や就職先を選ぶときに，自分のお祖父さん
や地元の長老にご意見を伺うことも，もうあまりしません。私たちの生活を決
めることが，ますます科学的に正しい法則や，私たちが共有しているモラルや
法律に委ねられ，説明されることがより増えている社会であると言えます。

　二つ目の特徴は「個人（主義）化」です。個人が特定の社会に所属しなけれ
ば生きていけないことは，人間の生物学的な不完全さからも明らかです。私た
ちの多くは家族の中で生まれ，育てられ大きくなります。しかし，近代という
時代，ある一人の人物に自由と平等が認められることが主張されはじめるとき
までは，その家族から個人として，自分の名前と共に社会で活躍できる人物は
限られていました。日本社会の歴史に照らせば，第二次世界大戦が終わるまで
は，ほとんどの労働者は農耕に携わっていました。つまり，家族と地域社会の
限られた集団の中で，ほとんどの人々がわずかな集団に埋没して生きていたの
です。個人の個性よりも，集団のほうが圧倒的に強い，そうした時代でした。

　しかし，みなさんが生きる社会はどうですか。家族内での役割（兄弟，姉妹，
子供，孫など）のみならず，学校で，部活で，友人関係においてすでにいろい
ろな役割を担っています。高校，大学に進学するときにも，その先に就職する
というときにも，私たちはさらに過去の時代とは違う生き方をするでしょう。
つまり，自分で決めることが「できる」し，自分で決め「なければ」ならない
のです。過去の時代と比べれば，みなさんの自由は拡大していて，個人の決定
のバリエーションは増えていくでしょう。このことは，社会のモビリティ（移
動性）の増大とも関係しています。家族と地域に個人が埋没していた時代には，
私たちは進学，就職を理由としても，生まれた場所から移動することは難し
かったのです。このことは地域的なことだけではなく，社会的な地位について
も言えます。現代では，個人の能力と努力次第では，生まれた条件とは異なる
生き方もまた可能です（もちろん，経済的な格差がこのような生活水準における モビ
リティの足かせになっていることも事実ですが）。このような，地域的，社会的条
件から，個々人が異なった生き方ができるような傾向を「脱埋め込み」と呼び

ます。

　そして，私たちが生きる現代社会の三つ目の特徴として挙げることができるのは，「情報化」という現象です。情報の処理と通信の技術の飛躍的な進歩に支えられて，情報が社会において重要になっていく過程です。簡単に言えば，コンピュータとインターネットの技術が発展して，私たちのつながり方，コミュニケーションのあり方，働き方，消費の仕方など，多岐にわたって変わっていく社会であると言えます。

　身近な例としては，まず，スマートフォン（以下，スマホ）を使うことで，私たちのコミュニケーションの何が変わったのかを考えてみましょう。スマホには，電話，カメラ，ゲーム機，音楽と動画プレイヤーがポケットに入るようなサイズに詰め込まれています。パソコンそのものと言っても言いすぎではありません。そして，銀行，デパートや商店が，現在ではバス会社や電鉄会社，そして役所についてまでもが，スマホで手続きや業務を行うことが当たり前になっています。私たちは商品を買うことで，衣食住に必要なものを手に入れています。趣味や娯楽のためにも，お金を使います。これらの消費と呼ばれる活動においても，情報（データ）としての消費が多くなっていることも事実です。例えば，みなさんは好きな音楽や映像作品をどのように楽しんでいますか？ CD や DVD で鑑賞することよりも，ネットでの配信のかたちで視聴していませんか？　マンガについても，同じことが起きていると思います。物の価値が失われたというほどではありませんが，それでも情報や情報を伝えることの価値は，より高まっていると言えるでしょう。

　また，私たちがコミュニケーションを行う方法として，スマホやインターネットがない状態を考えることは，現在ではもう難しくなっています。塾や習い事が少し遅い時間にまでかかることを理由に，携帯電話を持つようになった方も少ないのではないのでしょうか？　家族や友人との約束や待ち合わせ，近況報告や想い出の共有に，スマホやインターネットは欠かせないものになりつつあります。かつての電話とも違い，一対一だけでもなく，複数の人が参加するグループで意見や情報を共有することも当たり前になっています。LINE，Facebook，Twitter，YouTube に代表される SNS については，年齢層別に関

心が異なることもあり，Instagram や TikTok など，より若い人々を中心とし
て人気を集めているものもあります。何よりも，YouTuber という職業が現れ
るぐらいに，SNS では発信者や表現者としてのチャンスが私たちに開かれて
いるということも重要と思います。

　こうした情報化という現象を働くということについて顕著に示しているデー
タがあります。明治大学は毎年，卒業した学生の就職状況を公表していますが，
それによると「情報通信業」と情報化と切り離すことのできない「金融・保険
業」「学術研究，専門・技術サービス業」「生活関連サービス・娯楽業」「教
育・学習支援業」に就く卒業生の割合は，文系で5割，理系で4割もの割合に
なります（**図2-1**）。今後もみなさんが，情報をどのように発信したり受け
取ったりするのかということと無縁の商品やサービスを作っていくことは，あ
まりないと思われます。自動車のカーナビや自動運転のために人工知能が搭載
されたり，住宅の鍵やエアコンが遠隔操作できたりするのは，当たり前になる
かもしれません。

図2-1　業種別就職状況

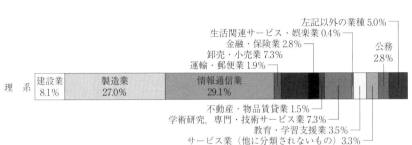

注：2021年3月卒業・修了者
（出所）『CAREER CENTER GUIDEBOOK 2021』

4　現代社会の明るい未来？

　このように社会学がテーマとする現代社会の特徴や発展の傾向について説明してきましたが，もちろんのこと，その先に明るい未来ばかりが開かれているわけではありません。社会学が哲学から分岐して独自の道を歩み始めたのも，実は社会が進歩するにつれて見えてきた問題点を，どのように解決すればいいのか，ということと関係しています。先に「合理化」，「個人（主義）化」，「情報化」という特徴について説明してきましたが，私はこれらについて明るい面に焦点を当ててお話ししてきました。しかし，これらの展開には陰の部分が付きまといます。それぞれ別々に論じてきましたが，互いに絡み合って，私たちが生活していく上で，悲しみや苦しみを抱かせるというかたちで不具合をもたらすこともあります。こうした現象のことを，社会的な病理と呼びます。

　まず，「合理化」については，本来，多様な基準にしたがって進んでいくと考えられてきました。しかし，この「合理化」の過程の中で，経済的に利益が大きくなること，効率がよくなることを好ましいとする傾向が，近代以降の社会の発展の中で強まっています。もちろん，社会を豊かにするためには不可欠な要素です。しかし，この傾向は，お金にならない文化や伝統的な芸術が軽視されたり，成果が出るまでに時間がかかる研究がないがしろにされたり，教育の質が犠牲になることにつながっています。

　また，「個人（主義）化」は，私たちの自由を広げてくれましたが，それぞれに自分で考えて決定するという負担も与えました。かつてと違って現代では，私は自分自身で私らしさを選び取って生きていかねばなりません。私は何者になりたいのか，私はどうすればいいのか，というアイデンティティ（私らしさ）の問いのまえに常に立たされているのです。学校を卒業すれば，常に顔を合わす友人の数も減りますから，そうなれば自分からコミュニケーションをとらなければ孤立します。もちろん，独りでいる権利と背中合わせではありますが。地域社会のように当たり前のつながりが保てなくなっているために，現代社会の都市では知らないものどうしが皮肉にもかつてよりも物理的に近い距離で生

きているとも言えます。

「情報化」は，すでに述べた二つの特徴と特に絡み合っていると言えるでしょう。現代社会は，情報社会であることは疑う余地がありません。「個人（主義）化」した「私」が，SNS を自分を表現する場として，自分らしさを追求する場として現れることが増えていると思います。しかし，そこで，他人からの高い評判や注目，「ウケ」をねらって，リアルの「私」とはかけ離れた振る舞いをしてしまうこともあります。こうした行動が炎上というかたちで，責任を問われることはよくあることです。しかし，他方で，別の人への自分のマイナスの感情を，「私」という殻のなかの独りよがりの正義感から，攻撃的にぶつける人々もまた，問題となってきました。ネットにおける炎上と誹謗中傷は，全く別の現象ではありますが，共通の背景を探ることで解決のヒントを得ることができるのではと，私は思います。

私たちの社会は，最初に述べたように，相互行為があってこそ生じてきます。言わば，現象として，過程として，社会は存在します。したがって，私たちが社会で活動する限り，社会も変動するので，社会学研究という活動によっても，私は社会を変えることができると信じています。現代社会には陰の部分があって当たり前です。その部分を社会調査などを用いて見えるようにして，よく考える，そして社会に働きかける。この働きかけるという契機に，私は社会学という活動の持つ，重要な意味があると考えています。

ブックガイド

コリンズ，ランドル『脱常識の社会学　第二版』岩波書店，2013年。
豊泉周治，鈴木宗徳，伊藤賢一，出口剛司『〈私〉をひらく社会学——若者のための社会学入門』大月書店，2014年。
三春充希『武器としての世論調査』ちくま新書，2019年。

第3章

情報化によるイノベーションを経済学で考える

山内　勇

　この章では，情報社会におけるイノベーションの本質について解説します。イノベーションとは簡単に言えば，「社会的価値の創出」であり，新しいものを生み出し普及させることです。特に，普及させるという点が重要であり，せっかく良いアイデアや発明があっても，社会で利用されなければ価値を生み出しません。情報社会において，IT企業のイノベーションはどのように実現されているでしょうか。特に，AI（Artificial Intelligence：人工知能）を活用したビジネスモデルに着目して，そのメカニズムや課題などを紹介していきたいと思います。

1　情報化によるビジネスモデルの本質

　情報化にはいろいろな捉え方がありますが，ここで扱う情報化とは「データの情報化」です。「データ」に意味が付くと「情報」になります。つまり，単なる文字や数字の羅列であるデータから意味を見出すことが「情報化」です。例えば，「1018301」は意味が分からなければただの数字の羅列（つまりデータ）ですが，「明治大学の郵便番号」ということが分かれば，意味を持つので情報になります。この情報化がうまいのがAI，その中でも特に機械学習の技術です。試しにこの数字の羅列をグーグルなどの検索エンジンで検索してみると，「この"郵便番号"の場所を探しているのだな」と予測してくれて，瞬時に関連する情報を表示してくれます。

　企業がなぜ情報化に投資するかと言えば，当然，生産効率を高めたり利益を増やしたりするためです。そして消費者は情報化によって，利便性が高まり満足感が高まります。これはまさに，社会的な価値を生み出すことでありイノ

ベーションと言えます。最近よく聞く第四次産業革命や Society 5.0 といった概念も，つまるところ，大量のデータを収集しそれを AI で解析し情報化することで，生産性を高め消費者の満足感を高めるための取り組みと捉えることができます。

　言い換えれば，情報社会におけるイノベーションとは，情報化による価値の創出・普及です。そして，企業の利潤と消費者の満足感（効用）の合計を経済学では「効率性」と呼び，この大小で物事の良し悪しを判断します。ですから，情報化の目的は，究極的にはイノベーションの促進であり，社会の効率性を高めより「良い」社会に移行することだと言えます。

2　AI の技術を生かすには人間の能力が重要

　今では多くの企業が情報化によるイノベーションに取り組んでいます。例えば，新製品・サービスの普及にはニーズの把握が不可欠ですが，ビッグデータを AI に解析させることで，どのような人がどのような製品・サービスをどのような時に求めているかを予測することができます。生産現場では，IoT（Internet of Things：モノのインターネット）によって様々な機器からサイバー空間上にデータを集め，AI で解析し，現実のモノ・機器の動きに反映させるというプロセスを繰り返すことで，生産性を飛躍的に向上させています。こうした動きは，製造業に限らず，化学や医薬，農業などありとあらゆる産業で見られます。

　しかし，注意しなければならないのは，AI の出す結果を解釈・判断するのはあくまで人間だということです。多くの AI はデータの相関関係しか見ないため，自身が出した解析結果についてのメカニズムは理解していません。つまり原因と結果の関係を全く理解していないのです。例えば，女性の社会進出が進んでいない状態のデータを使って貸したお金の返済確率を予測しようとすると，たとえ男女が同じような返済能力を持っていても，男性の方が返済確率が高く出てしまったりします。その時代の社会構造によって，女性の方が離職率が高かったり収入が途絶える確率が高かったりすると，AI はデータとして手

に入らないそうした要因の影響を，すべて「女性」という変数の影響として計算してしまいます。

　つまりこの AI は背景にある因果（原因と結果）を全く考慮していません。だから，AI の結果を解釈する人間の役割・スキルが非常に重要なのです。AI は相関を見つけることに関しては人間よりはるかに上手ですが，因果を識別するのは人間よりはるかに下手くそです。両者は補完し合って初めて大きな価値を生み出せるのです。

　AI の性能が良くても偏りのあるデータからは偏りのある結果しか出てきませんし，良いデータがあっても偏りのあるアルゴリズムで構築された AI からは偏りのある結果しか得られません。そして，どこからどのようなデータを取得するか，どのようなアルゴリズムで AI を開発するかといったことを決めるのは人間です。また，AI が解析した結果を見て，それに意味を付ける（情報化する）のも人間です。さらに，その情報の価値に気づくかどうか，情報から価値を生み出せるかどうか，そして情報化から生まれた価値を社会に普及させられるかどうか，これらもすべて人間の役割です。AI の限界を知り，人間が果たすべき役割を果たさなければイノベーションは生まれないということです。

　このように，情報社会と呼ばれる時代においても，イノベーションを実現するためには人間のスキルが極めて重要だということが分かっていただけたと思います。そしてそのスキルを高めるためには，技術，社会の構造，経済の仕組みなど幅広い知識が必要になります。情報コミュニケーション学とはまさに，そうした多面的な知識を身につけ，活用するための学問だと言えます。

3　風当たりが強いプラットフォーマー

　現在の情報社会でイノベーションをけん引している企業としては，GAFA をはじめとしたプラットフォーマーと呼ばれる IT 企業が思い浮かぶでしょう。彼らは，AI を活用して個人データを情報化し社会に価値を生み出しています。

　多くのプラットフォーマーの主な収入源は広告です。収入がなければ，無料でサービスを提供することはできません。無料と言っても実際には無料ではあ

りません。私たち消費者は，きちんと個人データという形で対価を支払っています。プラットフォーマーが私たちの個人データでお金を稼いでいるわけですから，個人データには当然価値があるわけです。そして，無料でサービスを提供してもプラットフォーマーが余りある収益をあげているということは，ユーザーはある意味で個人データを安く提供し過ぎているわけです。

　近年では，「個人データは個人のもの」という意識が強くなってきています。欧州において GDPR（一般データ保護規則）が施行されたり，日本においても個人データ銀行ができたりしています。ただし，個人データの保護を強くし過ぎると，イノベーションを阻害する面もあります。

　市場で一つの企業が独占力を持つことは，多くの企業の機会を奪い，消費者が支払う価格を高くしますので，規制が必要だというのも確かに分かります。しかし，多くのプラットフォーマーは，別の市場で稼ぐことでサービス自体を無料で提供しています。そして，そもそも企業がイノベーションを起こすのは，他社との差別化を図り，市場シェアを拡大し独占的な利潤を得るためです。多くの企業と同じような製品・価格で争っている限り，企業の利潤はどんどん小さくなり企業も経済も成長しません。すなわち，競争状態からいかに独占的な状態を作り出せるかが企業の関心事であり，それこそが新たな価値を生み出すインセンティブ（誘因）になるわけです。GAFA が市場を独占したことは，まさにイノベーションを起こすことに成功したことを表していると考えることもできます。こうした新しい市場を創出した企業に，ある程度の独占利潤を保障してやらないと，イノベーションのインセンティブを確保することができません。新しいワクチンの開発などでも同じことが言えます。長期間かけて多額の研究開発費を投じて開発したワクチンを，誰でも自由に作ってよいということになれば，誰もワクチンを開発しようとはしなくなります。そうした事態を避けるため，多くの国では一定期間独占権を与える知的財産制度を整備しています。

　もちろん，独占が良いと言っているわけではありません。独占と競争のバランスが重要だということです。知的財産権についてもその独占権をどこまで保障すべきかについては，常に議論のあるところです。実際，イノベーションの

実現確率と市場の独占度との間には逆U字の関係があることが知られています。図3-1のグラフを見てください。これは，研究開発活動を実施している日本企業に対するアンケート調査の結果です（文部科学省科学技術学術政策研究所，2012）。この図は，主力製品・サービス分野における競合企業の数と，過去2年間にプロダクト・イノベーションを実現した企業の割合の関係を見たものです。見ての通り，逆U字の関係があることが分かります。すなわち，競争がないと差別化を図るインセンティブが弱いためイノベーションが起こりにくく，逆に，競争が激し過ぎても十分な原資が得られないためイノベーションの実現度が低くなることを示唆しています。

図3-1　競争の程度とイノベーションの実現度

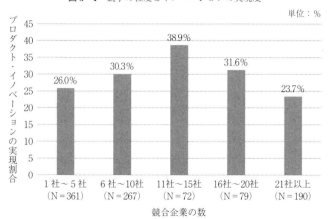

（出所）文部科学省科学技術政策研究所（2012）p.4図1より筆者作成

4　情報化は「良い」こと？

　前節までは，ユーザーや企業にとっての情報化のメリット・デメリットを考えてきましたが，これらの視点はどちらかと言えばミクロな視点です。ここでは，もう少し大きな視点で考えてみましょう。学問をする場合，ミクロの分析をするときにも，それが全体の中でどのような意味を持っているのかというマクロの視点を持つことが大切です。例えば，個別の企業の売上を増やす方法を

経営学や経済学の視点で分析するのも立派な学問ですが，それがどのような条件で一般化できるのか，産業や経済の動向とどのような関係があるのかといった視点を持つことで，ミクロの分析の価値はより高まります。実証分析においては，データの粒度を細かくしていくことで，それまで考慮できなかった要素を取り入れることができるため，ミクロの分析の精度は高まっていきます。しかし，科学は（もちろん社会科学もです）最終的には人類のためにあると考えれば，マクロの視点があって初めてミクロの分析にも意味が出てきます。

　前節までの話の流れで言えば，情報化が社会全体にとって良いことか悪いことかを考えたりするのがマクロの視点です。しかし，そもそも良いか悪いかという判断は人によってちがうのではないかと思われるかもしれません。その通りです。ただし，学問ごとに良し悪しの基準というものはあります。先に述べたように，経済学では「効率性」で良し悪しを判断します。利潤と満足感の合計が大きくなれば良いことだし，小さくなれば悪いことです。非常にシンプルな基準です。なお，これは一つの市場のみを考えた時の効率性の概念で，すべての市場を扱うときには「パレート効率性」という基準を使うことが多いです。パレート効率性は，全員にとって望ましい状態にならないなら，変わらない方が良いという基準です。すなわち，今の状態を変えるのに誰か一人でも反対するならば，今の状態を良しとしましょうというものです。この基準の下で効率性が改善するのは，それが全員にとって望ましい場合のみです。ちなみに，ある市場で企業の利潤と消費者の満足感が最も大きい状態も，パレート効率的な状態です。

　この基準を使って，情報化にともない所得の格差が拡大するという問題について考えてみましょう。経済の規模の拡大にともなって所得は二極化してきています。**図3-2**は，平均賃金でランク付けした職業ごとに，その職業で働く人の割合の変化率を折れ線グラフにしたものです。この図を見ると，低い賃金で働く人と極めて高い賃金で働く人の割合は高まっています。逆に中くらいの賃金で働く人の割合は減ってきています。つまり，貧しい人と裕福な人に二極化してきているということです。

　さて，こうした所得の二極化をともなう成長は「悪い」ことなのでしょうか。

図3-2　所得の二極化

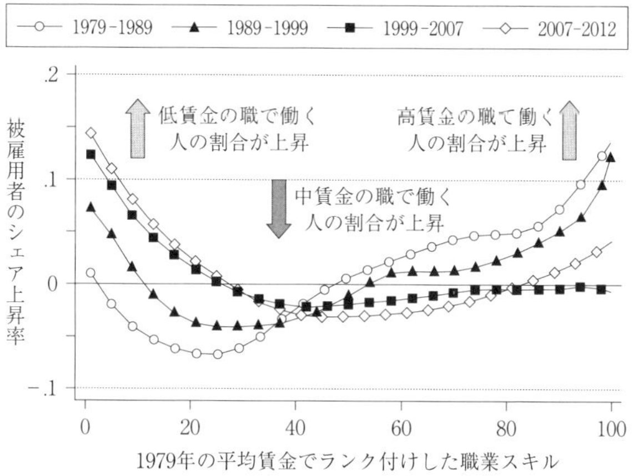

（出所）Autor（2015）p. 18 Figure 4 より筆者修正

　パレート効率性に当てはめると，確かに二極化の進展は，所得が減少する人が
出てくるので効率性が悪化します。しかし実は，資源の再配分がきちんとでき
れば全員の満足感を高めることができます。つまり効率的になるのです。

　どういうことかと言うと，二極化すること自体は「悪い」ことですが，経済
が成長し生み出される価値の総額が増えていけば，それをうまく配分してやる
ことで，必ず全員を前より「良い」状態に持っていくことが可能なわけです。
例えば，それまで200万円の収入を得ていたAさんと1,000万円の収入を得てい
たBさんがいて，二極化の進展によってAさんの収入が100万円に減少する一
方で，Bさんの収入は2,000万円に増えたとします。このとき，Bさんから例
えば10％（200万円）の所得税をとってAさんに補助金として支給してやれば，
Aさんの収入は300万円，Bさんの収入は1,800万円となります。この状態は二
極化が進む前の状態（Aさんが200万円，Bさんが1,000万円）に比べて，どちらも
より「良い」状態になっています。だから，経済成長を優先して考えるという
のは間違いではありません。もちろん再分配のシステムをきちんと設計・運用
していく方法を同時に考えていく必要があります。

　経済成長の源泉はイノベーションです。そして情報社会でそれを実現するに
は情報化とその活用が重要です。前述の通り，AIはそれを助ける一つのツー

ルに過ぎません。それよりも大切なのは AI を利用する人間のスキルです。

　ここで，注意してほしいのは，上の議論はあくまでも経済学の価値基準で考えた場合の議論だということです。学問ごとに価値基準は異なります。ですから，別の学問で分析すれば別の答えに辿り着くこともあります。だからこそ，いろいろな学問を知り，それぞれの立場から物事を考えてみることが大切なのです。そしてそれこそが人間のスキルを高めることになります。本書がそのスキルの向上に役立つことを願っています。

ブックガイド

篠崎彰彦『インフォメーション・エコノミー──情報化する経済社会の全体像』
　　NTT 出版，2014年。

マカフィー，アンドリュー／ブリニョルフソン，エリック（村井章子訳）『プラットフォームの経済学──機械は人と企業の未来をどう変える？』日経 BP，2018
　　年。

金間大介，山内勇，吉岡（小林）徹『イノベーション＆マーケティングの経済学』
　　中央経済社，2019年。

第4章

行動を変容するためのコミュニケーション

後藤　晶

　昨今，行動経済学において注目されている概念として「ナッジ」があります。この言葉の原義は「肘で突っつく」ですが，行動科学等の知見を踏まえて，望ましい行動を促すための手法として注目を浴びています。本稿においてはナッジを「行動を変容させるためのコミュニケーション」として捉え，その概要と課題を論じます。

1　ナッジとは

キーワード：ナッジ

　2020年，人間社会はコロナウイルスの惨禍に巻き込まれることとなりました。ウイルスは人間が従来行ってきたような個人間の接触を許さず，われわれはいわゆる「ソーシャルディスタンス（フィジカルディスタンス）」をとる，「三密（密閉・密集・密接）の回避」といった従来の社会では求められていなかった行動習慣の変容を求められています。

　人間にとって行動習慣を変容させることは容易ではありません。意識的につけ無意識的につけ，長年行ってきた従来の習慣どおりの行動をしてしまうことがあります。どうすれば，人々に従来の習慣どおりの行動を避けてもらい，行動変容を促すことができるのでしょうか。

　行動変容のために，一つの有用な手段として着目されているのがナッジ（NUDGES）です。例えば，ニュージーランド警察は**図4-1**のような画像をtwitter に投稿しました（New Zealand Police, 2020）。これは「史上初です。われわれはテレビの前で寝転がって，何もしないだけで人類を救うことができます。これを台無しにしないようにしましょう」と書いてあります。これは行動のメリットをポジティブに示した上で，メッセージと社会的規範を分かりやすく示

したナッジの一例であると言えるでしょう。

図 4-1　ニュージーランド警察が
ツイートした画像

FIRST TIME IN HISTORY

**WE CAN SAVE THE
HUMAN RACE BY LYING
IN FRONT OF THE T.V.
AND DOING NOTHING**

**LETS NOT
SCREW THIS UP**

（出所）https://twitter.com/nzpolice/
status/1242644889751285760

ナッジは2008年にリチャード・セイラーとキャス・サンスティーンによる著書で注目を浴びた概念です（セイラー・サンスティーン，2008）。もともと，英語で "nudge(s)" は「肘で軽く突く」という意味ですが，行動経済学や行動科学の文脈ではでは人々が強制によらず，自発的に望ましい行動を選択するように促す方法や仕掛けのことを意味しており，代表的な手法として取り扱われる以下の単語の頭文字（？）を取ったものです（**表 4-1**）。

表 4-1　NUDGES

- 「iNcentive：インセンティブ」：選択をする際に考慮するメリット・デメリットに工夫を加える
- 「Understanding Mappings：対応付けの理解」：選択肢と，その選択肢を選んだ結果の対応関係を直感的に理解できるように示す
- 「Default：デフォルト」選んで欲しい選択肢を初期値に設定する
- 「Give feedback：フィードバックの提供」：行動の結果を行動者に知らせる
- 「Expect error：エラーの予見」：人間がエラーを起こすことを前提とした制度設計を行う
- 「Structure complex choices：複雑な選択肢の構造化」：複雑な選択肢を理解しやすいシンプルな構造にして提示する

　本稿においてはこのナッジを，「行動を変容させるためのコミュニケーション手法」として捉え，その概要を述べるともに，その課題についても検討します。

2　ナッジの基盤としての行動科学・行動経済学

キーワード：システム 1／システム 2　ナッジの分類　行動経済学の基礎

　ナッジは経済学や心理学といった人間の行動に関わる諸科学（行動科学）の知見を日常の活動や政策に応用することで，より効果的な政策としたり，より

効果的に行動変容を促したりしようとするものです。ここではナッジの基盤として，行動経済学が前提とする人間像を説明するモデルである二重過程理論を紹介します。

　従来の経済学は，合理的経済人（ホモ・エコノミクス）モデルを前提として構築されています。合理的経済人モデルでは，人間が認知や判断に関して完全に合理的な存在であり，決して間違えることはないと仮定されています。その上で，「自らの利益のみを追求して他者にどのように思われるかは全く気にしない」「自分をコントロールして自分の不利益になるようなことは決してしない」などの前提をもとに理論を構築してきました。

　一方，行動経済学は現実の人間（ヒューマン）をベースとして議論を展開しています。特に，現実の人間は「**二重過程理論**」に基づいて意思決定を行うものとして想定しています。二重過程理論では，人間は論理的な意思決定をする脳の部位に基づいてのみ意思決定をしているのではなく（システム2），直感的，ないしは感情的に意思決定をする脳の部位も用いて意思決定をしている（システム1）ものとして捉えています。現実の人間はそこまで合理的ではないが不合理でもなく，自らの利益のみを追求するのではなく他者のことも考えるし，他者に自分がどのように認識されているのかも考えています。自分を完全にコントロールできるわけではなく自分をコントロールできずに短期的な自己利益を追求してしまうものであり，そのような人間像を前提としています。例えば，みなさんもお菓子を食べたら太ってしまうのでいけない，と思いながら食べてしまうという経験はないでしょうか？

　また，先ほどの**表4-1**で示したエラーの予見と関連するのが**ヒューリスティック**です。人間は必ずしもすべての事柄を論理的に考えているのではなく，過去の経験を頼りにして意思決定を行うことが多くあります。ヒューリスティックとは，意思決定を単純化する認知的ショートカット，ないしは経験則のことです。代表的なものとして**利用可能性ヒューリスティック**，**代表性ヒューリスティック**，**アンカリングと調整効果**などがあげられます。ヒューリスティックは論理的に考えるよりも意思決定に至るまでの時間が短くて済むというメリットがある一方で，その意思決定の結果には偏り（バイアス）が生じ

ることが知られています。このバイアスは**認知バイアス**と呼ばれます。認知バイアスには**後知恵バイアス**や**現状維持バイアス**，**確証バイアス**，**同調バイアス**，**集団間バイアス**など，様々なものが存在します。

　まとめると，われわれの意思決定は必ずしも合理的ではありませんが，そこまで不合理ではなく，ある程度の一定の傾向があります。そんな現実の人間の傾向を踏まえて，興味を惹きつつわれわれにより良い行動を促そうとする方法の一つが「ナッジ」です。

3　ナッジの事例と応用可能性
キーワード：ナッジの事例

　まずはみなさんの保険証や免許証を見てみてください。その裏面には臓器提供を希望する場合にはチェックを入れるように，という指示が記載されていると思います。実は，これも一種のナッジとして機能しています。

　日本は初期値（デフォルト）として「臓器提供をしない」国の一つですが，海外ではデフォルトが「臓器提供をする」になっている国もあります。デフォルトが「臓器提供をしない」国は，デフォルトが「臓器提供する」になっている国に比べて，臓器提供率が低いことが知られており，その中でも日本はトップクラスで低い国でもあります（Johnson and Goldstein, 2003；日本臓器移植ネットワーク，2018）。初期値から変更しにくい理由の一つには，今の状況から変化することを嫌がる**現状維持バイアス**がある程度影響していると考えられます。

　このようにナッジが世界中の様々な場面で用いられていますし，その結果がわれわれの生活にも大きな影響を与えています。本節では，そのようなナッジについて紹介します（**表 4 - 2**）。

■**海外での運用状況・事例**

　海外では，当初2010年にイギリス内閣府内に「公共サービスをコスト効率的で市民が利用しやすいものにする」，「人間の行動に関するより現実的なモデルを政策に導入する」，「人々が自分たちにとってより良い選択ができるようにする」（The BIT, 2019）ことを目的として設置された BIT（the Behavioural Insights

表4-2　ナッジの分類例

情報提供ナッジ：適切な情報を提供することにより行動変容を促すナッジ
　　　Ex. スーパーなどにある足跡は並ぶ場所を教えてくれるナッジ
デフォルトナッジ：何も選択しなかった時の初期値（デフォルト）を設定するナッジ
　　　Ex. 日本の臓器移植意思表示カードは臓器移植をしないことをデフォルトとする
　　　ナッジ
社会的規範ナッジ：社会的に望ましい行動をするようになるナッジ
　　　Ex. 近隣の納税状況を明示するのは，納税をすることが社会的規範であることを
　　　知らせるナッジ
目的明示化ナッジ：目的を明示することで，行動の目的を意識させるナッジ
　　　Ex. トイレで「マト」を設定するのは目的を明らかにすることで，行動を改善す
　　　るナッジ

Team, 別名：ナッジユニット）をはじめとして，2014年にはアメリカ版ナッジユニットである SBST が設立されるなど，多くの国や地域でナッジを用いた施策を推進する組織が構築されています（白岩ら，2021：the Behavioural Insights Team, 2019）。

　例えば，BIT では税金の滞納者への通知にナッジを活用しています。税金は社会に必要なインフラを整備したり，市民が安心して生活をするために必要な環境を整えたりするために使われています。この税金が支払われないと，市民は安心して生活をすることができません。そこで，イギリスの BIT はメッセージの強調・個人的な言葉の利用・社会的規範などの7つの観点に基づいた督促を実施しました。ここではその中でも他の市民はすでに払っているという社会的規範に訴えかけた事例を紹介します（Cabinet Office the Behavioural Insights Team, 2012）。

　具体的には，税金の滞納者に対して「XXX の9割はすでに申告を終えたので，あなたも早く支払ってください」と訴えかけることで，税金の支払いを促したのです。XXX には「国（イギリス）」「同じ郵便番号の地域」「街」が入ります。この3群に加えて，従来通りの督促状を送った4群で，どの状況が最も効果があるのかを比較しました。

　その結果，3カ月後の支払状況は「従来条件」が67.5%であったことに対して，「国条件」で72.5%，「同じ郵便番号の地域条件」で79.0%，「街条件」で83.0%となり，最大で15.5%もの差異がありました。この結果から，より小さ

い，個人に身近な地域単位での案内が効果的であることが伺えます。

■国内での運用状況・事例

　一方，我が国においては，2017年に環境省を中心として，内閣府，消費者庁，経済産業省，資源エネルギー庁，国土交通省，厚生労働省が参画した日本版ナッジ・ユニットとして「BEST」を設置しました（http://www.env.go.jp/earth/ondanka/nudge.html）。特に，当初は環境問題に着目してナッジを推進しようとするものでしたが，今では様々な分野への応用が試みられています。地方自治体レベルでも2019年2月に横浜市のナッジユニット「YBiT」（https://ybit.jp/）が，2019年11月に岡山県にも「岡山県ナッジユニット」が発足するなど，様々なレベルでのナッジに対する取り組みが行われています。また，民間企業においてもナッジが活用されています。

　ここでは，日本における事例として著者も発表に協力し，NEC ソリューションイノベータ（株）がベストナッジ賞を受賞した「感謝フィードバックによる資源循環促進」を紹介します（NEC ソリューションイノベータ（株），2020）。この研究では，資源循環型社会へのシフトを目的として，ゴミの分別を行ったことに対する「感謝」を伝えることで社会的規範にあった行動であることを市民に伝えていました。その結果，感謝を伝えなかった群に比べて，感謝を伝えた群におけるゴミ分別の品質（精度）が向上したことが明らかとなりました。これも社会的規範に訴えかけるナッジの一つであるといえます。

　このように，ナッジを活用すれば，われわれの日常生活にとって様々な良いことがありそうです。それでは，ナッジを活用するためにはわれわれはどうしたら良いでしょうか？　ここでは，効果的なナッジを計画する際に有用な観点として，EAST アプローチを紹介します（Cabinet Office the Behavioural Insight Team, 2014）。これら4分類11観点から施策を考慮することで，より良いナッジを計画できるといわれています（表4-3）。

　ナッジはわれわれとは全く関係のないことのようだと思っていたら，どうやらわれわれの日常生活の中にも浸透してきているようです。それではナッジは良いことだらけなのかと言われると，実はそうとも言い切れません。やはり，

表4-3　EAST フレームワーク

Easy	①初期設定（デフォルト）を使う ②サービスを利用する際の面倒な要素を取り除く ③メッセージはシンプルに
Attractive	①注意を引きつける ②報酬と処罰が最大限に効果を発揮するように設計する
Social	①多くの人が「望ましい」行動をしているように思わせる ②ネットワークの力を活用する ③他者にコミットメントを行わせる
Timely	①最も受け入れやすい時に刺激する ②直近の費用・利益を考える ③出来事への対応の計画を支援する

いくつか課題があります。次節では，ナッジの課題について整理・検討したいと思います。

4　ナッジの課題

キーワード：リバタリアニズム　パターナリズム　リバタリアンパターナリズム　ナッジの権利章典

今までの例で言うと，コロナ禍とはいえ，外出を法的に禁止されたわけではないですし，（その分直接的な罰はありますが）督促されても税金を払わないこともできれば，ゴミを適当に分別しておくこともできます。しかし，これらの介入によって（この画像のせいだけとは言えませんが）外出頻度を減らしていましたし，他者の納税状況を知らされただけで多くの人が早く納税をしました。また，ゴミの分別を丁寧に行うようになってきました。われわれは強制されたわけではないのに，なぜ行動が変化したのでしょうか。

ナッジは意思決定者であるわれわれの「行動選択の自由」を確保しながらも「望ましい行動を促す」という枠組みです。「選択の自由を確保」する立場は**リバタリアニズム**と呼ばれており，「望ましい行動を促す」立場は**パターナリズム**と呼ばれています。一方，ナッジはこの両者の特徴を持ち合わせており，**リバタリアン・パターナリズム**と呼ばれる立場にあります。

それでは，両者の特徴を有しているためにリバタリアニズムからもパターナリズムからも歓迎されている，というとそういうわけでもありません。特にリ

バタリアンからはパターナリズム的な側面に着目をした批判を受けることがあります（福原，2020 など）。ある選択肢を選択するように誘導する，ということは他の選択肢を選びにくくしているという側面があります。その意味で，自由な選択を行うことに対して心的負荷をかけたりして，選択の自由を阻害していると評価されることがあります。

　また，本来はコストをかけて実施すべきことが，コスト削減を目的としてナッジを用いているおそれがあることも問題でしょう。例えば，コロナ禍における飲食店の営業自粛要請は，本来ならばある程度のコストをかけなければならないことに対して，同調圧力のような社会的規範の負の側面を用いた事例となってしまっている側面があるかもしれません。本来ならばもっとコストをかけて（＝経営者や従業員の生活を保証して）営業自粛を依頼しなければならないにもかかわらず，不十分なコストでの営業自粛を依頼している状況は，結果としてナッジの誤った使い方になってしまっているかもしれません。経済効率的には「良い」ナッジかもしれませんが，「善い」ナッジとはいえないでしょう。

　ナッジの誤った使い方を抑えるためにはどうすれば良いでしょうか。最後に，ナッジに関わる倫理を紹介します。ナッジは様々な領域において導入可能である一方で，市民への影響も大きいものであることは間違いありません。そのためにサンスティーンらは**表 4-4**に示した 6 点を「ナッジの権利章典」として提唱しています（サンスティーン・ライシュ，2020）。

表 4-4　ナッジの権利章典

• ナッジは正当な目的を促進しなければならない
• ナッジは個人の権利を尊重しなければならない
• ナッジは人々の価値観や利益と一致しなければならない
• ナッジは人を操作してはならない
• 原則として，ナッジは明確な同意がないまま人からものを取り上げて，それを他人に与えるようなものであってはならない
• ナッジは隠さず，透明性を持って扱われなければならない

　ナッジは施策実施者から施策対象者に対する働きかけであり，一種のコミュニケーションであると言えます。一方的なコミュニケーションになりがちではありますが，施策実施者は施策対象者のことを慮らなければなりませんし，施

策対象者にヒアリングや実験，調査をするなどを通じて施策対象者に対する理解を深めた上で，デメリットが生じないような施策にすることが必要です。「誰にとって」望ましい行動を促すのか，ということは常に意識しなければなりません。

　良きにつけ悪しきにつけ，これから日常生活や政策の中でナッジのようなものを目にする機会が増えていくことでしょう。また，他にもナッジのような行動科学を用いた施策に関わることがあるかもしれません。例えば教育的ナッジと呼ばれる**ブースト**というものも存在します。その際には，十分な注意を図ることが必要でしょう。

ブックガイド

大竹文雄『行動経済学の使い方』岩波書店，2019年。

カーネマン，ダニエル（村井章子訳）『ファスト＆スロー』（上・下）早川書房，
　2012年。

山根承子，黒川博文，佐々木周作，高阪勇毅『今日から使える行動経済学——人と
　お金を上手に動かす』ナツメ社，2019年。

第5章

労働者の権利と労働への教育

「ブラックな職場」と「やりがい搾取」を超えて

鈴木雅博

---

1 「夢を仕事に」と言うけれど……

　これまで皆さんは「将来の夢は？」「どんな職業に就きたいの？」と幾度となく問われてきたのではないでしょうか。例えば，小学4年生の行事として定着してきた「二分の一成人式」では，子どもたちによる「将来の夢」の発表が定番メニューの一つとなっています（内田，2015）。また，2017年度から小学校で教科化された道徳では，夢を実現した先人の経験に触れ，高い目標を立てて困難を乗り越えていくこと，そして進んでみんなや社会のために働くことの大切さを理解することが目標とされています。これらを学ぶ中で自分の夢や就きたい職業について考える機会が与えられていることと思います。さらに，中学校では職場体験等も用意され，子どもたちは学校生活のなかで将来の夢や就きたい職業について問われ，「夢を仕事に」するように求められ続けていると言ってよいでしょう。

　これらの取り組みは「キャリア教育」と呼ばれています。キャリア教育とは，自己を理解し，他者とコミュニケーションをとりながら，課題に対処し，自らの将来を設計していく基礎的汎用的能力の育成を目指すものです。

　キャリア教育が導入された背景には，バブル崩壊後の就職氷河期・超氷河期と呼ばれる時期（1990年代半ばから2000年代半ば頃）に若年失業者が増加したことがあります。この時期に，フリーターやニート，また，「七五三現象」（新規学卒者の就職後3年以内離職率が中卒就職で約7割，高卒者で約5割，大卒者で約3割前後に及んでいる状況を指したもの。図5-1参照）が問題視されました。そして，これへの対策として，1999年の中央教育審議会答申「初等中等教育と高等教育

図5-1　学歴別就職後3年以内離職率の推移

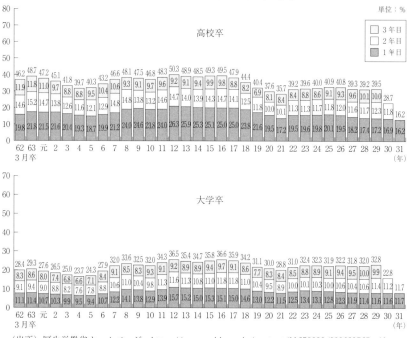

（出所）厚生労働省ホームページ　https://www.mhlw.go.jp/content/11650000/000689565.pdf

との接続の改善について」は「望ましい職業観・勤労観及び職業に関する知識や技能を身につけさせるとともに，自己の個性を理解し，主体的に進路を選択する能力・態度を育てる教育」としてキャリア教育の導入を打ち出したのです。

　しかし，ここには大きな問題が潜んでいます。それは，若者の雇用問題を「働く意欲のない／辛い仕事を嫌う若者の甘え」に原因があると捉えている点です。そもそも若年失業者増加はバブル崩壊による長期不況に原因があったはずです。企業は人件費削減を目指し，政府は法改正によって派遣労働の対象を拡大することでこれに応え，フリーター等の非正規雇用とならざるを得ない若者を生み出してきたのです。

　ニートについても，若年無業者が求職活動をしない理由，就業を希望しない理由についての調査結果を見ると，「その他」を除くと，15〜19歳では「学校以外で進学や資格取得などの勉強をしている」が，20〜24歳と25〜29歳では

「病気・けがのため」が最も高くなっています（内閣府『平成27年版子ども・若者白書』）。となると，ニートを「働く意欲のない甘えた若者」というステレオタイプで捉え，問題解決のために「望ましい職業観・勤労観」を身につけさせようという処方は的外れだということになります（本田・内藤・後藤，2006）。

　七五三現象にしても，実のところ，若年労働者の離職率は以前から一貫して高いのです。高度成長期を最高として，バブル期がそれに続くのですが，それは好況時の人手不足により，条件のよい転職機会が増加したためです（小池，1999）。こうした傾向は，転職によって失うもの（その企業独自のノウハウ等）が少ない若年層においてより顕著となります。つまり，若者の離職率は「高くなった」のではなく，離職理由も「嫌なことがあるとすぐに辞めてしまう」という「望ましくない」職業観・勤労観を持った若者が増えたから，というわけでもないのです。

　以上のように，フリーター・ニートや七五三現象はかたよりのある，作られた「問題」であることが分かります。こうして見ると，キャリア教育は雇用問題として解決すべき課題を若者の心の問題へと矮小化し，政府や企業が負うべき責任を個人に押しつけることに一役買ってしまうおそれがあるのです。

2　「ブラック企業」と「やりがい搾取」

　もちろん，「夢を仕事に」することは悪いことではありませんし，困難を乗り越え，進んでみんなや社会のために働くことは称賛されるべきことでしょう。ただし，気をつけなければならないことは，それを目指す教育がかえって人びとを苦しめてしまうおそれがある点です。これは，運悪く「ブラック企業」に勤めることになってしまった時に，顕著にあらわれます。ブラック企業とは，過剰な長時間労働，残業代の不払い，パワーハラスメントが横行し，若者を使い潰す企業のことです（今野，2012）。

　これは高校生や学生にとっても無縁の話ではありません。アルバイトでもサービス残業やパワハラに加え，過酷な「ワンオペ」（一人ですべての業務を行うこと）の押しつけや季節商品・制服の自腹購入，また試験前の容赦のないシ

フト強制といった「ブラックバイト」に行きあたってしまうこともあるのです（大内・今野，2015）。

　もっとも，「嫌なら辞めればよい」という考えもあるでしょう。しかし，自己都合での退職は会社都合退職より雇用保険の給付額・給付期間において著しく不利になります。まじめに働いている側が働かせる側の理不尽な行為の尻ぬぐいをさせられるのは納得いきませんし，ブラックな職場がブラックなまま生きながらえることは他の労働者や社会全体にとっても大きなマイナスです。

　そもそもパワハラでうつ状態となり，辞める判断を下せなくなってしまうことも少なくありません。若者は追い詰められた状況下において往々にして次のように考えてしまいます。「自分が辞めたら周りに迷惑がかかる」「仕事を途中で投げ出すような人間にはなりたくない」「短期で辞めたら再就職で不利になる」……。これらは，「高い目標を立てて困難を乗り越えていくこと」，「働くことの大切さを知り，進んでみんなや社会のために働くこと」を規範視する「望ましい勤労観・職業観」と表裏の関係にあります。一方で，キャリア教育はブラックな職場に対抗する術を十分には教えてくれません。

　職場のブラックさが問題とされないケースもあります。それは「好きなことを仕事にする」といった，働く者にとって一見理想的な状況にある時です。「仕事にやりがいを見出している人は過酷な労働環境を苦にしない」というわけです。例えば，バイク好きが高じてバイク便ライダーとして働く若者は，荷物を速く届けるために無理なすり抜けをすることを「身の安全を脅かす危険な労働」ではなく，高いスキルの証しとして捉えています。歩合制のライダーはひとたび事故を起こせば収入を失い，医療費・修理代を自己負担し，生活（時には生命も）が脅かされるという不安定な雇用にも拘らず，日々「ベストラップ」を叩き出すことで多くの稼ぎと仲間からの称賛を得ることにやりがいを感じています（阿部，2006）。

　また，ある居酒屋チェーンでは「道場」と呼ばれる各店舗に「師範」と称する代表取締役が書いた「夢は必ず叶う」といった相田みつを風の色紙を飾り，熱量の高い朝礼が行われています。これによって，働き手はその仕事が自分を成長させてくれるものだと信じ，離職せずに非正規雇用に身を捧げるように

なっていきます（本田，2011）。

　ここには，若者が「夢」「好きなこと」「やりがい」「人間的な成長」といった美しいフレーズを胸に過酷な労働を受け容れていく構図を見ることができます。厄介なのは，それが単に経営者による意図的な「やりがい搾取」として仕組まれているとは限らずに，若者が自分で自分の首を絞めている面があることです。バイク便ライダーたちは，歩合で高収入を得る速いライダーを「かっこいい」ものと見ており，こうした視線がやる気のないライダーを排除し，職場は常に速さ・楽しさをめぐる高揚感に包まれるに至ります。

3　「夢を仕事に」×「ブラックな職場」×「やりがい搾取」＝学校教師

　同様のことが職場としての学校にも見られます。まず，勤務の過酷さについて確認しておきましょう。2016年の文部科学省（文科省）教員勤務実態調査によると，過労死ラインである週20時間以上の残業をしている教諭は小学校で約3割，中学校では約6割にのぼります。政府広報が例示する「中学校教師の一日」ですら過労死ラインを超えています（図5-2）。しかも，教師の超過勤務（超勤）には残業手当が支払われていません。本来，労働基準法（労基法）では，使用者が労働者に超勤を命じる際には割増賃金（時間外25％増以上，休日35％増以上，1カ月60時間超分50％増以上）を支払うことになっています（37条）。

　しかし，「公立の義務教育諸学校等の教育職員の給与等に関する特別措置法」（給特法）によって，公立学校の教師には「職務と勤務態様の特殊性」（2条）に鑑み，給与4％分を教職調整額として支給する代わりに，超勤手当を支払わないことが定められています（3条）。この給特法体制下では，教師に時間外勤務を命じることができるのは，①生徒の実習，②学校行事，③職員会議，④非常災害等という4項目（超勤4項目）について，臨時又は緊急のやむを得ない必要がある場合に限られています。

　ところが実際には，超勤4項目ではない授業や行事の準備，生徒指導，部活動等の日常業務で長時間労働が生まれています。このズレはどう説明されているのでしょうか。文科省は教師の超過勤務は「自発的」なものだという見解を

図 5 - 2　中学校教師の一日

5：00	起床
5：00 ～ 7：15	朝食
7：15 ～ 7：30	出勤
7：30 ～ 8：10	部活の朝練
8：10 ～ 8：30	職員の打合わせ
8：30 ～ 8：40	教室で朝の読書指導
8：40 ～ 8：50	朝の会
8：50 ～ 12：45	授業（ない時間は見回りなど）
12：45 ～ 13：20	教室で給食
13：20 ～ 15：30	授業
15：30 ～ 15：55	清掃
15：55 ～ 16：10	帰りの会
16：10 ～ 18：00	部活・生活指導・会議など
18：00 ～ 21：15	授業準備・提出物の点検など
21：15 ～ 21：30	帰宅
21：30 ～ 22：30	夕食・風呂・家事
23：00	就寝

（出所）政府広報オンライン　https://www.gov-online.go.jp/useful/article/201904/2.html

示しています。つまり，「教師の残業は職務命令に基づくものではなく，好きでやっているので手当も割振り（超勤分を他日の勤務時間を短くすることで相殺すること）も必要ない。『自発性』を含む教師の職務と勤務態様の特殊性については教職調整額の支給で解決済み」という立場です。

　とはいえ，過労死ラインを超える者が少なくない現状の改善に向け，政府は「働き方改革」の一環として給特法改正に乗り出しました。これにより，2021年からは1年間を単位とした変形労働時間制の導入が可能となりました。これは勤務の割振りが可能な期間を1年間に拡大することで，学期中の残業分を夏休みに休んでもらおうというものです。これにより，計算上は超過勤務を減らすことができます。

　しかし，夏休みには，研修，面談，補習，部活動指導等があり，超勤分の代

替休日を確実にとれる保証はありません。それどころか，制度改変によって学期中の勤務時間を長く設定することが正当化されてしまい，かえって育児や介護を抱えながら働くことが難しくなってしまうおそれもあります。

　他方で，法制度の問題だけでなく，熱心さを重視する教師文化も働きすぎを助長しています（永井，1977，久冨，1998）。教師の献身性は「部活動での喜びや悔しさ，仲間とのつながりが子どもの成長につながる」「クラスでの良い思い出を残してあげたい」「子どもをひきつける授業で学ぶ喜びを感じてほしい」といった「やりがい」によっても支えられていると言えるでしょう。

　以上のように，「夢を仕事に」した教師たちは，制度と文化が導く「ブラック」な状況下で，「やりがい」の名のもとに，身を粉にして働いています。このような教師たちが子どもに労働者の権利を教えるのだとしたら何とも皮肉な話ではないでしょうか。

4　「働き方改革」のゆくえ

　では，もし皆さんが将来，不運にもブラックな職場で働くことになってしまったら，どのように対処すればよいのでしょうか。とり得る方策の一つは，労働組合に加入し，労働条件の交渉をすることです。ただし，日本で多く見られる企業別組合は強い交渉力を持たない場合がある一方，新興産業分野や非正規雇用が中心の職場ではそもそも組合がないケースもあります。とはいえ，企業や業種を超えて個人で加入できる組合もあり，そこを窓口として交渉に臨むことは労働環境改善の有効な手立てとなります（今野，2012）。

　その二は，労働基準監督署（労基署）への告発です。労基署は残業代の不払いといった労基法違反に対し，指導を行ってくれます。ただし，労基署は残業代を回収し申告者に手渡してくれるわけではなく，また，パワハラやシフト強制等も労基署の守備範囲外のため，労働者個人の救済には限界もあります。

　その三は，民事訴訟です。訴訟には費用面での負担がありますが，判決次第では個人としての賠償金獲得を超えて社会全体にインパクトを与えることができます。

　その四は，法律の改正（あるいは改悪阻止）です。教師にとっては給特法を抜本的に改正し，労基法の適用を拡大することで超勤手当支給を実現することが目標となるでしょう。民間労働者にとっても，「ホワイトカラーエグゼンプション」や「裁量労働制」といった実際に勤務した時間に応じた手当が支払われなくなる制度の導入・拡大が進められており，それを安易に認めないことが重要な課題となります。前者は対象者を高度の専門的知識を必要とする年収1075万円以上の者と限定し，2019年に「高度プロフェッショナル制度」として導入されました。後者についても対象を営業職等にも拡大する法案が提出されましたが，国会審議において，安倍晋三首相（当時）が答弁で言及したデータが実際には恣意的な処理をした不適切なものであることが判明し，法案から削除されることになりました。

　とはいえ，コロナ禍を契機としてテレワークが浸透しつつある状況下では，職場での厳密な時間管理ではなく，在宅での裁量労働を認める動きがさらに強まっていくことも考えられます。この時，裁量労働が長時間労働につながらないように労働者と使用者で丁寧に議論していくことが大切となるでしょう。

　法律の改正（や改悪阻止），あるいはそれぞれの職場でのブラックさの改善には，これらの問題に人びとが関心を持つことが必要となります。近年では，SNS が世論形成の起点となることが少なくありません。教師労働のブラックさについてもブログやツイッターを契機として注目を集めるようになりました（内田・斉藤，2018）。2021年には，文科省が教職の魅力発信のために「＃教師のバトン」プロジェクトを立ち上げましたが，その思惑に反し，窮状を訴える教師のツイートで埋め尽くされる結果を招きました。今後も小さなつぶやきが作りだす大きなうねりが労働条件に関する制度や文化を変容させていくことが期待されます。

　以上のように，ブラックな職場に対抗し，「働き方改革」を成し遂げるためには，様々な水準で手立てを講じていくことが必要です。ただし，そもそも私たちが労働者としての権利意識をしっかりと持ち，労基法の規定や労働組合の大切さについて知らなければ，問題を問題として認識することさえままなりません。この点においてキャリア教育の果たすべき役割は大きいと言えるでしょ

う（児美川，2007）。もちろん，それは教師の労働環境改善がなければ実行不可能です。教師に労働者の権利を保障し，教師自身が権利に即した行動をとれる時に，子どもに対し労働への教育ができるのだと思います。

ブックガイド

阿部真大『搾取される若者たち──バイク便ライダーは見た！』集英社，2006年。

今野晴貴『ブラック企業──日本を食いつぶす妖怪』文藝春秋，2012年。

妹尾昌俊『教師崩壊──先生の数が足りない，質も危ない』PHP研究所，2020年。

第❻章

防災しない災害学
災害から社会を捉える「災害研究」の世界

小林秀行

---

1 誰が日本を「災害大国」と呼んだのか

　災害のことを勉強する，というと皆さんはどんなことを思い浮かべるでしょうか。おそらくですが，避難訓練や備蓄品の準備，災害から数日を生き延びるサバイバル・テクニックなどを想像する方が多いのではないかと思います。ここでは，「防災しない災害学」というタイトルの通り，いったんそうした実践的な知識・技術から離れ，学問として災害を捉えるとどのようなことが見えてくるのか，ということを皆さんと考えてみたいと思います。

　さて，もう一つだけ，質問をしてみたいと思います。皆さんは「災害大国」という言葉を聞いたことがあるでしょうか。日本で暮らしていると，おそらくほとんどの方が「日本は災害の多い国だ」という言葉を，学校の防災訓練やニュース映像，映画や小説，漫画，アニメなどどこかで目にしたり，聞いたりしたことがあるかと思います。このような「日本は災害の多い国だ」ということをあらわす単語として用いられているのが，「災害大国」という言葉です。確かに日本は地震や台風，火山，洪水，津波，土砂崩れなど数多くの災害に直面する国ですが，皆さんはこの災害大国という言葉，いつ頃から広く使われはじめた言葉だと思うでしょうか。

　答えは2011年3月11日に発生した東北地方太平洋沖地震，一般には東日本大震災と呼ばれる大規模災害の後です。当たり前のように使っているこの言葉，実はとても新しい，世の中で使われはじめてまだ10年程度の言葉なのです。図6-1を見ると分かるように，国会での発言記録や新聞紙面をさかのぼってみると，東日本大震災以降から急激に出現数，使用した事例が増加していること

図6-1　「災害大国」記載数の年推移（1976年 - 2020年 8 月26日）

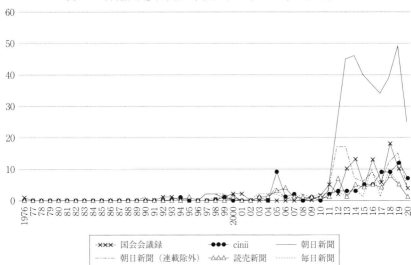

が分かります。

　もちろん「災害大国」という言葉自体が生まれたのは，例えば1976年の衆議院での森下元晴議員による発言など，もっと以前のことですが，それでも昭和後半の時代のことですし，やはり古い言葉というわけではありません。そして，この言葉が急激に社会へ広まる契機となったのは，東日本大震災の発生を受けて，朝日新聞が連載記事として企画したシリーズの題名に，「災害大国」という言葉があてられたことを受けてのものだと分かっています。

　日本全体が震災の記憶を鮮明に覚えていた時期，このような企画に注目が集まったことで，「災害大国」という言葉が他の新聞や政治の場面でも使われるようになり，そして人口に膾炙した，すなわち一般社会にも馴染んでいったわけです。情報コミュニケーション学部に多少なりとも関心を持つ皆さんは，いわゆるメディアに関する話に興味がある方も多いと思いますが，このような事例を見てみると，マスメディアが持つ影響力というのは SNS の隆盛が盛んにいわれる近年でもやはり大きなものがあるということが分かりますね。

2　「災害大国」が意味するもの

　さて，災害に話を戻すと，この「災害大国」という言葉ですが，なぜあえて「大国（major）」という言葉を用いるのでしょうか。この言葉がなかった時代，日本では「地震国」「地震多発国」「地震列島」のように「災害の種類（地震，火山，台風 etc.）＋地理的な特徴（国，多発国，列島 etc.）」という形であらわすことが主流でした。これに対して，「大国（major）」という言葉はやや特殊な意味を持っています。例えば経済大国，軍事大国など，一般に「大国（major）」という語を用いるときには，その選択が国際政治に対して影響を与えるような特徴的な力を有する国家，という意味で用いられます（ナイ，2004）。つまり，単純に地理的な特徴を示すだけであれば，大国という言葉をあえて用いる必要はないわけです。では，一般社会にまで広まったこの言葉に対して，われわれの社会は今どのような意味を込めているのでしょうか。

　例えば，災害大国を英語に直訳すると，"Disaster major（power）"になるはずですが，政府の文書では一般に"Disaster prone country"，つまり「災害が頻発する国」という訳語があてられています。しかし，述べたように日本にはこれまで「地震国」のような表現がありますから，"Disaster prone country"という訳をあてるならば，こうした昔から使われていた用語で十分なはずで，大国という言葉を用いる，もしくは大国という言葉が流行り言葉になる理由としてはどうも弱そうです。

　一方，例えば国際協力の分野を見てみると，日本の国際協力に関する方針を示した文書では，2007年の『政府開発援助（ODA）白書』での「日本は地震・台風などの災害大国でもあるので，防災を念頭に置いたインフラ整備や住民における防災意識の向上等の協力でも貢献しています」という記述や，2015年の「開発協力大綱」での，日本が果たすべき役割として「災害が激甚化・頻発化する中において，防災・減災大国である我が国の貢献の余地は大きい。災害救援等の緊急人道支援の効果的実施のため，国際機関や NGO を含め，この分野の知見を有する様々な主体との連携を強化する」という記述がみられています。

特に「開発協力大綱」という文書に書かれている「防災・減災大国」という言葉は，"A country known for its disaster risk reduction"，つまり「災害リスクの削減で知られている国」という表現があてられており，ここでは防災分野の「大国（major）」であるという日本の立ち位置を強く主張しています。

　災害大国という言葉もその前後を見るとやはり，日本が災害を数多く受けているからこそ，災害に対する知識や備えに優れているという表現が見受けられ，どうやら「災害大国」という言葉は，単純に"Disaster prone country（日本は災害の多い国だ）"という意味だけではなく，"A country known for its disaster risk reduction（災害リスクの削減で知られている国）"，という意味までが含まれた，「日本は災害が頻発する国であり，そうであるために数多くの被災経験から知識や備えを発展させてきた防災・減災分野の世界的大国だ」という言葉として使われつつあるのではないか，ということが見えてきます。

　たかだか言葉一つの話，と思うかもしれませんが，社会の様々な動きは文書，つまりは言葉によって組み上げられています。そのたかだか言葉一つに着目するだけで，これだけの背景というものが見えてきますし，その背景は現実の政治などに影響を与えていることも分かります。言葉にこだわることの意味を，「災害大国」はわれわれに教えてくれます。

3　そもそも災害とは何か？

　さて，ちょっとマニアックな話から始めてしまいましたが，ここで一度「災害大国」にも使われる，「災害」という言葉について整理をしておきたいと思います。災害という言葉を聞くと皆さんは何を想像されるでしょうか。地震，津波，洪水，台風，竜巻，土砂崩れ，火山噴火，もしかすると旱魃や飢餓，蝗害，伝染病などを想像される方もいるかもしれません。この際，想像した災害について，その種類は皆さんそれぞれ違っていても，思い浮かべた光景の多くが，被害の光景だったという点で共通しているのではないでしょうか（図6-2，6-3）。災害が報道される時というのは，基本的には被害の光景が報じられますから，皆さんがこのような光景を災害として想像するというのは不思議なこ

とではありません。

しかし，災害研究という分野では，災害に対する考えはこうしたものとは少し違っていて，災害というのは自然現象を契機として発生する一連の社会過程，プロセスのことを指すと理解されています（浦野，2007）。より具体的にいえば，避難，救助・救命，避難生活，復旧，復興，次の災害への備えといったものまで含むものだという考え方が共有されています。どういうことかというと，自然現象がわれわれの社会を襲えば被害が発生するというところは同じなのですが，災害研究ではさらに，その被害はどこまで続くのだろうか，その被害はどのようにすれば再発を防げるのだろうか，ということを重要視します。

図6-2　関東・東北豪雨における常総市の被害

（出所）筆者撮影

図6-3　熊本地震における益城町の被害

（出所）筆者撮影

　建物が壊れた，道路が壊れたというのは確かに目に見えやすい被害ですが，こうした元の生活に戻れない状態が長く続いていくことや，被災者の方々の心に残された傷跡というものも，災害による被害の形です。災害の被害を物理的な被害という見方に限定してしまうと，こうした目には見えづらいけれども長く続いていく被害の形を見落としてしまうことになります。そしてそうなれば当然，このような状況からの回復を目指した復旧や復興という取り組みも，すぐに目を向けられなくなっていきます。東日本大震災の発生当時，岩手・宮城・福島をはじめとした被災地への支援を求める「絆」という言葉が日本中で叫ばれました。それは日本中が協力した素晴らしい動きであったとは思います

が，この言葉もその後の数年で急速に失われていきました。それはやはり，津波による流出物などの整理が進められ，目に見える被害が徐々に姿を消していったことで，分かりやすい災害の光景というものを社会が共有できなくなったことが一つの理由としてあったように思います。

　しかし，当然ですが，避難生活や復旧・復興という形で自然現象による被害からの回復を目指す動きは，その後も続いていきます。言い換えれば，被災した地域に自然現象の影響が色濃く残されている状態は，自然現象そのものが過ぎ去った後もずっと続いていくということです。場合によっては，被害を契機として社会のあり方そのものがらりと変わってしまうこともあるかもしれません。本来，こうした状況に対して社会による支援が必要ですが，われわれが災害を物理的な被害だと捉えてしまえば，「それは災害と関係ないから社会が支援する必要はない」というような自己責任論を強調する方もあらわれるように思います。ですが，避難生活や復旧・復興というものは個人の努力ではどうにもならない部分もあります。

　災害研究が災害を物理的な被害に留まらない，自然現象によってわれわれの社会に引き起こされるあらゆる影響と，それに対する社会の対応の過程という形で理解しようとするのは，目に見えない被害までを見ようとし，そうした被害に社会がどのように向き合ったのかということを理解しなければ，こうした被害の見落としを大量に生んでしまうということを強く心配しているためです。そういうわけで，地震や台風といった自然現象がおさまったから災害が終わったというわけではなく，その自然現象による影響がなくなり，または克服し，社会が平時へと戻っていくまで災害という現象は継続しているという理解が重要になるわけですね。

4　災害研究の世界への招待

　さて，ここまで災害研究の世界をのぞいてみましたが，いかがだったでしょうか。皆さんが想像している「災害の勉強」とはちがう世界が広がっていたのではないでしょうか。少し刺激的なタイトルなので誤解を避けるために補足を

しておくと，もちろん災害研究の目的は「人々の生命と財産を災害から守る」というところにあります。ですが，それは何も災害直後を生き延びるための実践的なものには限らず，時間も空間もずっと広大な世界なのです。災害研究は，災害を通して社会そのものを捉えなおそうとする，奥行きの深さと裾野の広さを兼ね備えた分野です。災害とは何か，災害と向き合うとはどういうことか，災害で苦しむ人をどうすれば減らせるのか，決して明るいばかりの世界ではありませんが，人間が自然と共存して暮らしていく以上は欠かすことのできない，とても重要な分野だと筆者は考えています。この章を読んだ経験をきっかけに，是非ご自身でも災害のことをあらためて考えて頂ければと思います。

ブックガイド

磯田道史『天災から日本史を読みなおす──先人に学ぶ防災』中央公論新社，2014年。

片田敏孝『人に寄り添う防災』集英社，2020年。

矢守克也『防災心理学入門──豪雨・地震・津波に備える』ナカニシヤ出版，2021年。

第 7 章

現代の罪と罰

法律学を学ぶためのプレリュード

阿部力也

1 法律学の発想──法を解釈するということ

　法律に違反し，他人の権利あるいは利益を侵害した場合には「法的な責任」が生じます。例えば，意図的に（わざと）あるいは不注意によって他人の物を壊してしまった場合，まず考えられるのは，その物の持ち主に対する不法行為に基づく損害賠償だと思います（民法709条・ざっくりいえば弁償ってやつです）。確かに壊してしまった物そのものが戻ってくるわけではないのですが，しかし壊した物に相当する金額が被害者（持ち主）に支払われることによって，損害が一応回復されたと考えることができます。物を壊された被害者が完全に納得できるかは分かりませんが，そのお金で同じ物を買い直すことは可能なわけです。これはこれで，私人間に生じた「紛争」を解決する一つの手段といえると思います。

　さらに，他人の物を壊した者が「刑罰」を科される場合もあります。他人の物を意図的に壊した場合には（不注意で壊した場合は除かれます），刑法が規定する器物損壊罪（261条）の成立する可能性があります。条文には，「（中略）他人の物を損壊し（た）者は，3年以下の懲役又は30万円以下の罰金若しくは科料に処する。」と規定されています。この条文から明確な点は，法律上，禁止されている行為に対しては一定の刑罰が科されているということです。あるいは，刑罰が科されるような行為であるからこそ，他人の物を壊す行為は，禁止された・違法な行為であるといえます。

　このように，一定の行為を刑罰で規制するという形式が「刑法」という法律の特徴です。例えば，窃盗罪は，「他人の財物を窃取した者は窃盗の罪とし，

10年以下の懲役又は50万円以下の罰金に処する。」(235条) と規定されています。

　窃盗 (どろぼう) の被害にあった物 (客体といいます) を細かく条文の中に置いておくとすると途方もないことになりますよね。財布を盗んだ場合，現金を盗んだ場合，貴金属類を盗んだ場合などそのすべてを規定しておくのは煩雑であり合理的ではありません。そこで，法律は簡単・明瞭に (法律の受け手である国民に分かり易く) 規定される必要があるわけです。では「他人の財物」を盗んだり，壊したりしたときに犯罪になることは理解できても，そもそも他人の財物とはどのように確定されるのでしょうか。ここで皆さんに「法律を解釈すること」についてお話ししたいと思います。

2　電気を「窃盗する」ということについて考える

　公共施設のコンセントで勝手に携帯電話を充電していた人が窃盗罪で捕まったという事件，聞いたことありませんか？　まず，コンセントの事例で気にかかるのは，「電気」が「財物」に当たるかという点です。少なくとも「有体物」(有形的存在・そのまま持ち運びできて重量のある物) ではないのは明らかですね (電気はエネルギー・無体物)。財物と評価できないのに (財物とは有体物を意味する・現在の通説) 窃盗罪の客体に当てはめることは解釈の範囲を超えている！という批判がでてきそうです。

　しかし答えは簡単なのです。実は窃盗・強盗罪の場合，「電気は財物と見なす」という規定があるのです (245条)。実際に契約をしていないにもかかわらず電気を勝手に使用する以上，誰かに損害が発生することになりますし，そのような事件は携帯電話・電子機器等の普及によって頻繁に起こりうる事態なのです。しかも「電気窃盗事件」自体は電気がわれわれの生活に導入され始めた初期の段階から発生した事態なのです (現在の最高裁判所の前身である大審院が明治時代に扱った事案です)。

　最初は想定されていない出来事でした。「財物」の中に有体物ではない電気を含めることは解釈としても極めて難しかったと思われます。そこで明治40年，

刑法を改正する機会に245条の規定を新たに作ったわけです。条文を「解釈すること」で，その言葉の意味（使い方）を拡げて考えることは可能ですが，どう頑張っても電気を財物と見ることはできないというのも有力な見解でした。もっとも改正前の刑法の時代でも，電気窃盗事件が発生したとき，当時の裁判所はこの事件で起訴された犯人を実際に無罪にしたかというと，そんなことはありませんでした（無罪にしたら誰も電力会社と契約しなくなるでしょう）。当時の刑法は「他人の所有物」を窃盗するという規定でした。電気を所有できるのか，難しい問題ですよね。そこで裁判所は「電気は管理可能な物である」という解釈を示しました。つまり，そのままでは手に持てないし運べないけれども，ある種の容器（電池・バッテリー）などに収容・保管することで「他人が支配すること」は可能であり，そのような状態で支配されている他人の「財物」を盗むことはできますから，電気もなお財物・所有物であると当時の裁判所は判断し犯人を有罪としたわけです。しかし，このような結論には反対も多かったのです。そこで法改正の機会を捉えて245条を創設したのでした。

3　刑法の解釈を支える考え方

　刑法という法律を解釈する場合，考慮すべき点は，他の法律と比べて刑法という法律が法律違反行為に対して刑罰という強いサンクション（最高刑は死刑です。民法に死刑はありえません）を持っている点にあります。刑罰の存在は，罪を犯した者に対する「償い」を目的として（応報としての刑罰），さらには犯罪を予防するという目的を達成するために不可欠です。だからこそ，刑法の解釈は目的を達成するためだからといって無茶ぶりをしてはいけない，その峻厳なサンクションを行使するためには慎重さが要求されるべきだ，ということに帰結します。

　確かに，凶悪な犯罪者は個々人に対して，さらには社会全体に対して害を与えた存在でしょう。しかし，だからといって手続きを無視して逮捕・捜査・裁判・極刑の宣告が許されるべきではありません。刑事司法の手続きは，法律上の適正な手続きに基づいて行われなければいけないのです。生命を侵害した者

は常に自らの生命をもって償わなければいけない，という形で実際の裁判が行われているわけではありません。死刑を科す場合にはより慎重な態度が要請されているのです。

　刑法を解釈するにあたって，なぜ慎重さが重要なのか，この点をあらためて考えてください。例えば，皆さんが理由もなく突然にその身体を拘束され，手続きを無視した裁判にかけられ，極端に重い刑罰を科される場面を想像してください。犯罪者だからといって手続きを無視して良いわけはありません。それで良いといってしまうと，そのように扱われる可能性・危険性がわれわれに跳ね返ってくるかもしれないということです（相手の立場に立って想像してみることの重要性を考えてください）。被害者の立場だけでなく，容疑者・被告人の立場にも視野を拡げることが「公正な刑事司法」のためには重要なのではないか，と思います（いろいろな角度から問題分析の視点を持つことの有用性を学ぶ「情報コミュニケーション学入門」は，この点を考える良いきっかけになる，と僕は思っています！）。

　刑事司法に携わる人（国家機関）に限ってそんな理不尽なこと（人権侵害）をするはずがない（国民・市民のために頑張ってくれている！），という意見もあるでしょう。しかし，えん罪が全くないと断言できない事例（真犯人が名乗りを上げた事例，あるいは再審によって無罪が確定した事例）もあるのですから，刑事司法へ過度な信頼を寄せることが危険な場合もあるということ，刑事司法がその役割を果たすために与えられた権限が場合により誤って・濫用されて行使される可能性を考慮しながら，刑事司法の適切な運用ということにわれわれは留意しなければならないといえるのではないでしょうか。手続きを守りながら適切な運用を常に心がけることが「解釈する側」においても要請されている，それに応える態度が慎重な解釈という結果に表れるといえるのではないでしょうか（またそうあるべきですし，われわれも注視し続ける必要があるということです）。

4　犯罪のカタログとしての刑法

　刑法も他の法律と同様に強制力をともなう「社会規範」であり，その強制力

の行使によって一定の目的を達成する点に他の法律と同様の存在意義があると考えられます。もっとも，他の法律と違って，刑法は法律に違反した者に対して「刑罰」を科すことによって，「社会秩序」を維持しようとする点に特徴があります。しかも刑罰は，死刑，懲役・禁錮刑，罰金・科料といった，違反者の生命，自由，財産のはく奪を内容とするものであり，他の法律の制裁手段と比べて，それを科される者にとっては実に過酷なものとなりうるわけです。

　このような刑法の特徴から考えると，まず，どのような行為を「犯罪として指摘するか」という視点が重要になってきます。刑法が予定する制裁，すなわち刑罰が他の法律の予定する制裁に比べてはるかに過酷であることを考えると，他の制裁手段では効果的でない場合，そして，私人間の紛争にとどまらず，社会一般の人々に衝撃を与え，社会秩序を動揺させるような行動に限定して（刑罰を科すにふさわしい）犯罪とすべきことになります。つまり，反社会的な行為，社会的に非難されるべき「良くない行為」のすべてが処罰されるわけではなく，その中から刑罰を科すことが妥当であり，処罰しなければいったん動揺した社会秩序が回復しないような行為に限って犯罪として規定されることになるわけです。逆に，どんなに社会的な非難が大きく，社会一般の人々から批判されるような行為であっても，刑罰的な非難に値しない（処罰の必要がない）行為は，犯罪とすべきではないということになります。

　社会に著しく動揺を与え，人々を不安に陥れる凶悪な事件が発生すると，その行為に対する厳罰化の要求，あるいは犯罪を未然に防ぐ手段として事前・準備的な（犯罪そのものではない）行為を規制すべきだ，という声が大きくなります。犯罪によって動揺した社会秩序を回復させる過程において，そのような要求が高まるのは当然といえるでしょう。しかし，その行為にふさわしいと社会一般が認めてきた「刑の重さ」があり，実際の裁判では，違法な行為とそれに見合った刑を定めた法律を解釈しながら（事件を法律に当てはめる），これまでの事例の積み重ね（判例）を踏まえて個別の事件に対してその事件に見合った，妥当とされる判決（行為と刑罰の重さを考慮すること）が下されること，これが原則です。

　では，現に存在する法律では足りないとして，新たな立法の道を探る場合は

どうでしょうか。まずは処罰の必要性という観点を慎重に考慮する必要があります。刑罰は社会秩序維持のための「最後の手段」であり，秩序維持という目的実現のために刑罰を科すことが必要であるという事情が認められない限り（逆に本当に処罰の必要性があれば速やかな立法化が期待されます），他の手段での解決が望ましいということ，これも原則です。この二つの原則を破ってまで犯罪に対処する場合，一時的には社会一般の支持・満足を獲得することができるかもしれませんが，新しい事件が起きるたびに，次々と厳罰化と立法化の要求が際限なく展開される可能性があるのではないでしょうか。少なくとも実際に発生した事件には事件当時に存在していた法律を適用するのが原則ですし，その行為のために刑罰を重くするように法律を改正し，その行為に遡及して適用することは間違ってもしてはいけないということ，これも大原則です（罪刑法定主義・憲法31条です！）。

　以上のような諸原則を破る可能性がある要求に応えることは，安定した刑事司法の運用を妨げるおそれがあると思われますし，刑事司法の運用が恣意的（個別の事件によって動くという意味で）になされるということは，われわれ自身の存在自体（平穏で自由な生活をおくること）がかえって不安定なものになる可能性を否定できないのではないでしょうか。

5　「犯罪と法」という枠組み

　刑罰とは，犯罪に対する法律上の効果として，犯罪を行った者に対して加えられる国家による法的な非難です（〜した者は〜の刑に処する）。行為者本人および社会一般の人々の「規範意識」を覚醒・強化することに効果的であるとされるからこそ，刑罰を科すことが正当化されるのです（刑罰は被告人だけでなく社会一般への効果を射程に入れることになります）。また「犯罪に対する刑罰」ということから，犯罪と刑罰とは均衡していることが必要です。行為者に対して必要以上に刑罰を科すことはやはり許されません。特に刑罰の本質を「応報」として捉えた場合，均衡という観点はさらに重要となります。当然，人道上の見地から残虐な刑罰は，拷問とともに禁止されています（憲法36条）。

　このような刑罰を規定する刑法は犯罪のカタログであり，カタログに掲載されていない行為を処罰することは許されません（その意味でカタログ以外の行為をわれわれは自由に行うことができます）。したがって，カタログに掲載されている行為は，違法であることが宣言され，刑罰が予告されていることによって，その行為からわれわれが遠ざかることが期待されているのです。

　また，犯罪は，個々の被害者（社会・国家も被害者になる場合があります）の権利・利益を侵害しています。利益が侵害されたことを理由にその利益侵害に見合った刑罰が科されることになり，また刑罰が予告されているということは，その権利・利益が保護に値することを国家が宣言しているわけです。

　このように，一定の目的を前提に解釈され，事例に当てはめ，妥当な結論を下すこと，この流れを「法を解釈する」といいます。犯罪行為とそれに対する刑罰を明確に，分かりやすく規定した法律が刑法です。そして，われわれの権利・利益を法的に保護する（被疑者・被告人の権利を含みます）ために，この法律を慎重に解釈することを通じて，より安定したわれわれの社会・共同生活を実現することが重要です。

　もっとも，犯罪の形態は様々に変化しています。技術の進歩が新しい犯罪手段を作り出します（いわゆるオレオレ詐欺は携帯電話の普及なくして考えられなかったといえます）。それに対応する柔軟な解釈も必要です。さらに解釈で間に合わない場合には立法が必要であることはいうまでもありません。要は，慎重さと柔軟さのバランスを取ることが求められているわけです。刑法を解釈する場合，個々人の権利保障に十分に配慮することを前提に，犯罪のダイナミズムと社会の要請を慎重に勘案しながら，その役割を十二分に果たすことが期待されているといえるでしょう。

ブックガイド
法制執務・法令用語研究会『条文の読み方（第 2 版）』有斐閣，2021年。
　法律の構造を分かりやすく説明し，身近に感じさせるために
守山正＝安部哲夫編『ビギナーズ犯罪法』成文堂，2020年。
　現代的なトピックを前提に法解釈にアプローチする点に特徴

阿部力也『刑法総論講義案2021年版』成文堂，2021年。

　基礎理論とその後の学習のために

第8章

憲法は暮らしに役立たないのが理想
正反対の2つの憲法像

田村　理

1つの情報は，無数の多様な解釈が可能で，正反対の理解をされてしまうことさえあります。その典型は憲法です。憲法は「情報コミュニケーション」とは何かを考えるための良い題材を提供してくれます。

1　学校で教わる憲法——憲法のおかげで暮らしが守られる？

■学校で憲法をどう教わるか

図8-1　憲法を学ぶ社会科の教材

みなさんは小・中・高と社会科で憲法を学びます（図8-1）。小学校6年生の「社会」に「憲法とわたしたちの暮らし」という単元があります。そのため，「憲法と暮らし」でネット検索すると，いかに憲法が暮らしと密接に関わっているか，憲法のおかげで暮らしが守られているかを力説する教材が多数ヒットします。例えば，NHK の学校向けコンテンツ NHK for School の小学校六年生用社会科の教材『社会にドキリ　日本国憲法』です。日本国憲法がなかった時代には気象データは爆弾を落とすタイミングを決めるなど戦争に関する情報として秘密にされていたため，台風の情報を知らされなかった国民に多くの死者・行方不明者が出ました。でも今の憲法ができて天気予報を知ることができるようになりました。憲法のおかげで，誰もが教育を受けることができ，目の不自由な人にも居住移転の自由を保障するために

点字ブロックが設置され，自由に本を読んだり書いたり，お金も使えます。どんな人も等しく使える多目的トイレの設置も，憲法が法の下の平等を定めているからです。そして，憲法の定める基本的人権とは誰もが自分らしく生きる権利で，当たり前の毎日は憲法とつながっているとまとめられています。みなさんも憲法をこのように学んだのではないでしょうか。

　このコンテンツは「憲法って何のためにあるの？」という問いに対して例え話で次のように答えています。王国には強い権力を持つリーダーがいて，時にわがままを言い，暴れたので国民は怯えていました。「そこでリーダーの行動を制限し，国民を守るルールができました。これが私たちにとっての憲法です」。憲法は国家権力の濫用を制限して国民の自由を守るためにある，という憲法学の理念（立憲主義）が正しく説明されています。

　では，国に気象情報を教えてもらうこと，学校に通わせてもらうこと，点字ブロックや多目的トイレを設置してもらうことは国のリーダーの「行動の制限」でしょうか？　今の憲法があれば本を読んだり書いたりでき，なければ自分のお金を使うことはできないのでしょうか？　残念ながら「誰もが自分らしく生きる権利」は誰が，誰に対して何を主張できる権利か説明されていません。

■権力観＝国家観のちがい――憲法学との比較

　これに対して，憲法学では「立憲主義は，国家は国民の生活にみだりに介入すべきではないという消極的な権力観を前提としている」（芦部・高橋，2019：16）とされます。これに対して，NHK for School の「社会にドキリ　日本国憲法」の説明は国民の暮らしを国が守ってくれるという言わば積極的権力観を前提としていないでしょうか。「強い権力を持つリーダーの行動」を制限する例はあげられていません。むしろ国がしてくれることが憲法と関連づけてリストアップされています。

　ポイントは，国民を「守る」というところです。憲法学では国がしてはいけないことを憲法に定めて制限することが権力の濫用から国民を「守る」ことを意味します。これに対して，私たちは憲法のおかげで国は国民を守ってくれると教わってきたのではないでしょうか。そこでは，基本的人権も，国に守って

もらうことで自分らしく生きられるようにしてもらうことを意味します。憲法学とは真逆を向いていると言ってもよいでしょう。

2　憲法が求める国——自律した個人の国

■近代憲法が生まれた理由

図8-2　ヴァンセンヌ城

図8-2はフランス，パリの中心部から東へ地下鉄で20分ほど行ったところにあるヴァンセンヌ城です。そびえ立つ塔は敵の攻撃を見張る監視塔であると同時に牢獄でした。フランス革命にも大きな影響を与えた啓蒙主義思想家ディドロは，無神論を唱えて長くここに幽閉されていました。彼が編著者となった『百科全書』は発禁処分となり回収されて，バスティーユ牢獄の地下に保管されていました。自由とはこうした国による拘束からの解放でした。

　フランスの旧体制では，農民も都市の民衆も規制にがんじがらめな上に，貧しい暮らしを避けられませんでした。同時に，王権は彼らの暴動を恐れて，麦やパンなどの最低限の食糧を提供し，暮らしを守る仕組みを用意しました。麦の生産者やそれを売る商人は決まった場所で決まった値段で販売しなければなりません。ある地域で麦が穫れすぎても不足している他の町や村で売ることはできません。不作でも市場原理に基づいて高い値段をつけることもできません。

　しかし，この保護＝規制をディドロらの啓蒙主義思想は厳しく批判し，取引の自由を主張しました。隣国イギリスでは一足先に自由主義を目指す近代化がはじまり，効率的に良いものが生産され始めています。王権に規制されたり干渉されたりせずに能力に見合う経済・社会活動ができ評価を受けられる社会にするために，勝手をしがちな王に国の運営を「お任せ」にせず国民みんなが責

任を持つ必要もありました。そのために創り出されたのが日本国憲法の基礎となる立憲主義であり，近代憲法です。そして，やがて到来する自由放任主義（レッセ・フェール）による資本主義経済・社会と，そのために国家の活動を警察・国防など最小限に限定する夜警国家の基盤を提供するのが憲法なのです。そこでは，個人が自由に活動でき，国が暮らしに関わらないのがよい国なのです。

■憲法が暮らしに役に立つのは最悪の事態

　話を現代の日本に戻しましょう。日本国憲法22条1項は「何人も，公共の福祉に反しない限り，居住，移転及び職業選択の自由を有する」と定めています。これは，好きなところに住み，好きなところに移動することを邪魔してはいけ・・・・・ないと国に命じる規定です。だから，ハンセン病患者を長期にわたって隔離した国の政策が居住・移転の自由はもとより「個人の尊重」を定め人格権を保障する13条にも違反するという判決も出されています。しかし，国に点字ブロックを設置して目の不自由な人も自由に移動できるようにしてもらうことは，大事な政策ではありますが，居住・移転の自由には含まれないのです。

　そして，憲法が役に立ってしまうのは，国から自由を侵害されて，それと闘う道具として使わなければならないような最悪の場面です。例えば，苦労して資格をとって，お金も貯め，自宅に店を出そうとしたのに，法律で近くに同じ業種の店があったら出店できないと定められているために，国や自治体から営業許可が出なかった。そのため，これは職業選択の自由を定めた憲法22条1項に違反すると裁判で争わなければならない，というような場合です。

3　憲法が命じる限定的な国家の役割——自由・人権の制限

■国家の仕事は自由・人権の制限——公共の福祉

　ただし，憲法学の理解でも国家権力はない方がいいのではありません。人が集まる社会には摩擦や争いごとはつきものです。自律した対等な個人どうしでは解決できない問題が生じた時だけ国に頼るのです。1789年フランス人権宣言

４条は「自由とは他人を害しないすべてのことをできること」と定めつつ，その限界は「法律で定める」としています。日本国憲法は，同じことを13条などで「公共の福祉」に反しない限り自由だと定めています。国が様々な法律を定めて国民の生活を守る行動は人権・自由の保障ではなく，それらの制限による公共の福祉の実現です。駅への点字ブロックの設置は社会全体のために重要ですが，今は設置したくないと思っている鉄道会社にはその自由を国が制限して設置させることを意味します。自由と公共の福祉は対立物ですが，どちらも大事なので，「原則は自由（＝国家の干渉排除），例外的に公共の福祉による必要最小限度の国家による制限」というルールで調整を図るのです。

　また，お金を使うことや本を読んだり書いたりすることは憲法や国家に守ってもらわなくても個人が持っている自由です。人権とは人が生まれながらに持つ権利だとされるのはそのような意味です。憲法の想定では，私たちが国に守ってもらうのは公共の福祉による必要最低限の自由・人権の制限という，例外的な場面だけなのです。

■新しい公共の福祉——自律できない人を保護する責務

　また，自由放任主義と夜警国家は，資本主義を発展させた反面，大きな格差を産みました。20世紀に入ると資本主義国の憲法も，「大資本家も労働力を売る以外生活の術がない者も対等に自由にやればいい」とは言っていられなくなりました。日本国憲法も22条の職業選択の自由，29条の財産権という経済的自由の条項にだけ公共の福祉を理由とした国による制約を念押ししています。この新しい公共の福祉に対応して，労働基本権を定めた28条は人をたくさん雇う資本家の雇用の自由を制限し，弱い立場の労働者を国が法律を定めて守ることを求めています。生存権（25条）や教育を受ける権利（26条）も定められ，事情があって自分で最低限度の生活をできない人や，教育を受けることができない人は国が公金で保護するとも宣言されました。しかし，これらの社会権は自律した個人の自由を基礎とする憲法が定める権利の中では例外です。「健康で文化的な最低限度の生活を営む権利」を定めた25条は国の責務を定めたプログラム規定であり，具体的権利を定めた規定ではないと最高裁が述べたことを多

くのみなさんは知っているはずです。

4　「暮らしに役立つ」憲法の帰結──私たちの国の弱点（？）

■正反対の2つの憲法像

　私たちの憲法像は，憲法のおかげで「国が私たちを守ってくれて，利益を自由・人権として与えてくれること」を中心にできています。それに対して国に「余計な保護も干渉もされずに自由でいること」こそ「自分らしく生きる権利」だと考える憲法学のそれは正反対とさえ言えます。情報のコミュニケーションとは本質的にこういうものです。「どちらが正しいか」，そんな子どもじみた問いはどうでもよいのです。私たちが生きる社会が今どういう状態にあって，ここから何を学ぶべきかが重要です。

■合理的に運営されず，分断される国

　憲法の教わり方から推測するに，私たちは，自分がするべきことを自分で判断し，社会全体の運営にも主体的に関わる意識は弱く，守るべきルールを自ら合理的に決めることが苦手ではないでしょうか。例えば，東京五輪開催の是非。1億人を超える人からなる社会には多様な無数の意見と利害があります。オリンピックで大儲けしたい人も，新型コロナウイルスの感染拡大は怖いけれど，世界最高最大のスポーツイベントは楽しみたい人も，選手は応援したいけれど外国からたくさん人が来て感染が拡大するのは避けたい人，お祭り騒ぎはそもそも大嫌いな人……。それが社会の健全な姿です。だから，各自が意見を出し合い，根拠と理由を示して議論し，なるべく多くの人が納得できる結論を出していく必要があります。開催したい側は徹底したバブル方式をとると主張するなら，感染拡大が不安な人にもある程度納得してもらえるように，空港で外国人選手団からPCRの陽性反応が出た場合に濃厚接触者をどう扱うかぐらいは示さなければなりません。しかし，「偉い人たちが安心安全だって言うからいいや」で許される社会では，批判にも耐えられるように案を示すという緊張感は希薄です。それでは合理的で信頼できる結論を得るのは容易ではありません。

　そして，自分の直感だけが客観・公平で他の意見は「偏向」，自分を否定する者は「反日」です。自分＝社会＝日本だと考える無数の小さな「親日」集団が無数に乱立し，小さな島国は分断されます。「五輪開催に反対したなら選手を応援するな」，「新型コロナウイルスはただの風邪だと言ったなら罹患しても入院するな」，といった言説が溢れます。

■ICT，AI からの自律は？

　ICT（情報通信技術）の急速な発展は，私たちの暮らしを飛躍的に便利にしました。しかし，良いことばかりではありません。ネットの検索閲覧履歴が収集され公告に使われます。ネットで集められたビッグデータをもとに，刑事裁判で再犯率を評価，ローンを組むときの信用力の評価など，人の評価も決まってしまいます。2013年にはアメリカ国家安全保障局で働いていたスノーデン氏が，アメリカ政府がネットや電話の傍受などによって世界中の人々の個人情報を収集していると暴露して世界中で大問題になりました。ICT の発展によって，恐ろしいほど簡単に国が私たちを監視できるようになったのです。先進国では，プライバシー権をかかげて便利と個人の自律を両立させようとする動きも強くなっていますが，日本ではまだ「暮らしが便利になるならいい」といった意識も強く，周回遅れの感は否めません。

　AI（人工知能）の急速な発達で，与えられたルール・基準にしたがって，言われたとおりに仕事をできるだけの人は失業する可能性も高まっています。2013年にオックスフォード大学の研究チームが発表した「10〜20年後になくなる仕事」の中には「コンピュータを使ったデータの収集・加工・分析」「不動産登記の審査・調査」「税務申告代行者」「銀行の新規口座開設担当者」「証券会社の一般事務員」など，文系大学生にとって花形の仕事が多数含まれています。決められたフレームにしたがって与えられたデータを処理する能力ではもはや AI にかなわないのです。新しい発想で AI を使って効率的にやるべき仕事を生み出していくような能力を持つごく少数の人と言われたことしかできない人の間に大きな格差が広がっていくでしょう。

■自律した個人の国の理想

AI や ICT からの個人の自律もますます大きな課題になっていきます。今，未曾有のパンデミック下で，私たちの国は「先手先手」で国民の暮らしを「守り抜く」ことができているでしょうか？　私たちが AI に仕事を奪われずに普通に暮らせるように守ってくれる力が国にあるでしょうか？　もし合理的な根拠をもとに自信を持って「大丈夫」と言えないのであれば，憲法を暮らしに役立てなくてすむことを目指すのも一つの選択肢です。自律した個人が自由に活動し，自ら必要最小限だけ国を動かす。そんな憲法が理想とする人・社会・国家の姿は一つのヒントにはなるはずです。「憲法のおかげで国が守ってくれる」といったこれまで培った直感に埋没しない情報コミュニケーション力が求められます。

ブックガイド

芦部信喜著・高橋和之補訂『憲法　第七版』岩波書店，2019年。

山本龍彦『おそろしいビッグデータ　超類型化 AI 社会のリスク』朝日新聞出版，2017年。

新井紀子『AI vs. 教科書が読めない子どもたち』東洋経済新報社，2018年。

第9章

インターネット上で権利や利益を守る

今村哲也

1　社会のあるところにルールあり

　ツイッターなど，SNS 上での誹謗中傷が社会的に大きな問題になっています。2020年5月にフジテレビの「テラスハウス」という番組に出演していたプロレスラーの木村花さんがネット上の誹謗中傷を気に病んで自殺した件は，特に同世代の若者の悲しみを誘いました。

　SNS とはソーシャル・ネットワーキング・サービスの略で，社会的ネットワークを構築するサービスを幅広く含みます。複数の人がいるところには社会が生まれ，社会のあるところにはルール（法）が生まれます。人間社会にルールが必要なのは，多数の人々の意思決定と行動を自由に任せていれば，お互いの行動が予測できず，社会は不安定な状態になるからです。

　新しい技術の登場にともなって，社会秩序を維持する上で十分なルールや仕組みがない，という問題が生じることがあります。最近の技術の発展の中でも，インターネットの登場は，社会に特に大きな影響を与えました。なぜならその技術は，社会的ネットワークとコミュニケーションそれ自体に影響を与えるからです。

　SNS 上での誹謗中傷も，こうした社会の情報化にともなう大きな変化を背景に生じている深刻な問題です。インターネットが登場する前から，誹謗中傷は不法行為を構成するものとして，法的には許されてはいませんでした。インターネットにより形成されるバーチャル空間でなされる行為であっても，大部分の問題は，既存の法制度により対応が可能な部分があります。

　ではなぜ，いま SNS 上での誹謗中傷が大きな問題になるのでしょうか。こ

こでは，ネット社会の特性に着目しつつ，その問題の背景と現状についてみていきます。また，インターネット上で権利や利益を守るために，どのような新しい仕組みが登場してきているのか，いわゆる「忘れられる権利」の問題について，個人のプライバシー情報の保護にも触れながら紹介をしていきます。

2　ネット上の誹謗中傷をめぐるルール

■誹謗中傷に対する既存の法

インターネットが登場する前から，世の中に誹謗中傷という問題は存在していました。それを規律するための法制度も存在しています。

名誉毀損行為や侮辱行為について民法上の不法行為が成立すれば，慰謝料が損害賠償請求の対象になります（民法709条・710条）。また，民法には規定がありませんが，最高裁判例において人格権である名誉権の侵害として差し止めの対象にもなる場合が認められています（最大判昭和61年6月11日民集40巻4号872頁「北方ジャーナル事件」）。

誹謗中傷は，国家による刑罰権の対象として，刑事上も，名誉毀損罪（刑法230条2項）や侮辱罪（同法231条）の成否が問題となってきます。

インターネットが登場してからは，2ちゃんねる（当時）などのいわゆる匿名掲示板における誹謗中傷行為が問題とされてきました。インターネットの特性として，情報が予想を超えた範囲まで広がっていくという拡散性があるため，リアル社会で誹謗中傷がなされる場合よりも被害が拡大する一方で，誰の行為か分からないという匿名性の問題もあり，被害者が泣き寝入りをするという状況が生じることも多かったのが実情です。

しかし，匿名性をめぐる問題については，2001年に成立したプロバイダ責任制限法に基づく発信者情報開示に関する制度（第4条に基づく情報開示請求）もあるため，法がこの問題を放置していたわけでもありません。

■インターネットの登場と SNS の利用の拡大

総務省による『通信利用動向調査』（令和2年（2020））をみると，2020年から

遡ること最近10年において，インターネットの利用状況自体は，8割程度で推移しています。特に，年齢階層別にみると，最近5年では13歳から59歳の各年齢層で9割を上回っています。最近の大きな変化として，スマートフォンの急速な普及がありました。具体的には，モバイル端末の保有状況のうち，スマートフォン保有状況（世帯）は，2010年の9.7％から2020年の86.8％と大きく伸びました。また，ソーシャルメディアの利用率も上昇しており，2013年は42.4％であったのが，2020年ではインターネット利用者の73.8％が利用しているという状況にあります。特に13歳から19歳の86.1％，20歳から29歳の90.4％がSNSを利用しているというデータが出ています。

■ソーシャルメディアの特性が誘発する誹謗中傷

　このようなSNSの利用の拡大は，誹謗中傷の問題にも新たな段階を生じさせています。ソーシャルメディアが登場する以前にも，誰かが発言した内容やその行動について，誹謗中傷や批判的な意見が集中する現象は存在していました。田中・山口の研究では，いわゆるネット上における炎上の問題を「ある人物や企業が発信した内容や行った行為について，ソーシャルメディアに批判的なコメントが殺到する現象」と定義した上で，ソーシャルメディアが登場する以前の同様の現象との違いについて，⑴拡散力の違い，⑵情報発信の容易化，⑶批判の可視化，⑷サイバーカスケードの存在，という4点に整理しています（田中＝山口，2016）。

　このうち，⑶批判の可視化とは，ソーシャルメディアでは，炎上対象者にも容易に閲覧可能になっていることをいいます。また，⑷サイバーカスケードは，インターネットの持つ，同じ思考や主義を持つ者同士をつなげやすいという特徴から集団極性化（集団で意思決定を行う場合，個人で意思決定を行うよりも極端な意見となる傾向を示す心理現象）を引き起こしやすくなってしまうという現象で，アメリカの法学者サンスティーンが指摘しました（サンスティーン，2001）。炎上との関係では，これにより不都合な情報や異質な者を排除したいという欲求が増幅され，排他的になることが炎上につながることが指摘されていますが，他方で近年の炎上の多くは，ろくな議論もなくただひたすらに誹謗

中傷が繰り返される例も少なくないといわれます（田中・山口，2016）。

■炎上参加者はネット利用者のほんの0.5%だが……

田中・山口の実証分析によると，過去1年のネットにおける炎上参加者は，ネット利用者の0.5%であり，攻撃相手の目に見えるところに書き込んで直接攻撃する人は0.00X%のオーダーになり，人数的には数千人であるという研究結果が出ています（田中・山口，2016）。

炎上のすべてが誹謗中傷となるわけではありませんが，その予備軍であるとすると，ネット利用者の0.5%というのはごく小さな数であるように思われます。しかし，スマートフォンの利用拡大とそれによる SNS の利用拡大により，母数が増えたことは，そうした社会のごくわずかな者が誹謗中傷に加担する機会を増やしたことになるでしょう。また，0.5%という小さな数であっても，一つひとつの言葉は被害者にとって鋭利な刃物のようなものです。たとえてみれば，SNS という綿毛の枕に1本でも針が混入していれば，恐ろしくて眠れなくなるでしょう。そして，攻撃の標的となる SNS 利用者が，実は99.5%が真の敵ではないと知らなければ，全世界が敵に見えてくる人たちもいるかもしれません。

いずれにしても，SNS の普及によって誹謗中傷をめぐる問題は新たな段階に至っています。

■侮辱罪は現行刑法上もっとも軽い刑事罰／慰謝料額も予測が立てにくい

前述したように，ネット上の誹謗中傷に対する法的制裁は，すでに存在しています。それでも社会問題化するのは，絶対数が増えたこと，誹謗中傷をした者が匿名性の壁で守られていること，そして，実際に事件が生じると分かることですが，法的な制裁がリアル社会での誹謗中傷による被害を前提にしており，生じているネット上での被害に対して軽すぎることが挙げられるでしょう。例えば，侮辱罪の法定刑は現行刑法の中でももっとも軽く，30日未満の拘留または1万円未満の科料にすぎません。ネット上における行為の結果を考えると，軽すぎるのではないかという議論もありました。こうした声が高まったため，

国は刑法の侮辱罪に懲役刑を追加する方針を固めています。また，誹謗中傷に対して認められる慰謝料としての損害賠償の額はそもそも明確ではなく，弁護士費用などのことを考えると，そのことが争うことを躊躇させる原因になるかもしれません。

■匿名性は完全ではない──発信者情報開示に関する制度

　ネット上の誹謗中傷の問題が出てくると，必ず出てくる意見として，投稿の匿名性を排除すればよいというものがあります。誰しも，面と向かっての誹謗中傷は容易にはできないでしょう，というのが理由です。

　しかし，ネット利用における匿名性といっても程度の問題にすぎません。SNS の投稿者の情報を開示するための法的な手続きはすでに存在しています。プロバイダ責任制限法第 4 条に基づく情報開示請求です。

　一定の要件を満たす場合，権利侵害の被害者（開示請求者）は，権利侵害情報の発信者を特定できる情報（発信者情報）を開示するように，プロバイダに対して請求することができます。ここでいうプロバイダとは，アクセスプロバイダ（インターネット接続サービス提供者）だけでなく，ブログサービス事業者，SNS 運営者などの情報提供事業者であるコンテンツプロバイダも含みます。この手続きを経ることによって，例えば誹謗中傷を行う者（発信者）の氏名，住所，電子メールアドレス，IP アドレス，発信時間（タイムスタンプ）などの情報を明らかにすることができる場合があります。

　ネット上での行動は，リアルの世界のような指紋や足跡は残りませんが，ネット特有の形跡がいくつも残ります。さらに，発信者情報開示制度については，2021年のプロバイダ責任制限法の法改正により，開示手続きの簡素化が行われました。

　SNS のすべての利用から匿名性を排除するというのは難しいでしょう。匿名であるからこそ開示される情報や行われるコミュニケーションもあります。一部の不届き者のために，他のすべてのネット参加者の表現の自由が損なわれることは極端な話です。個別具体的な場面で必要な場合に，投稿者の匿名性が制限されるという現在の手続きこそが穏当な解決策といえるでしょう。

3　法以外の規制枠組み──アーキテクチャ

　社会における人間の意思決定と行動を規律する要素には，法や（法以外の）
社会規範以外にも，様々なものがあります。特に，サイバー空間では，企業が
設計するアーキテクチャにより，人の意思決定や行動が規律されるという状況
が生じてきます。

表 9 - 1　レッシグの規制枠組み

規制原理	内　容
規範・慣習（Norms）	共同体・コミュニティ内の説得・制裁
法律（Law）	所有権の設定、民事救済、刑事罰の制定など
市場（Market）	価値に基づく経済合理的な判断
アーキテクチャ／コード（Architecture, Code）	物理的・技術的な環境

（出所）著作権情報センター『著作権分野におけるソフトローに関する調査研究
　　　報告書』2018年

　アーキテクチャとは，社会生活の「物理的に作られた環境」（レッシグ，
2007）とか，「何らかの主体の行為を制約し，または可能にする物理的・技術
的構造」（成原，2016）などと定義されます。われわれの意思決定と行動を無意
識のうちに規律し誘導する存在です。SNS における誹謗中傷についていえば，
ある SNS において，誹謗中傷と判断するキーワードが含まれる場合には当該
コメントを自動的に表示しないようにするアルゴリズムを採用している場合，
結果として誹謗中傷は行われなくなるでしょう。利用者は誹謗中傷による表現
が削除された物理的・技術的な環境に誘導されています。

　こうしたアーキテクチャの設計をインターネット上の巨大なプラットフォー
ムが作る場合，利用者としては従わざるを得ないことになります。もちろん，
多くの人が一見するとよいと考えるアーキテクチャもあるでしょう。例えば，
2021年 8 月に，米アップル社は，アメリカ国内の iPhone ユーザーが画像をク
ラウドサービス「iCloud」に保存する際に，児童性的虐待コンテンツかどうか

を特定するシステムを導入すると発表しました。児童の性的虐待はいわば絶対悪なので，ここまでの対応をしても多くの人は両手をあげて賛成するかもしれません。

　では，特定する対象となるのが著作権を侵害している可能性のあるコンテンツであったり，ひいては政治的な言論を含む文章を照合するために利用されたりしたらどうなるでしょう。著作権の団体は，このような技術の応用を喜ぶかもしれませんが，個人のプライバシーに対する重大な懸念が生じます。政治的な言論を含む文章のチェックともなれば，思想や言論の自由さえ損なわれるでしょう。実際に，様々な方面からこうした懸念が示されることとなり，上記システムの導入はその後一旦延期されるに至りました。

　こうした私企業の設計するインターネット上でのアーキテクチャに対しては，法による規制面での牽制が必要となってきます。しかし，すでに地球規模の影響力を持つ GAFA のような巨大プラットフォームのサイバー空間での振る舞いに対して国家が手綱を持つことができるのか，その攻防はすでに始まっています。

4　「忘れられる権利」をめぐって

■プライバシー権と表現の自由

　情報技術の発展によって，インターネット上では個人情報が入手しやすくなっています。また，インターネットで一度公開された情報は，ずっと残り続ける場合もあり，この場合，個人のプライバシー保護との関係で，問題が生じてきます。

　人は誰しも，個人の私的領域に属する情報を収集・利用・伝達をコントロールすることができる権利（自己情報コントロール権）の一部として，プライバシー権を有しています。自己情報コントロール権は，他者からの監視や干渉，社会関係の圧力の及ばない自分だけの静穏な私的領域で個人が自由に思考し，交流し，生きることを可能にするだけではなく，本人の選択する相手とのみ本人の決定する人間関係を形成する能力の必要不可欠な構成要素であるとされま

す（長谷部，1999）。

　こうした権利の対象となる自己に関する情報の範囲には，氏名，住所，電話番号など，個人を識別するための情報のほか，日常生活や社会的な行動に関する情報（例えば，学歴，病歴，資産状況，思想，宗教，前科等）の個人的な情報をすべて含んでいます。

　過去に公表されたことがある情報だからといって，プライバシー権の対象にならないわけではありません。例えば，50音別電話帳に掲載されている個人の電話番号があったとしても，それをネットの掲示板に誰の電話番号であるか分かるように書き込むことは，プライバシー権に抵触することになります。

　しかし，いついかなる時でもプライバシー権が優先されるというわけではありません。開示する側の表現の自由とその一内容としての知る権利，情報の自由な流通の価値との関係が問題になってきます。

■「忘れられる権利（right to be forgotten）」の問題

　ネット上に流れた情報には不可逆性という特性があります。流れた情報を取り消すことは難しいという性質です。例えば過去の自分の問題行動をめぐる情報がネット上に残っており，サーチエンジンの検索結果に表示され続けることがあります。こうした情報の削除を求める場合に議論されるのが，いわゆる「忘れられる権利（right to be forgotten）」の問題です。ヨーロッパでは裁判所の判例のほか EU 一般データ保護規則（RGPD）にもこれに関連する規定があります。

　日本でも，逮捕歴のある男性がグーグルの検索結果に表示される自己の逮捕歴に関する情報の削除を求めた事件があります。この事件は，最高裁判所まで争われました。最高裁は「忘れられる権利」には言及せずに，プライバシーの権利の問題と捉えて判断を下しました。具体的にいうと，「当該事実を公表されない法的利益と当該 URL 等情報を検索結果として提供する理由にかんする諸事情を比較衡量して判断」し，「その結果，当該事実を公表されない法的利益が優越することが明らかな場合には，検索事業者に対し，当該 URL 等情報を検索結果から削除することを求めることができる」（最決平成29年 1 月31日民

集71巻 1 号63頁）としました。

　要するに，最高裁は「忘れられる権利」を承認したわけではありませんが，プライバシー権の保護という観点から，検索結果からの削除を求めうる場合を認めています。この事件では結論として削除を認めなかったのですが，プライバシー保護を事業者の表現の自由と天秤にかけたときに前者が後者に勝る場合，削除が認められることもあるでしょう。

ブックガイド

飯田高著『法と社会科学をつなぐ』有斐閣，2016年。

小塚荘一郎『AI の時代と法』岩波書店，2019年。

福井健策『18歳の著作権入門』筑摩書房，2015年。

SNS をやめたくなってしまう脳科学的な理由

石川幹人

あなたは SNS を快適に使いこなせていますか。SNS は世界中の人々と自由に会話できる理想的なメディアに思われます。しかし，急速に普及した今日では，使い続けているあいだに「SNS 疲れ」といった状態になる人も現れています。脳科学の視点から，情報メディアの発展が脳に過剰な負荷をかけている現状を考えてみましょう。

伝統的に 2 つのメディアを使い分けてきた

高校生のあなたが学校でコミュニケーションをとる状況を想像してください。学校の友だちに電話をかけることもできるし，放送部であるあなたは校内放送で学校の友だちみんなに一斉にアナウンスすることもできます。さて，どのように使い分けるでしょうか。

きっと「宿題の解き方を教えて」とお願いするときは電話を，「学校のゴミ拾いをしよう」とお願いするときは放送を使うでしょう。そう，メディアは使い分けが必要なのです。

電話では人間関係に密着した情報交換をします。そのため，電話の事業者には通話内容が盗み聞きされないように管理する義務があります。言論の自由が守られているのです。一方の放送は，公的に広く情報伝達する機能があります。そのため，放送事業者には公序良俗に適した情報を流すよう，法律によって放送内容に規制がかかっているのです。

電話と放送の各メディアは，自由か規制かという点で相反する性格を持つのです。

SNS でメディアの融合が起きた

ところが，伝統的なメディアの棲み分けをインターネットの技術が一変させ

ました。例えば，ホームページを作成して放送のように世界中の人々に公開することもできますし，パスワードをかけて特定の人にしか見せないようにすれば電話的な使用もできます。

　スマホが登場してインターネット技術が SNS に展開すると，この放送と電話の融合がますます進みました。あれこれ考えねばならず，利用者に負担がかかるのです。

　SNS では，発信者が広い人々との浅いコミュニケーションを求めているのか，特定の人々との深いコミュニケーションを求めているのかが，受信者に分かりにくくなります。例えば，仲間内だけと思っていた情報が広く拡散されてしまったり，単なる雑談と思っていた会話に応答しないだけで「既読無視の冷たい奴」と悪評が流されたりするのです。こうした利用法のすれ違いが起きると「SNS 疲れ」の大きな原因となります。

人間の脳は深くて狭い人間関係向きにできている

　脳科学では，人間の脳が現在のように拡大した経緯を含めて脳を研究しています。私たちの骨格が，アフリカの草原で食べ物を探しながら長距離を歩くことに向いた進化をとげたのと同様，私たちの脳は，食べ物が少ない草原で協力して狩猟採集をすることに向いた進化をとげたのです。その結果，深くて狭い人間関係を維持するコミュニケーションが得意になりました。狩猟採集時代は100人程の集団で一生過ごしたのですから，周りの人と密な関係を築くよう，脳が働くようになったのも当然です（ダンバー，2011）。

　一方でその時代は，不特定多数とのコミュニケーションは磨かれませんでした。見知らぬ人と会うことは少なく，会ったとしてもほとんど“なわばりを奪いに来た敵”だったからです。今日でも，子どもが「人見知り」をしたり，大人でも見知らぬ人がいると発言をひかえたりする傾向は，この古くに作られた脳の特性です（ピンカー，2013）。

文明社会と脳を合致させる

　ところが文明社会になると，はじめて会った人々とも協力をして一緒に仕事

をする必要が生じました。見知らぬ人を“潜在的な協力者”とみなす社会が到来したのです。不特定多数とのコミュニケーションに必要な準備は脳に整っていなかったのですが，幸いなことに，人間の脳では柔軟で熟慮的な働きが進化していました。

　この働きによって不特定多数と関わる技能でも，訓練すれば身につけることが可能になりました。しかし逆に言えば，訓練を積まないとなかなか上達しないのです。

　このように，一見便利な SNS が脳に過剰な負担をかけることが分かってきました。ことによると，いろいろな使い方ができる SNS に脳を合わせるよりも，脳に合わせて SNS を限定した機能にしておくほうが人々にやさしいのかもしれません。

　情報社会を住みやすくするために，脳や人間の研究の成果が活用されているのです。

私の研究（組織コミュニケーション学，組織行動学）と情コミ学

山口生史

　私の専門は，組織コミュニケーション学と組織行動学です。両者はその発展の歴史において関連性が強いのです。1960年代には組織行動学の中心的テーマであるモチベーションの研究が盛んになり初期の理論が多く生まれていますが，コミュニケーション学の学問領域の一つとして「組織コミュニケーション」という用語が良く使われるようになったのも（両学問ともその芽生えはそれより数十年前ですが）1960年代だと組織コミュニケーション学の研究者は説明しています（例えば，Reddings, 1985）。また，組織行動学の多くの教科書には「（組織）コミュニケーション」の章あるいは節があり，学問発展の経緯だけでなく研究内容でも相互に関係があることが分かります。

　組織行動学は，リーダーシップ，組織メンバーのモチベーション，組織コミットメント，職務満足，ワークチーム，多様性のマネジメント，コンフリクトマネジメントなど，組織メンバーやグループ活動の行動科学の研究です。私は組織行動学のこれらのテーマとコミュニケーションとの関係を研究しています。

　コミュニケーション行動は，人間活動のいかなる場面においても避けることはできません。政治活動，経済活動，教育活動，ボランティア活動，スポーツ活動などあらゆる社会活動を可能にするのは，人と人とのコミュニケーションです。それゆえ，コミュニケーション学は，多様な学問分野と関連がある「学際的」な学問なのです。また，組織行動学に関しても，（社会）心理学，社会学，人類学，政治学など社会科学の様々な分野に関連する行動科学であると組織行動学の研究者は説明しています（例えば，Robbins, 1992）。このように，組織コミュニケーション学がコミュニケーション学と組織行動学との学際的学問であるのみならず，コミュニケーション学と組織行動学それぞれが非常に学際的であることから，私の専門とする研究分野は「情報コミュニケーション学」

の学際性という特徴と非常に相性が良いのです。

　コミュニケーション学と組織行動学の関連性を示す学際的な研究テーマの具体例をいくつか提示します。リーダーシップはリーダーとフォロワーの相互の対人関係において，言葉を駆使して相手に影響を与える行動である点で，コミュニケーション学の研究がリーダーシップ研究に重要な知見を提供しています。また，モチベーションを理解するためには，人の欲求や心の動きのメカニズムやプロセスを研究することから「心理学」が，またモチベーションをリーダーとフォロワーとの対人関係の中で考えるなら（つまりリーダーによるフォロワーの動機づけ），「コミュニケーション学」と「社会心理学」の知見が必要になります。現代のグローバルな状況においては，組織の中の異文化メンバー間（リーダーとフォロワー間も含む）の相互作用の状況が珍しくありません。これは国際経営や異文化コミュニケーションの研究でもあり，その研究には「経営学」や「文化人類学」が重要な知見を提示しています。異文化トレーニングの研究では，「教育学」も関係します。異文化状況ばかりでなく，異性間（「ジェンダー論」が関係）や異世代間の相互作用でも，考え方や価値観が異なるとコンフリクト（対立）が生じます。コンフリクトはパワーという概念も関係しており，そうなると「政治学」の知見が関連してきます。そして，コンフリクトマネジメントは，コミュニケーションのプロセスそのものです。また，組織の構造や制度や組織文化が，メンバーの行動や相互作用（コミュニケーション）に影響を与えるといった視点の研究やその逆機能が組織の事故や不祥事につながるという研究もあります。さらに，人と人のつながり（ネットワーク，コミュニケーション）が組織に利益をもたらすという研究もあります。これらの研究には「社会学」の知見が関連してきます。

　ここに提示した研究テーマは一例にすぎませんが，それぞれの学問分野の知見が，私の研究を豊かにしてくれています。「情報コミュニケーション学」では，様々な学問領域の専門家が，それぞれの専門分野の知見を紹介しています。情報コミュニケーション学を学ぶ人は，多様な分野の学びから知見を広げ，蓄積し，それを応用して自分の研究テーマを探し当てることができるでしょう。

情報社会におけるダイバーシティ推進

牛尾奈緒美

SDGs とダイバーシティ推進の潮流

　少子高齢化にともなう人材不足などを背景に，ダイバーシティ推進に対する関心が高まっています。

　近年，多くの企業が経営方針に掲げるようになってきたSDGs（国連が提示する持続可能な開発目標。世界が抱える問題を17の目標と169のターゲットに整理）においても，従業員の働き甲斐と経済成長の両立（第8目標），ジェンダー問題の解決（第5目標）は喫緊の課題として取り上げられています。

　そこで，SDGs の実現に必要とされ，今後あらゆる企業にとって不可欠なミッションとなるダイバーシティ経営について，組織内の女性活躍推進（ジェンダー・ダイバーシティ）と情報社会の進展にともなう働き方の変化の観点も交えて考えていきたいと思います。

経営戦略としての「ダイバーシティ・マネジメント」

　ダイバーシティ経営とは，あらゆる組織構成員の持つ多様な人材価値を競争優位の源泉と位置づけ，その最大化を経営戦略として取り組む全社的組織改革を指します。多様性の軸は，性別，国籍，年齢，障がいといった比較的判別しやすい属性から，LGBT などのセクシャル・マイノリティ，学歴，雇用形態，経歴，価値観など見た目では判別しにくい属性まで多岐にわたります。

　しかし単に属性ごとに人材多様性を定義し属性間の差別的管理を是正することをダイバーシティであると考えるのは誤りです。実際，人にはそれぞれ異なる能力，知識，就労観等があり，属性ではなく個々人の持つ多様性に着目してこそ本来の意義があります。属性間の違いから従業員個々人の持つ多様な価値へ，取り組みの次元を高度化させながら，様々な観点から人材価値を尊重し生かす経営こそが究極的な意味でのダイバーシティ・マネジメントといえます。

　とはいえ伝統的な日本企業にとって，この挑戦は並大抵ではありません。な
ぜなら従来の日本的経営においては，全人生を会社に捧げ滅私奉公的な働き方
のできる社員だけが重用され，終身雇用と日本人・男性を中心に年功序列で統
制された運命共同体的組織を前提として，人材多様性ならぬ人材同質性こそが
競争優位の源泉であると信じられてきたからです。これに則れば，多様性の尊
重は経営の非効率や組織の凝集性を低下させる要因に他なりません。それだけ
に経営者はなぜ改革をするのか目指すべき方向性を明確にした上で，過去の成
功体験を放棄し組織文化や社内風土を抜本的に変える覚悟が求められます。ま
さに「ダイバーシティ＆インクルージョン（包摂：組織風土の醸成）」が改革の
要となります。

女性活躍は人材多様性の突破口

　企業のダイバーシティ推進の試金石と捉えられるのが，女性活躍＝ジェン
ダー・ダイバーシティの実現です。日本では2012年以降，国の成長戦略の一環
として女性活躍が位置づけられ「女性活躍推進法」，取締役会のダイバーシ
ティを促進するための「コーポレート・ガバナンスコード」の改訂，女性活躍
度を投資基準とする「なでしこ銘柄」（経済産業省が東京証券取引所と共同で女性
活躍推進に優れた上場企業を選定・発表）の制定など多方面からインセンティブ策
が講じられています。しかし伝統的に男性中心の企業風土や性別役割分業の意
識は根強く，職場での働き方や家庭生活においても真の男女平等や女性活躍に
は程遠い状況が続いています。実際，日本は世界第3位の GDP を誇る経済大
国ではありますが，ジェンダー・ダイバーシティにおいては先進国中最下位，
世界でも下位20%にランクされる常連国です（Global Gender Gap Report 参照）。

情報化は改革推進の鍵

　「Society 5.0」「データ駆動型社会」への変革が標榜される中，人材の最適活
用に向けた労働市場改革やダイバーシティ推進，さらなる女性活躍によって，
生産性を最大限に発揮できる働き方を実現し，日本経済の再生につなげていこ
うとする流れは確実に加速しています。従業員が主体的に働き方を選択でき，

各々のキャリアを人生100年時代を視野に自ら構築していく姿勢も求められています。まさに情報化はこうした社会変化の鍵を握っています。

　ITの進歩により，テレワーク，モバイルワークといった柔軟な働き方がもたらされ，異なる働き方でも成果を公正に評価できる仕組みを創設したり，勤務地，職種，職位など多様な立場で働くすべての従業員に対して個々の能力や経験・スキルを網羅する人材データベースを構築したりすることも可能になりました。高度な情報化により集積された人材情報をもとに適切な評価や昇進システムを実現し，より効果的な人材登用につなげていくことも期待されています。あらゆる人が働き甲斐と働きやすさを実感できる職場環境の実現はダイバーシティ推進の核であり，改革を促すエンジンとして情報化の恩恵は計り知れません。

第Ⅱ部

文化から社会を考える

第10章

舞踊の国際研究から共創へ

琉球・韓国の比較舞踊学

波照間永子

1 情報コミュニケーション学部発：「創造＆表現」プログラム

明治大学情報コミュニケーション学部では，特色ある教育として「創造＆表現（Creation & Expression)」プログラムを設置しています。言語・音楽・造形・映像・身体などの多様なメディアによる表現手法を学び創造力を育むことを目標に，理論と実践を融合した科目を配置しています。学んだ知識を吸収するだけでなく，それを引き出しに創造的な研究や作品制作に取り組み「卒業論文・卒業制作」につなげて欲しいと願っています。情報コミュニケーション学部は，過去に蓄積された研究を踏まえ，現代社会の諸課題に照射し，未来の社会を創造するクリエイティブな人材の育成を目指します。

本章では，「創造＆表現」プログラムにおいて，「身体」をメディアとする舞踊（Dance）を取り上げ，それを学問として研究すること，さらにその研究成果を踏まえ，新たな作品を「創造」する醍醐味を紹介します。

2 Dance for All：国境・世代・時代をこえて踊りつながる社会

ところで，今や舞踊（Dance）は最も身近に接する芸術文化の一つといえるのではないでしょうか。近年ヒットした TV ドラマ《逃げるは恥だが役に立つ》では，主要なキャストが番組のエンディング曲に合わせて踊る《恋ダンス》が話題となり，視聴者が振付を真似て踊る「振りコピ」という社会現象がうまれました。もはや視聴者は「観る」客体ではなく，「踊る」主体にもなり得るのです。また，AKB48 による《恋するフォーチュンクッキー》は，系列

グループのアジア圏進出もあいまって，国内外の老若男女が共に踊る動画がネット上で多数配信されました。近年は，韓国の K-POP グループのダンスも人気を博し，日本のアイドルグループとは異なる魅力を発揮しています。

　現代社会はまさに 'Dance for All' の時代といえましょう。舞踊（Dance）は，国境や世代を超えて人々をつなげる重要なメディアとなっています。実はこのような舞踊（Dance）の役割は，今に始まったものではありません。人類の歴史とともに存在する舞踊（Dance）は，そのほとんどが自然・祖霊・神などへの祈りの表現に始まり，人々のコミュニケーションを促しながら，その時々の社会状況・時代と密接に関わり多様な表現の形式をうみ出しました。現在，世界中で踊り継がれている舞踊を学問として捉え研究する意義は，今後ますます高まっていくでしょう。

3　比較舞踊学の視点：琉球と韓国の身体表現

　ところで，皆さんの多くは，高校まで舞踊（Dance）を個人的に実践する，体育教科の実技や部活動で教わる，ネットの動画で視聴することはあっても，学問として捉えた経験は少ないと思います。この節では舞踊（Dance）を研究することで何を見出せるかを，具体的な事例を通して解説します。

　なお，私たちが日常使用する舞踊と Dance の語は，少しニュアンスが異なるように思われるでしょうが，本書では Dance と同義として「舞踊」の語を使いますので，以降は「舞踊」という語で統一して表記します。

■比較舞踊学とは

　筆者の専門は比較舞踊学です。比較舞踊学とは，舞踊および身体表現を，比較という方法によって研究する学問です。例えば東アジア地域の舞踊のなかから，日本・中国・韓国の三地域の舞踊を比較するとか，歌舞伎の役柄による身体表現の共通点と相違点を明らかにする，といったような方法です。比較することによって，対象とする舞踊および身体表現の特性をより明確にすることができます。

■琉球と韓国の舞踊にみる「布」の象徴性と身体表現

　それでは，これから琉球舞踊と韓国舞踊を対象とした比較研究の事例を通して，比較舞踊学の内容の一端を紹介します。

　まずは琉球舞踊の概要を説明します。沖縄はかつて「琉球王国」と呼ばれ周辺諸国と盛んに交易を行っていました。交易による交流を通して多くの文化を摂取・融合し独自の文化を創造・発展させてきました。なかでも琉球舞踊は，身体表現を中心に，音楽・文学・服飾などの諸要素から成る総合芸術です。

　琉球舞踊は，発生した時代により次の三つのジャンルがあります。宮廷の中で育まれた「古典舞踊」，明治期から戦前に隆盛した「雑踊り」，戦後にうまれた「創作舞踊」です。

　「古典舞踊」は，琉球王国時代，当時朝貢関係にあった中国皇帝の使いや，江戸・薩摩の役人をもてなす外交上の職務として，男性士族により上演されていました。音楽と舞踊の演奏は，琉球王府の文化的水準を示す重要な職務でした。王国崩壊後，琉球は日本の一県（沖縄県）に組み込まれ，舞踊や音楽を職務としていた士族が民衆を対象に商業演劇を始めました。アップテンポでリズミカルなポピュラー音楽にのせて，庶民の生活を反映した多様な踊りがうまれました。これらの踊りは，「多様な」という意味の「雑」をジャンル名の頭に付けて「雑踊り」と称します。近代末期には，商業演劇で活躍していた男性役者の一部が舞踊師匠に転身し，婦女子に舞踊を伝授しました。そのため男性だけでなく女性舞踊家も多く誕生しました。さらに戦後，沖縄はアメリカの統治下におかれました。異文化統治の中，琉球・沖縄のアイデンティティを保持すべく，沖縄固有の音楽や舞踊を甦らせるルネッサンス運動が起こりました。従来の伝統的な琉球舞踊の型を踏まえるだけでなく，型にとらわれない新たな発想も加え「創作舞踊」が数多く誕生し，今も創り続けられています。

　以上，琉球舞踊の三つのジャンルの歴史的背景と特徴を述べました。実は韓国舞踊も琉球舞踊と類似するジャンルがあります。韓国も朝鮮王朝時代には，中国に朝貢し周辺諸国と交易を行い，現在の古典的様式である「宮中舞踊」が花開きました。その後日本に併合され，民間で伝承されていた民俗舞踊をベースに日本経由のモダンダンスの影響を受けたジャンル「新舞踊」がうまれ，さ

らに1950年代以降は，「韓国創作舞踊」へと展開しました（波照間・金・田，2019：169）。このような両者の歴史的な類似性を踏まえ，共通の小道

図10-1　琉球舞踊と韓国舞踊の歴史的展開とジャンル

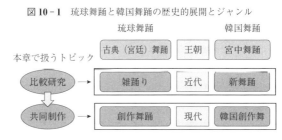

具である「布」を用いた近代期の作品に焦点をあて比較しました（波照間・金・三田，2014：54-58）。図10-1に「琉球舞踊と韓国舞踊の歴史的展開とジャンル」と，「本章で扱うトピック」を併記します。

■琉球舞踊の"手巾"と身体表現

近代期にうまれた琉球舞踊のジャンル「雑踊り」の中には，女性の恋心や情愛を表現した作品が多くみられます。その主要な小道具として"手巾"と呼ばれる赤色の「布」が使われます。

例えばこの時代の傑作の一つ《花風》では，去っていく恋人を見送る遊女の深い心情を，左手に持つ"手巾"に託し表現します（図10-2左）。また同時代に人気を博した作品《加那ヨー》では，愛の印としての"手巾"

図10-2　"手巾"を用いる琉球舞踊

《花風》（左）と《加那ヨー》（右）
演者：志田房子・志田真木
（出所）重踊流提供

を織って愛しい人に贈りたいという乙女の恋心をポップな曲にのせて爽やかに表現します（図10-2右）。

いずれも細長く折りたたんだ"手巾"を，左右いずれかの肩にかけて踊ります（図10-2右）。時折"手巾"を手にとり持ち上げますが，天に向かって高く振り上げたり，左右に振ることはなく，重力に従い地へと「自然に垂らす」（図10-2左）のが特徴的です。"手巾"をダイナミック（動的）に操作するのではなく，「垂らした布」に自身の深い愛情「想い」をこめ丁重に扱います。琉

球舞踊では"手巾"によるスタティック（静的）な表現が使われます。

"手巾"には，兄弟が旅に出るとき安全を願い姉妹が織り持参させた「姉妹手巾」と，愛する男性のために，女性の想いを"手巾"に託して織り贈った「想いの手巾」があります。前者の「姉妹手巾」には，姉妹である女性が兄弟である男性を守るという「おなり神信仰」が基底にあります（大城，1983：839）。

布に託された信仰の背景には何があるのでしょうか。紡績は糸作りから機織りまで大変手間のかかる仕事であり女性が担う生業の一つでした。このような織り手の日常の延長にある「念」のこもった労力の積み重ねが信仰へとつながり（東村，2012：58），"手巾"の象徴性を支えています。

■韓国舞踊の"スゴン"と身体表現

図10-3　"スゴン"を用いる韓国舞踊

《サルプリ》演者：金ボラム
（出所）RIAPPA 提供

一方，韓国でも琉球と同じく布の製作は主に女性の仕事でした。琉球の"手巾"は，木綿や芭蕉などの固くしっかりとした素材ですが，韓国の布"スゴン"は白色の絹を素材とします。別名トレーシング・クロス"Tracing Cloth"と呼ばれ薄く柔らかく，長さも多様です。"スゴン"は，琉球舞踊と同様に，近代期のジャンル「新舞踊」の多様な演目で愛用され今も踊り継がれています。

また"スゴン"は，巫女が祭儀の中で使用しており，琉球と同じく信仰と深く関わるアイテムでした。例えば「新舞踊」の代表作《サルプリ》は，巫女が厄払いの儀式で踊った民俗舞踊から発展しました。白いチマ・チョゴリを着用し，白い布"スゴン"を持って踊ります（図10-3）。魂の象徴である"スゴン"をそっと持ち上げ，肩にのせてあやす慰霊の表現をする一方，"スゴン"を天高く振り上げることで厄や悪霊を払います。

　近現代を代表する舞踊家・金白峰は，祭儀で使われる音楽「巫楽」に基づく器楽独奏音楽《散調》にのせて，音楽と同名の舞踊作品《散調》を創作しました。演者は赤いチマ・チョゴリを着用し，白い布“スゴン”を様々に扱い人間の多様な心象を表現します（図10‐4）。とりわけ“スゴン”を天高く上げ振り払う表現は，悲しみと絶望に落ちた心の傷を振り払い，再び清い心を回復する祈りのもがきを表現しています（図10‐4右）。交通事故で身体不自由となり失意の底にあった作者は，《散調》を創り出すことで再生したと語っています（金白峰，1983：41-49）。

図10‐4　“スゴン”を用いる多様な表現《散調》

　抱きしめる（左）・振り払う（右）　演者：安ビョンホン
（出所）田銀子舞踊団提供

　このように韓国の“スゴン”は，巫女が儀式の小道具「巫具」として，祭儀の中で使用したことに由来しますが，近代期にモダンダンスの影響を受け舞台舞踊化される過程で，多様な形と意味を担うようになりました。モダンダンスは19世紀末から20世紀中ごろ，ドイツやアメリカで誕生しました。「型」が重視されるバレエに抵抗し自由を求め，自己の内面を表す表現の形式を確立しました。そのため，自己の内面を表現する“スゴン”の象徴性は多義的で一様ではありません。多様な心情（恋，愛，喜び，恨み，悲しみ，怒り，希望，絶望……）を“スゴン”に託し，様々な身体表現が創り出されました。

4　「比較研究」から「共創」へ

　本章では琉球と韓国で，今も盛んに踊り継がれる近代期の舞踊の中から「布」を使った作品を対象に，「布」の象徴性と身体表現の特徴を概説しました。**表10-1**に，両者のおおまかな特徴を記します。

表10-1　琉球舞踊と韓国舞踊の「布」の象徴性と身体表現

	琉球舞踊	韓国舞踊
布の製作	女性の生業	
布の素材と色	綿・芭蕉，赤色	絹，白色
基底の信仰	神女・巫女信仰（シャーマニズム）	
	おなり神信仰：姉妹（女）が兄弟（男）を守護する	巫俗（巫女）信仰：厄や悪霊を慰め，祓う
舞踊：布の象徴性	恋，愛	
		悲しみ，恨み，希望，絶望……
舞踊：身体表現	肩にかける	
	自然に垂らす……	振り上げる・左右に振る……

　琉球の"手巾"と韓国の"スゴン"は，女性によって作られ，伝統的な信仰に基づくアイテムでした。後にこれが舞踊に導入され，愛しい人への「想い」を象徴する小道具として用いられるようになりました。「布」に託した両者の共通点を抽出し，共同研究者である韓国・成均館大学校の田銀子教授らとともに作品《布花》を創作しました。《布花》は三部で構成されます。前段では琉球舞踊家が「布」を丁寧に製作する過程を舞い（**図10-5左上**），中段では韓国舞踊家が「布」に託した愛しい人への「想い」を表現し（**図10-5右上**），後段では国境をこえ相通じる「想い」を共演しました（**図10-5左下**）。この作品を通して，現在，忘れ去られている琉球・韓国共通の「布」に潜む象徴性を，多くの人々に舞踊によって伝えたいと願い，ソウル・東京・沖縄にて上演を重ねてきました。

　伝え方には様々な方法があります。研究の世界では言葉を論理的に積み上げ

て伝えることを必須としますので，論文という形式で研究成果をアウトプット
します。一方，言葉によらない身体表現で研究成果を伝える方法も有効なツー
ルであり，その魅力と可能性を実感しています。世界各地の舞踊にみる「表
現」の多様性を探究し伝える術を共に「創造」していきましょう。

図**10-5**　《布花》（琉球・韓国共同制作）駐日韓国大使館 韓国文化院ハンマダンホール2017年

琉球舞踊［白い布を赤い花で染める］

韓国舞踊［赤い布を愛しい人へ］

総出演：琉球舞踊＆韓国舞踊

志田房子〈監修・振付〉，田銀子〈振付〉，
出演：成均館大学校舞踊学科＆重踊流，波
照間永子〈原案構成〉
（出所）RIAPPA 提供

ブックガイド

遠藤保子監修・弓削田綾乃ほか編『映像で学ぶ舞踊学――多様な民族と文化・社
　会・教育から考える』大修館書店，2020年。
勝方＝稲福恵子・前嵩西一馬編『沖縄学入門――空腹の作法』昭和堂，2010年。
徳丸吉彦監修・増野亜子編『民族音楽学12の視点』音楽之友社，2016年。

第11章

音楽表現とメディアの関係

宮川　渉

1　音楽におけるメディアの定義

　音楽は個人の手から生み出されるものとみなすことが一般的かもしれませんが，一方で，社会，環境が個人と同じくらいにその音楽表現と関わりを持っていると考えられます。この章では，このような関わりについて音楽表現とメディアの関係に焦点を当てて考察します。

　まず音楽におけるメディアとは何でしょうか。メディアという言葉自体が非常に多岐にわたって用いられるものであるため，これを定義することは容易ではありませんが，ここでは音楽学者・宮澤淳一が唱える音楽におけるメディアの定義を採用します。それは，メディアがラテン語の「medius（中間）に由来し，媒介を意味する」ものであり，音楽が創作者・演奏者と聴き手との間の音を通じたコミュニケーションであるならば，メディアはそのコミュニケーションを成立させる「媒介」であるということです（宮澤，2016）。それ故，音楽におけるメディアには，マスメディア，CD，パソコンなどだけでなく，楽器，コンサートホールなども含まれます。

　これらの中で主に音楽を記録するメディアにここでは注目したいと思います。音は目に見えず，手に取ることができないため，音楽をいかに保存するかは常に大きな問題でした。そこでまず今日も広く用いられている西洋の楽譜を取り上げます。世界の多くの音楽では口頭伝承が主な伝達手段として機能してきたなか，西洋では楽譜が重要なメディアとして発達しました。

2　楽譜が生む音楽表現

　西洋の楽譜は，キリスト教の教会音楽を記録することから始まり，その後，印刷技術の発達などによって普及し，音楽のあり方を大きく変えました。社会学者・大山昌彦は，楽譜によって変わった点として「音楽のモノ化」と「音楽の個人所有」という 2 点を挙げています（大山，2016）。先ほど述べましたように，目に見えず，手に取ることができない音楽が楽譜として「モノ」となり，その楽譜に創作者の名前を記すことによって個人の所有物になったというわけです。音楽は本来，ある地域に代々受け継がれてきた子守唄，労働歌などのように，その社会で共有されてきたものです。それが楽譜の発達により，西洋では個人の所有物となり，18世紀から徐々に導入され始めた音楽における著作権も楽譜なくして誕生することはなかったと考えられます。

　楽譜は音楽表現自体にも強い影響を与えてきました。ではここで，一つの楽譜を見ていただきたいと思います。この楽譜には興味深い仕掛けがあります。

図 11 - 1　バッハ，《音楽の捧げもの》第 3 番〈逆行カノン〉

　気がついたでしょうか。この楽譜は始めから奏しても終わりから奏しても同じ結果が得られるように意図して作られたものです（上段と下段が逆になってい

ますが，上段の始めの二つの2分音符が下段の終わりからの二つの2分音符に該当する
といった具合です）。これはヨハン＝セバスティアン・バッハ（1685-1750）の
《音楽の捧げもの》（1747）第3番の中の〈逆行カノン〉という曲の楽譜です。
バッハがこれを作曲する上では，当然耳で聴いて確認もしていたでしょうが，
楽譜が持つ視覚性が必要不可欠な要素であったと考えられます。なぜならこの
ような曲の長さのものを逆から演奏した結果を耳だけを頼りに正確に把握する
ことは，たとえバッハのような音楽家にとっても容易ではないからです。

　このように楽譜は西洋の作曲家にとって単に音楽を記録するためだけでなく，
音素材を操作したり，組み合わせて設計する上でも重要な作曲ツールとして機
能していたのです。〈逆行カノン〉は珍しい例ですが，バッハだけでなくモー
ツァルト（1756-1791）やベートーヴェン（1770-1827）などの作品でも，曲を発
展させるためにある音型（メロディなどの最小単位を意味します）を左右，または
上下に反転させたり，あるいは音型の長さを拡大・縮小させる，といった形で
の視覚的操作がよく用いられています。

　楽譜の次に現れる重要な音楽を記録するメディアは，録音再生技術に基づく
レコード，CD などのメディアです。次節では特に録音技術がもたらした新た
な音楽表現について検討します。

3　ミュージック・コンクレート，録音技術がもたらした　　新たな音楽表現

　20世紀は電気・電子メディアが発達・普及し，音楽のあり方も大きく変化し
ました。社会学者・小川博司は，現代社会が音楽に満ちていることから「音楽
化社会」という概念を1980年代終わりに打ち出しています（小川，1988）。この
「音楽化社会」の中で流されている大半の音楽が録音されたものであり，
J-POP やロックなど今日も多くの人に親しまれているポピュラー音楽の発展
は，録音技術なくして考えることはできません。また録音技術は音楽表現自体
にも大きな影響を与えました。その例としてミュージック・コンクレートを取
り上げたいと思います。

　ミュージック・コンクレートはフランス人音響技師・作曲家ピエール・シェ

フェール（1910-1995）によって1940年代終わりに考案された音楽です。この音楽では，日常のあらゆる音を作曲する上での素材とみなします。シェフェールの初期の作品である《鉄道のエチュード *Étude aux chemins de fer*》（1948）では，列車の音が録音されており，彼はそれを加工・編集して作曲しました。このように楽譜の音符のような抽象化された音楽とは異なり，具体的な音素材を用いて作曲するため，「具体音楽 musique concrète（ミュージック・コンクレート）」と名付けられました。ただ興味深いのは，前述した西洋の作曲家が楽譜上である音型を左右に反転させたりする操作と同様のことをミュージック・コンクレートの作曲家たちは録音された音に対して行っていたことです。例えば，図11-2はシンバルの音の波形（音の振動している様子を表す図形）ですが，この音を反転させると図11-3のような図11-2と左右対称の波形になります。今度はこの音を「タイム・ストレッチ」することによってこの音の再生時間の速度を変えることも可能です。図11-4の音の波形は図11-3の波形の長さに比べ半分に縮小されていますが，その結果，倍の速度で再生されます。

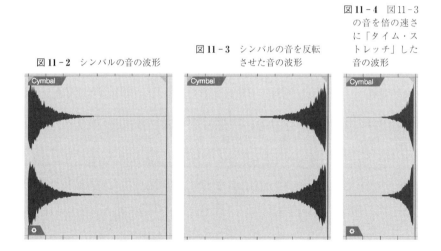

図11-2　シンバルの音の波形

図11-3　シンバルの音を反転させた音の波形

図11-4　図11-3の音を倍の速さに「タイム・ストレッチ」した音の波形

　このように音をまるで手に取ることができる「モノ」のように扱えるため，ミュージック・コンクレートでは音のことを objet sonore とフランス語で呼ぶことがあります。これは直訳すると「音響物体」という意味になりますが，

まさに音が「モノ化」したことを表していると考えられます。このような作業に取り組んだ人の中には，ミュージック・コンクレートの音楽家だけでなく，ビートルズのようなロック・バンドもいます。例えば，《トゥモロー・ネバー・ノウズ》（1966）という曲には聴いただけでは分からない不思議な音が沢山ありますが，この作品では逆再生や「タイム・ストレッチ」などが多用され，それらが幻想的な音世界を生んでいます。

　またミュージック・コンクレートの制作方法はヒップホップなどで用いられるサンプリングとも無関係ではありません。サンプリングは，ある曲のドラムのパートの一部だけを抽出するといったような既存の曲の一部を取り入れて曲を作る方法ですが，これは主に日常の音という既存の音の一部を録音して制作する手法と基本的には同じ考えに基づいていると考えられます。ただサンプリングでは既存の曲を使用するため，著作権の問題を解決する必要があり，それが時には楽曲制作をする上での障害になることもあります。

4　音楽創作が身近になった現代

　最後に今日における音楽のあり方に注目したいと思います。今日の社会の重要な特徴の一つにデジタル化が挙げられますが，それは音楽においても劇的な変化を生むことになりました。上記の大山は，「デジタル化の音楽文化における主要なインパクト」を「データのみで存在できること」と指摘しています（大山，2016）。音楽社会学者・井手口彰典は，これは，音楽が楽譜やレコードのような「モノ」ではなく「情報」として存在し，音楽が「所有」されるものから「参照」されるものになったことを意味していると述べています（井手口，2009）。その結果，私たちはあらゆる音楽を YouTube やストリーミング・サービスなどを通じて聴くことが可能になりました。

　音楽制作方法においても，この膨大な情報の中から自分に合ったものを選択し編集していく「検索型」の手法が重要になりつつあります。例えば，今日，音楽制作を行う時に DAW（Digital Audio Workstation）と呼ばれるソフトウェアが使用されることがよくありますが，ここにはユーザーが自由に組み合わせ

て制作することのできるデータが予め用意されています。そのため，この場合においては上記のサンプリングにおける著作権の問題も当然発生しません。**図11-5**は Studio One Professional という DAW で「rock guitar ballad」と検索した結果を表示したリストの一部です。こういったものがドラム音源に特化したソフトウェアなどにはより多くのデータが用意され，より高い精度で検索することが可能となります。またこのような「検索型」の制作方法の傾向は，今後 AI が進化することによってより強まると考えられます。例えば，AI が利用者の求めるメロディのタイプに応じてメロディを制作するというようなことです（実際 AI は既に今日の音楽制作で取り入れられています）。

　このようなことから音楽制作は現在誰にでも可能になりつつあります。流通経済大学経済学部教授・八木良太は，DAW の登場によってプロとアマの差がなくなりつつあると2007年に指摘していますが（八木，2007），この傾向は今日ではより強まっており，技術的な面，コスト面においても個人で準備できる制作環境の範囲でかなり質の高い楽曲制作が可能となりました。実際，米津玄師（1991-），YOASOBI の Ayase（1994-）といった今日活躍するアーティストが DAW で制作した作品をインターネットで配信することによって知られるようになる，というケースが多いようです。

図11-5　Studio One Professional でデータを検索した結果の一部

　また DAW は，第2節と第3節で取り上げた楽譜と録音，両方の機能を備えた音楽を記録するメディアでもあります。DAW には一般的に「打ち込み」と呼ばれるものを行うことが可能ですが，これは音符などの演奏情報を入力して再生することによりピアノなどを自動演奏させるシステムに基づいています。例えば，VOCALOID（ボーカロイド）を用いて制作するケースがこれに該当します。**図11-6**は上記の Studio One Professional で実際作業中の画面です。この図の下の左側の縦に配置された鍵盤の横に記されている横棒が音符であり，ここではピアノロールというシステムで音符が表示されていますが，これは通

常の五線譜と異なった表示方法というだけで，楽譜と同じ原理に基づいている
ものです。他方，**図 11 - 6** の上の方に表示されている二つの波形は，録音され
た二つの楽器のパート（DAW ではトラックと呼びます）を表しています。この
ように楽譜と録音という歴史的にも重要な役割を果たしてきた二つの要素を備
えた DAW が今日の音楽制作の場で多用されているのは当然のことかもしれ
ません。

図 11 - 6　Studio One Professional の作業画面

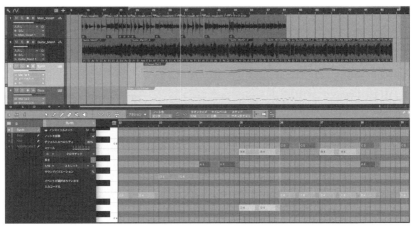

　この章では，音楽表現とメディアの関係を楽譜，録音技術，DAW などを通
じて考察してきました。音楽表現は，それが生成される過程でメディアから何
らかの影響を受けます。同時に表現者も自分が望む制作環境を築く上でメディ
アを変えていく役割を持っています。このような相互関係の中で音楽表現とメ
ディアは変容してきたと考えられます。

　ところで今日は，深刻な社会問題，環境問題，自然災害など不安なことが多
く，今後のことを考えると憂鬱な気分になることがあるかもしれません。ただ
音楽に限らず，何かを表現したい，それを発信したいという人にとっては，現
代は非常にエキサイティングな時代であるとも言えると思います。

ブックガイド

大山昌彦，伊藤謙一郎，吉岡英樹『ミュージックメディア』コロナ社，2016年。

白石美雪，宮澤淳一，横井雅子『音楽論』武蔵野美術大学出版局，2016年。

増出聡，谷口文和『音楽未来形——デジタル時代の音楽文化のゆくえ』洋泉社，
　　2005年。

第12章

超域文化としてのファッション

高馬京子

1 超域文化としてのファッション
——何のために，そして何を超えるのか。

みなさんは超域という言葉を聞いたことがありますか？　この言葉は『広辞苑第7版』など多くの国語辞典でまだ取り上げられていない比較的新しい言葉ですが，『デジタル大辞泉』は「既存の領域を超えること」として定義しています。この章では，既存の領域を超える文化として最適な事例の一つであるファッション（服飾流行）をとりあげ考えます。

ファッションにおける「領域」「境界」を考えるとき，以下の二つが挙げられます。

ファッションにおける一つ目の「領域」「境界」は，「フランスのファッション」「日本のファッション」というような国単位での「地域」についてです。時代ごとに様々な理由で人々は移動し，また，現代社会においてグローバル化も進む中，その地域文化を創る担い手はその地域内の構成員たちだけとは限らず，「フランスのファッション」という際に「フランス」とは何を示すのかという問いが生じます。

二つ目の「領域」は，「私」を限定する境界が示すものです。例えば，日本人（国籍）である，女性（ジェンダー，性差）である，15歳である（年齢，若さ）など，そういった自分を規定するものです。ファッションを身にまとうことで，いかに「私」をとりまく境界を超えようとするのか，すなわち，大人っぽくみせたいとか，外国人のようにみせたいとか，男性として生まれたけれど女性的な外見にしたい，など，ファッションを身にまとうことで，外見上なりたい「私」になろうとするために，超えようとする自己を規定する境界といえるで

しょう。

　本章では，ファッションの発信者側が特に「国境」「ジェンダー」に焦点を
あて既存の枠組みを越境し，どのようなファッションを構築し，着用者に提言
してきたのかについてみなさんとみていきます。また，この考察を通して，超
域文化としてのファッションとは何か，それを考える意義は何かを考えていき
たいと思います。

2　国境を越えるファッション

　みなさんは，「日本のファッション」「フランスのファッション」とは何かと
聞かれたらどのように答えますか？　21世紀にはいってフランスの一部の若者
の間で支持されてきた，日本の「kawaii」ファッションの一ジャンルであるフ
ランス人形のようなドレスを身に着けるロリータファッションというスタイル
を一例に考えてみましょう。日本人着用者に，「ロリータファッションはどこ
のファッションか」と質問すると「ロリータファッションは日本のファッショ
ンである」という意識を持っている回答が多いのに対し，フランス人着用者に
質問したときは，「元来フランスのファッションを日本が異文化受容したもの，
すなわちフランスのファッションである」という回答がみられます（Koma,
2013）。この二つの回答に共通することは，自分の国以外の人である他者が多
かれ少なかれ関与したファッションを自国のファッションとしていることです。

　同様に，「パリはファッションの首都である」というステレオタイプが流布
されるパリのファッションブランドをみてみると，少なからず，フランス人で
はない他者がそれを支えてきたことが分かります。本格的にパリが「ファッ
ションの首都」になっていくのは19世紀半ば以降，ナポレオン3世下の第2帝
政期，オスマン計画によってパリが近代都市となったとき以降です。この時代
に，みなさんも一度は聞いたことがあるかもしれない高級ファッションブラン
ド（ルイ・ヴィトン（1852年），カルティエ（1847年），エルメス（1837年））が設立さ
れています。「オートクチュール（高級仕立服）」を初めて人間のモデル（マヌカ
ン）に着せ，各シーズンの新しい服を披露する展示会を開催したファッショ

ン・デザイナーシャルル・フレデリック・ウォルトが，パリに自分の店を創設
した（深井1998：127）とされるのも，1858年のことです。ウォルトは，パリ・
オートクチュール組合（1910）の基礎を最初に築いた人物とされます（同前書）
が，ウォルトはイギリス人であることからも，フランス人ではない他者こそが
パリを「ファッションの首都」とするのに貢献した一人であるといえるでしょ
う。

　2014年にフランス・パリにある移民歴史美術館で開催された *Fashion Mix :
Mode d'ici, Créateurs d'ailleurs*（ファッション・ミックス：ここのモード，よその
国のクリエーターたち）展において，フランスモードを支えてきた外国人デザイ
ナーやクリエーターの功績が通史的に展示されました。ここで展示されていた
いくつかの例をみてみましょう。1917年のロシア革命から逃亡した貴族や東欧
からの移民らがシャネル，エルメスといったフランスブランドにも新しい技術
を提供しています。また，バレンシアガも，1936年のスペイン内乱から逃亡し
てパリにやってきて，当時スペインらしいファッションを提案していたことが
指摘できます。1970年代，1980年代以降は，日本人のファッションデザイナー
である高田賢三，川久保玲，山本耀司，三宅一生がファッションを発信する場
としてパリを選んでいますし，他にも1990年代以降，特にファッションブラン
ドのグローバル化が進むと，フランスのブランドは，外国人デザイナーを自ら
のブランドのクリエイションを任せるために招聘していきます。

　このように外国人デザイナーをいろいろな形で迎え，「フランスモード」が
形成されていきますが，このような行為の中には，「Cultural appropriation
（カルチュラル・アプロプリエーション：文化盗用）」という言葉で批判される現象
もみられます。16世紀フランスの哲学者モンテーニュの「私たち（西洋）以外
を野蛮という」（Todorov, 1992）という姿勢を基とした西洋近代中心主義に立脚
した西洋におけるファッションブランドが，かつて植民地支配をしたり，また
対等にはみていなかったりした非西洋諸国のファッションデザインからインス
ピレーションを得てファッションを発表する際には，「文化盗用」という言葉
で批判されることが多くみられます。この「文化盗用」という言葉は「同意な
しに自分のために何かをとること，文化の産物を借用し，その意味を変更する

プロセス」（Sturken and Cartwright, 2001）を指します。また，リチャーズが
ファム（2014）を引用して述べるように，この「文化盗用」という行為は「西
洋の白人の支配と他の誰かを犠牲にし，文化を利用すること」（Richards, 2017）
につながることもあるでしょう。特にソーシャル・ネットワーク・サービス
（SNS）の発達した現代社会において，原則，誰もが自分の意見，抗議を発信で
きるようになると，例えば，日本のゲイシャを彷彿させるファッションスタイ
ル（高馬，2018）や「黒人」の顔を彷彿させるデザインのセーターを提案して
SNS上で「炎上」し，販売を中止したイタリアのブランド（2019年）などの事
例が挙げられます。

　このように，様々な形で国境を超えて他者をとりこみ形成されるファッショ
ンを，今もなお「フランスのファッション」というように，国名をそのファッ
ションにラベリングできるのでしょうか。多様性が重要視される今日，私たち
は様々な国を超えて創造されるファッションをいかに名づけていけばよいので
しょうか。

3　ジェンダー規範を越境するファッション

　女性はこうあるべき，男性はこうあるべきといった社会的に期待された理想
的なジェンダー像を実現する際にファッションはそれを可視化するための一装
置として用いられてきました。西洋，特にフランスを中心に考えると，貴族社
会においては，男性も女性もファッションを追従し，ファッションは社会階層
を区別するものであったのが，市民階級が台頭した19世紀の近代社会において
は，女性がファッションの追従者の中心となったとされています（Arvanitidou
and Gasouka 2013：112）。また，20世紀になると従来のジェンダー規範を越境す
るファッションも存在しはじめました。

　女性が男性のファッションを身に着ける例からみていきましょう。フランス
のデザイナーのポール・ポワレは，1900年に男性役をするフランスの女優サ
ラ・ベルナールにパンタロンをはかせ，さらに，1930年代にはマレーネ・デー
トリッヒがタキシードを着用したといわれています（Reis & Miguel et al., 2018）。

　このようなジェンダー規範を越境したファッションをスタイルとして提言したものとして，1926年にアメリカのファッション雑誌『Vogue』で紹介されたとされるシャネルの「リトルブラックドレス（petite robe noire）」が挙げられます。テイラーとジェイコブ（2017）は，シャネルのこの「リトルブラックドレス」を「当時の男性性をコード化したスタイルや衣服を流用し簡単に皆がコピーできる［女性のための］スタイルとして作成した」と説明しています（Taylor and Jacob, 2017：167）。すなわち自立した女性の社会進出のために，当時の西洋近代の男性の衣服の特徴であった「シンプルさ」「黒」を取り込み，黒のシンプルなドレスを提言した（同前書：168-169）とされ，当時の男性ファッションの特徴を，その用途の枠組みを超え女性ファッションに適応した事例といえます。このように，フランスにおいて19世紀来のコルセットや装飾性の豊かなドレスといったファッションを身にまとった体を動かす不自由さからの脱却，身体の解放といった，様々な自由を求める動きは加速されていきます。1966年には，男性のみが身に着けていたパンタロンを女性のファッションスタイルとしてイヴ・サンローランが発表します（深井，1998：174, Arvanitidou and Gasouka, 2013：112）。

　また，男性ファッションでも，1985年にはフランスのデザイナー，ジャン・ポール＝ゴルチエが男性向けのスカートを発表（Chenoune, 1996），その後，男性ファッションにスカートを着せるデザイナーが続きます。

　2010年代に入ると，ジェンダーレス・ファッションブームが起こり，規範的な二元論的ジェンダー感を反映しないファッションスタイルが表現されます。ある種，お互いの性別のファッション特徴を取り入れあうファッションは，「（必ずしも盗用という意味を含有しないだろう）アプロプリエーション（appropriation）」の延長上としても捉えられます。さらに，イタリアブランドのグッチが男女区別のないセクション Gucci MX を2020年から始動させているように，アプロプリエーションが存在せずジェンダーの枠組みを超える形式のノン・バイナリーというカテゴリーも生まれています。このように，時代の変遷とともに様々にジェンダーの枠組みを超えるファッションが展開されていきます。

4　超域文化としてのファッションとは何かについて考えよう

　これまで超域文化としてのファッションを「国境」「ジェンダー」をどう乗り超えてきたか，「文化盗用／アプロプリエーション」という視点も踏まえ，ファッションを創造するために既存の境界（国境）を超えるという側面，そして，「私」がなりたい自分になるために自らを規定している境界を超えるという側面についていくつかの事例を通してみてきました。ファッションとは常に更新していくものであり，それまであったものを超えることで同時代性，今の時代を創っていくものでもあります。さらには，近年，ファッションの制作に関しては人間と人間ではないものとの境界を超えた協働——微生物との共同による布の制作や，AI やコンピュータを用いた洋服など——という動きもみられます。衣服が「ファッション」になるために，様々な境界を侵犯し，逸脱し，更新してきたといえるでしょう。

　本章では，「国境を超えるファッション」において，「ファッションの首都」というステレオタイプを持つ「パリ・ファッション」を事例に，様々な国のデザイナーが様々な理由でパリにやってきて「パリ・ファッション」を形成した様子，とりわけ SNS の発展を背景とする「文化盗用／アプロプリエーション」の視点からみました。

　さらに「ジェンダー規範を越境するファッション」では，ファッションにおいてジェンダーの枠組を乗り越えることで「新しさ」というファッションを形成していくのと同時に，その時代，社会で根付いていたジェンダー規範から私たちを自由にするという視点を紹介しました。以上にみてきたように，様々な境界を超えて様々な他者のファッションを「アプロプリエーション」するときに，そのアプロプリエーションをする人がその文化を自分のものにし支配しようとしているのか，それとも他者に敬意を払っているのかという意図によっても，文化盗用なのか否か意味合いが分かれるともいえるでしょう。

　また，超域文化としてのファッションを考えるときに，身体についても考える必要があります。「私は誰になろうとしているのか」（Kaiser, 2012）となりた

い自分になるために、「国」「年齢」「性別」「階級」など様々な境界を超えて理想的なアイデンティティを表明しようとする際に、ファッションだけではなくそれをまとう身体の存在が前提となります。それでは、理想の身体を得るためにいかなる境界を超えてきたのでしょうか。

19世紀西欧では、ヴェブレンがいう「顕示的消費」を実践するがごとく、上流階級、有閑階級の女性たちは、夫の富や財の象徴としてコルセット、クリノリンを身に着け、体を動かすことが非常に難しかったと想像されるファッションを身に着けていました。

20世紀前半、コルセットから解放されたスタイルが隆盛したことで、逆説的に「見えないコルセット」（京都服飾文化財団、1999）を着用する、すなわちダイエットなど自身の身体を理想に近づけたいという欲求が強まりました。また、ダイエットだけではなく、化粧を施す、また美容整形をすることで、より理想の自分になろうとするケースもみられるようになりました。

さらには、今日のようなデジタルメディアが発展した情報社会では、自分の身体や顔の画像の加工をすることもできますし、また、ヴァーチャルリアリティ（VR）上では、コミュニケーションにおいて自らの身体、顔を放棄し、第2の身体としてのアバターを入手し、VR空間、デジタル空間でコミュニケーションするという方向がみられるようになります。

このように、メディアや時代の展開とともに、様々な手段を用いて自らを規定する境界を超え理想的な身体を手にしようとしてきたといえるでしょう。

ファッションをめぐる問題を検討するにはどのようにアプローチしていけばよいのでしょうか。ここでも、超域性、すなわち、学問領域の超域性（学際性）が挙げられます。学際的な視点で——経済学、社会学、歴史学、記号論、カルチュラル・スタディーズ等々、様々な領域で——、研究対象としてファッションは検討されています。現代社会を映し出す鏡の一つでもあるファッションをめぐる問題について学際的に取り組むことは、現代社会とは何かを考える一助となるといえます。

いかなる境界を超えるか、それぞれの時代、またその時代のメディア環境を反映させながら形成・伝達される「超域文化」としてのファッションについて

みなさんと一緒にいろいろ考えていきましょう。

注

(1) https://www.vogue.co.jp/fashion/history/VJ104-100Yearsof-2017-TheHistoryofthe LittleBlackDress（最終閲覧日：2021年7月27日）

(2) https://www.gucci.com/us/en/st/mx-landing（最終閲覧日：2021年7月19日）

(3) https://i-d.vice.com/jp/article/4ayqqw/gucci-launches-its-first-non-binary-section（最終閲覧日：2021年7月19日）

ブックガイド

高木陽子，高馬京子編『越境するファッションスタディーズ』ナカニシヤ出版，2022年。

ロカモラ，アニェス／スメリク，アネケ（蘆田裕史監訳）『ファッションと哲学——16人の思想家から学ぶファッション論入門』フィルムアート社，2018年。

蘆田裕史，宮脇千絵，藤嶋陽子編『クリティカル・ワード　ファッションスタディーズ』フィルムアート社，2022年（高馬京子　第一部「理論編：コミュニケーション」）

第13章

言葉の遊戯

創作としての翻訳　ドイツ語と日本語の間で

関口裕昭

はじめに　「翻訳」とは何か

　翻訳とは何でしょうか？　字義通りにいえば「ある言語で表された文章を他の言語に置き換えること」(『広辞苑』)となります。しかしこれは見かけほど単純ではありません。特に日本語は他の言語と比べ，文字，発音，文法のすべてが非常に特殊な言語なので，外国語の文章を日本語に訳すことは，無数の可能性があります。例えば，ドイツ語の Ich bin Student. を英語に訳すなら，I am a student. となり，他の解答はありません。英語はドイツ語と同じインド・ゲルマン語族に属する親戚の言語であるため，この場合，冠詞の用法に若干の相異がある以外には，個々の単語を置き換えるだけで翻訳が成立します。しかし日本語に翻訳すると「僕は大学生です」「俺，学生やねん」「吾輩ハ大學生デアル」等，無数の翻訳例が可能となります。たった三つの単語から成る文ですらこうですから，一篇の詩，ましてや長編小説を翻訳するとなると，そのバリエーションはどのくらい存在するか眩暈さえ感じます。

　本章では，日本語とドイツ語の間の翻訳をテーマに，その創造性にスポットライトを当てて論じたいと思います。その手始めとして，ドイツ語圏における翻訳の歴史をたどることから始めましょう。

1　ドイツ語圏における翻訳の歴史（1）　ルターからロマン派へ

　1454年，ドイツのマインツでグーテンベルク（1398-1468?）が活版印刷術を発明し，それまで筆写されていた書物の大量生産が可能となりました。最初に印刷されたのは聖書（『四十二行聖書』）です。印刷術は瞬く間にヨーロッパ中に広まり，半世紀の間に初期揺籃本（インキュナブラ）と呼ばれる書物が，大量に刊行されました。

　この時代，ドイツ語は各地で様々な方言が話され，それらを統一する標準言語は存在しなかったため，多くの書物はラテン語で書かれました。1517年，マルティン・ルター（1483-1546）は教会の腐敗に対抗して「95カ条の提題」を掲げて宗教改革を始め，5年後の1522年，聖書を自分が話していた高地ドイツ語に翻訳しました。ルター訳の聖書は24年間で430回も版を重ねるまで広く流通し，一地方の方言が全国共通のドイツ語になりました。ルターは翻訳に際して，「私は聖書の言葉から遠ざかるくらいなら，ドイツ語を傷つけるほうがましだった」と述べています。これは翻訳が，必然的に母語にはなじまない，異質な表現や文体を取り入れることを物語っています。と同時に異なるものを通して己れの言語の固有性に気づき，それを確固にしようという動きも生まれます。

　18世紀の後半，若きゲーテ（1749-1832）とシラー（1759-1805）は「疾風怒濤（シュトゥルム・ウント・ドラング）」という文学運動をおこし，ドイツに国民文学が誕生しました。この運動は19世紀に入ってロマン主義文学として一層の広がりを見せ，ドイツ文学がヨーロッパ中で注目を集めます。ロマン派文学において翻訳は重要なジャンルの一つでした。フォスのホメロス訳，シュレーゲルのシェイクスピア訳，ティークの『ドン・キホーテ』訳，ヘルダーリーンのピンダロス・ソフォクレス訳が重要な指標として，ドイツ語の錬成に大きな役割を果たしたのです。特に，晩年のヘルダーリーン（1770-1843）が精神の危機の中で試みたソフォクレス翻訳は，異なるものと固有のものが直に接近した逐語訳で，危険な様相すら呈しています。二つの言語が，そこを超えれば互いに自分自身ではなくなってしまう境界に，言語の平等性が現れているともいえるでしょう。

　ロマン派の思想家シュライアーマッハー（1768-1834）は翻訳を理論化し，論文「翻訳の様々な方法について」（1813）を書きました。彼は「通訳」と「翻訳家」を厳密に区別し，前者が実用的な言語の世界でなされるのに対し，後者を言語に新たな命を吹き込む創造者とみなします。さらに彼は，「翻訳は作者をできるだけそっとしておいて読者に近づけるか，読者をできるだけそっとしておいて作者に近づけるかのどちらかだけだ」と述べ，翻訳者は「異化作用」をとって，外国語で書かれたテクストを目標言語（読者）に，必要とあれば翻

訳に特有な言葉を用いてでも近づけなければならないと主張しました。

2　ドイツ語圏における翻訳の歴史（2）　ゲーテと世界文学

　『ファウスト』で知られるドイツの文豪ヨーハン・ヴォルフガング・フォン・ゲーテが，生涯にわたって翻訳と取り組んでいたことはあまり知られていません。ゲーテはディドロの『ラモーの甥』やヴォルテールの『タンクレード』などをフランス語からドイツ語に翻訳し，ほかにもコルネイユ，ラシーヌの作品，さらにはギリシア，イタリア，スペインの詩をドイツ語に翻訳しています。

　ゲーテは世界的な視野を持った詩人でした。彼の関心は中国やペルシアの文学にもおよび，ペルシアの詩人ハーフェズ（1325-1389）からインスピレーションを受けて書かれたのが『西東詩集』（1819）です。ゲーテの恋人マリアンネをズライカ，自分をハーテムになぞらえ，二人の間に交わされる相聞歌は，東洋における酒と恋と叡智が西洋の精神と結びついた稀有な言葉の婚姻といえるでしょう。

　『西東詩集』の巻末にある「註解と論考」には，「翻訳」について述べた重要な一節があります。ゲーテはそこで翻訳を次の三つに分類しています。「翻訳には三種類ある。第一のものは，われわれが自分の感覚で外国を知ることができるようにする。そのためには簡素な散文が最適である。（中略）第二の時代がそれに続く。この段階では翻訳者は外国の状況に身を置こうとするが，ただ未知の感覚をわがものとし，それをさらに自分の感覚によって表現しようと努める。（中略）しかし第三の，同時に最後のものと呼んだ理由についてもう少し説明しよう。原典と同化しようとする翻訳は，最後には行間に隠れたものの翻訳（Interlinearversion）に近づき，原典の理解を大いに助けてくれる。それを通してわれわれは原典テクストに導かれ，いや駆り立てられ，異なるものと親しいもの，既知のものと未知のものが接近しようと動いている円環が閉じられる」。

　この翻訳論は200年後の現在でも十分に通用します。第一段階の翻訳は，異

文化の内容を十分に咀嚼するために，たとえ原文が韻文であっても，説明をも厭わない散文で訳されます。第二段階の翻訳では異なるものと対応し，実際には少し異なるものを母語で再現しようとする。翻案といっていいでしょう。第三の段階は，外国語と母語が対等に並び，互いが結びついた環のように往復しながら理解が進む理想の境地であり，実現するのは容易ではないでしょう。

　晩年のゲーテはこうした文学観を「世界文学」と表現しました。エッカーマンに語った次の言葉はしばしば引用されます。「今日，国民文学は大して意味がない。世界文学の時代が始まった。誰もがこの時代を作新しなければならない」（1827年1月31日）。実はゲーテはこの日の会話を，中国の小説から始めているのです。彼はヨーロッパ中心主義を抜け出した最初の文学者であり，東洋と西洋を同等のものとして捉えていました。この精神の継承者の一人が，『オリエンタリズム』（1986）で知られるエドワード・サイード（1935-2003）です。彼はゲーテの『西東詩集』を高く評価し，自分の思想の基盤に据えつつ，東西の文化をつなぐ音楽の未来に期待を込めて，「イースト・アンド・ウェスト・ディヴァン・オーケストラ」すなわち「西東詩集オーケストラ」を設立しました。

　ゲーテの世界文学の理念はその後の作家に大きな影響を与えつつも，正しくは継承されませんでした。19世紀写実主義の作家カール・グツコー（1811-1878）やベルトルト・アウエルバッハ（1812-1882）は，ドイツ文学が国民文学として認められる延長線上に世界文学への道があると曲解してしまったのです。

　19世紀の後半以降，キプリングやコンラッド，フローベールなど英仏の作家たちはインドやアジア，アフリカに旅し，植民地における体験を文学の題材にしました。それに対し，ドイツの作家たちが真の意味で東方を体験するのはようやく20世紀初頭になってからでした。ヘッセやダウテンダイ，ボンゼルスらのインド，アジア旅行により，東洋への関心が高まり文学作品が書かれます。アジアや日本に対する関心は20世紀末から21世紀初めにかけてますます盛んになり，ドイツ語圏からも多くの作家と作品を輩出しています。

　ドイツ文学における翻訳史で忘れてはならないのが，ベンヤミンの「翻訳者の使命」（1921）です。ボードレールの詩を翻訳した際に書いたこの論文は，

単なる翻訳に関する考察ではなく，多様な言語のざわめく坩堝の中での言語の本質を考察した画期的な論考であり，今日でも全く色あせていません。ベンヤミンは述べます。「翻訳は，原作の意味に自分を似せていくのではなく，むしろ愛を込めて，細部に至るまで原作の言い方を自身の言語の言い方の中に形成してゆき，その結果として両者が，一つの容器の二つの破片，一つのより大きい言語の二つの破片とみられるようでなくてはならない」。そして翻訳する言語と翻訳される言語の無数の反照と合一の中に，「純粋言語」なるものを夢見るのです。

　21世紀の現在，世界的に急速に進むグローバル化とともに，言語と文化の交流と混交も進み，多くの作家が母語ではない第二言語で書き始めています。ベンヤミンのいう二つの言語の間に，痛々しい亀裂として現れる言語の境界線上で創作し続けている作家の代表例が日本の多和田葉子です。日本語とドイツ語の両方で，時には二つの言葉を自在に往復しながら，その境界線上に新しい言語の生成を模索している彼女は，ベンヤミンの「純粋言語」を最もアクチュアルな意味で生み出している作家といえるでしょう。

3　私が翻訳から学んだこと（1）　絵本『うんちしたのはだれよ！』

　次にこれまで私が手がけた例を紹介しながら，具体的に翻訳について考えてみましょう。最初に取り上げるのは，『うんちしたのはだれよ！』（絵：ヴォルフ・エールブルッフ，文：ヴェルナー・ホルツヴァルト）という絵本です。

　ドイツをはじめ世界中で人気を博したロングセラー絵本で，刊行後30余年を経た今でも版を重ねています。ある日地面から頭を出したもぐら君の頭の上に何者かによってうんちが落とされる。怒ったもぐらは，道で出会った様々な動物——ハト，ウマ，ウサギ，ウシ，ヤギ——に，「ねえきみ，ぼくのあたまにうんちおとさなかった？」と尋ねる。すると，動物たちは「ちがうよ。ぼくだったらこうするよ」と，特徴のある自分のうんちをその場に出して見せます。味見をしたハエたちによって犯人が犬だと分かると，仕返しにその頭に小さなうんちをして地下の世界に戻っていく，というユーモア溢れる物語です。

　ドイツ語原著の長いタイトル（*Vom kleinen Maulwurf, der wissen wollte, wer ihm auf den Kopf gemacht hat.*）を直訳すると「だれが自分の頭の上にうんちをしたのか知ろうとした小さなもぐらについて」となります。これを日本の読者向けにどんな短いタイトルをつければよいか。二週間も頭をひねって，「もぐら君，うんちをのせてどこへいく？」等の案を出し，結局「うんちしたのはだれよ！」に決めました。絵本の場合，絵と言葉の親和性も大きなポイントになります。

　ほかにも様々な翻訳上の工夫をしました。ハトのうんちを「ヨーグルト」，馬糞を「おだんご」，ヤギのそれを「あめだま」，ウシの場合は「ジャム」というように，うんちをすべて食べ物に訳しましたが，実は原文ではそうなっていません。ハトは「［白い］しみ（Klecks）」ウマは「馬糞（Pferdeäpfel）」，ウシは「ドロドロした塊（Fladen）」，ヤギは「塊茎，じゃがいも（Knöllchen）」とあります。とはいえ，ハエに頭の上のうんちの味見をしてもらったり，最後に犬の頭の上に復讐として落とされるうんちは「小さな黒いソーセージ」と書かれてあるので，食べ物として統一すれば面白いのではないかと考えたのです。

　もう一つ苦労したのは擬音語です。日本語では擬音語が発達していて，例えば雨が降るときには，ザーザー，ぽつぽつ，ぱらぱらなど数十種類もの表現が可能ですが，ドイツ語には極めて少ない。そこで絵も考慮しながら，日本人の感性にあった言葉を選びました。もぐら君の足に飛び散るヨーグルトのようなハトのうんちは「ピシャッ！」，おだんごみたいなウマのうんちは「ボトンボトン」，ヤギの「あめだま」のようなうんちは「ゴロンゴロン」としました。

　もぐら君の頭にうんちを落とした犯人は犬でした。セントバーナードのような巨犬は「肉屋の犬の Hans-Heinrich」といい，ドイツ人には時代遅れの滑稽な名前として響くようです。しかし「ハンス・ハインリヒ」と直訳しても日本人にはピンとこない。ではどう訳せばよいか。屠殺を行う肉屋のイメージは，暴力とも結びつきます。さらにドイツ・ユダヤ文学を専門とする私にとって犬は，ナチスがユダヤ人狩りで用いた猟犬のイメージと重なります。もちろん，すべての犬にこのイメージはあてはまりませんが，もぐら君に悪さをした犯人は実にふてぶてしい。そこで私は「にくやま　にくえもん　にっくき　にくや

の　いぬです」と訳しました。この思い切った意訳は，想像以上の好評で迎えられました。

　このように日本語版には，ドイツ語原版とは違った独自な味わいがあります。最近，世界中の言語に翻訳された『うんちしたのはだれよ！』を一堂に集めた展示会がイタリアで開かれました。私はその場に駆けつけられませんでしたが，上述したことを手紙に書いて主催者に送りました。はたしてほかの言語ではどのように訳されたのか，それを聞くのを私は楽しみにしています。

4　私が翻訳から学んだこと（2）　小説『ぼくとネクタイさん』

　もう一冊は小説。オーストリアの作家ミレーナ＝美智子・フラッシャール（1980-）の『ぼくとネクタイさん』（原題 *Ich nannte ihn Krawatte*：2012）です。日本を舞台にしていて，登場人物もすべて日本人です。主人公タグチ・ヒロは引きこもりになって２年ほどの20歳前後の青年。ある日，両親の留守中に蛮勇を奮って近くの公園に出てみたヒロは，目の前に座っている中年のサラリーマン，オオハラ・テツと出会います。最初は黙って会釈をする間柄でしたが，何度も顔を合わせるうちに言葉を交わすようになり，奇妙な友情が二人の人生を大きく変えていきます。お互いに経歴を語る中で，テツの奥さんキョウコやピアノのワタナベ先生，ヒロの両親や友人クマモトやヒロコなど魅力的で多彩な人物が登場します。最後にヒロは引きこもりの状態から脱して，新たな一歩を歩み出します。

　舞台は日本のどこかと思われますが，具体的な地名は挙げられていません。いわばパラレルワールドのような，半ば非現実的な日本のある都市が舞台です。

　翻訳で一番苦労したのは，日本のことを書いた外国人の小説を，日本人である私が日本語に翻訳するという矛盾です。あまり日本の現実に近づけ過ぎるとオリジナルの持つ良さが損なわれる。その距離の取り方が難しかったです。

　作者のフラッシャールは日本人の母とチェコ系オーストリア人の父との間に，ウィーン近郊で生まれ育ちました。日常会話レベルの日本語なら問題ありませんが，文学や政治など込み入った話題になるとドイツ語で話します。日本に滞

在した経験はいずれも短期間なので，日本についての知識は母から聞いた半世紀も前の昔のことか，書物やインターネットを通して知った情報に限られます。そのため小説で描かれた日本像は現実とは随分かけ離れています。あまりにリアルな世界として訳すと，そうした矛盾が目立ってしまう。登場人物をすべてカタカナ表記にしたのはそのためです。つまり日本に関する事柄は，すりガラスの向こうに見える世界のように意図的にぼかすように訳しました。

　この小説は1篇ずつが優れた散文詩のような114の短い断章からなり，語り手も次々と代わります。ヒロの内的独白に始まって，そのうちテツが語り手となり，二人の回想の中で様々な人物が生き生きと動き始めます。原文で ich となっている人称を「ぼく」「わたし」「あたし」などと訳し分けねばならず，さらに日本語の特有の表現として男性が話したか（「～だよ」）女性が話したか（「～だわ」）で文末を変えねばなりませんでした。

　翻訳は思いのほか難航しました。例えば最後のシーンで，久しぶりに一緒に夕飯の席に着いたヒロと対峙する父の心情が，微動だにしない踝（くるぶし）に反映され，Verräterrische Unbewegtheit. と簡潔に表現されます。たった二語からなる文をどう訳すべきか。「暴露している不動」と直訳しても，理解してもらえません。

　白い踝は，ヒロと父が一緒に海に行った際にも，父の心情を反映する部位となっていました。踝はその形態から，言葉と結びつくのど・ぼ・と・けを連想させます。そこで作者にこの表現の真意を尋ね，返ってきた説明をもとに，「動かないことが，父の心の動きを物語っていた」と訳しました。もっとよい訳があったかもしれませんが，少なくとも直訳より核心に近づけたのではないでしょうか。

　こうしたさりげない表現の中に，ドイツ語的な論理性と日本語的な感性がせめぎ合っています。ヒロがテツとの出会いによって失われた言葉を取り戻し，堰を切ったように語りだすシーンには，ヒロに憑依した作者が新しい言語を紡ぎだしているように思われました。そばで彼を励まし話を聞いているテツは，作者が無意識の中で求めた母語とは別のもう一つの「父語」的な存在なのかもしれません。

　このように翻訳とは，原文を一語一語，機械的に別の言語に置き換える作業ではありません。訳者の経験や感性のフィルターを通して，単なる複製を超えた新たな生成が行われます。もちろん翻訳は原文を能う限り忠実に再生させるという使命もあり，おのずから創作とは異なります。けれども原文に沿わねばならないという制約があるからこそ，言葉と言葉の境界上で起きる，しばしば痛みをともなった言語創造にこそ無限の可能性があるのではないでしょうか。

ブックガイド

『ゲーテ全集』第15巻，潮出版社，2003年。

ベンヤミン，ヴァルター（野村修訳）『暴力批判論　他十篇』岩波文庫，1994年。

ベルマン，アントワーヌ（藤田省一訳）『他者という試練——ロマン主義ドイツの文化と翻訳』みすず書房，2008年。

第14章

古典を読むと，私はどうなるの？

古典批評入門

内藤まりこ

1　古典なんてこわくない

「古典なんて読んでも意味ないよ」

「古文が入試科目からなくなったらいいのに」

　今，この文章を書きながら，私は古典に対してそんなふうに感じている読者の皆さんのことを考えています。私自身も，大学に入るまで皆さんと同じように思っていました。古典なんて読んでも意味ないよ，と。

　ですから，私は，この文章を読者の皆さんにだけでなく，古典が苦手だったかつての私に向けても書いてみることにしました。もしも，この文章が皆さんの古典に対する見方を少しでも変える手助けをできたのだとしたら，今の私はかつての私に「よかったね」と言ってあげられるのですから。

　さて，かつての私は古典に対して，こんな疑問を抱いていました。

「古典を読んだところで，私は何にも変わらないのでは？」

　そこで，この文章では，次の問い，すなわち，〈現代社会を生きる私たちにとって，古典を読むことは一体どのような意味を持つのだろうか〉という，かつての私が抱いていた疑問に取り組むことにしました。

　この問いに対する結論を先回りして伝えてしまうならば，〈現代とは異なる時代に生まれた古典を読むことで，私たちの生を編み上げている現代社会の様々な規範や価値観を相対化する視座を得ることができるのではないか〉と

いうのが今の私が示すことのできる答えです。もう少し嚙み砕いて説明してみ
ましょう。

　現代社会は様々な価値観や規範によって成り立っています。そうした価値観
や規範は，時として，私たちに生きづらさを覚えさせたり，不自由を感じさせ
たりすることがあります。そうした時に，現代社会の規範や価値観は，決して
普遍的で絶対的なものではないという見方を持つことができていたらどうで
しょう。そうした規範や価値観はむしろ流動的で変えられるものであると考え
られたなら，私たちは自らの人生をより柔軟に受けとめ，既存の価値観に縛ら
れることなく自らの選択を行えるようになるのではないでしょうか。さらには，
自分が属する組織や社会に対して，新たな規範や価値観を提示し，人々がそれ
らを許容する方向へと社会を導くこともできるかもしれません。では，どうし
たら，私たちは，現代社会の規範や価値観が普遍的なものではないと考えられ
るようになるのでしょうか。

　古典は，私たちが生きる現代とは異なる時代に生み出された作品です。その
時代には，当然のことながら，現代とは異なる規範や価値観が存在していまし
た。そうした規範や価値観が古典の作品世界に反映されていると考えるならば，
古典を読むとは，私たちが生きる現代社会とは異なる規範や価値観に基づく世
界を体験する行為であるといえるのではないでしょうか。つまり，古典の読書
行為を通じて，私たちは古典の世界の規範や価値観に触れているのです。その
ようにして，現代社会とは異なる規範や価値観を自らのうちに取り込むことで，
現代社会に浸透する規範や価値観が必ずしも普遍的で絶対的なわけではないこ
とを，私たちは学ぶことができるのです。

　そこで，以下の節では，日本の古典文学を例として取り上げ，古典を読むこ
とで現代社会の規範や価値観を相対化できるようになるとは一体どういうこと
なのか，じっくりと考えていくことにしたいと思います。

2　私は「私」に縛られている

　現代社会に生きる私たちは，「個人」という考え方が人間の最小単位である

ことを前提として，自分や他者のことを理解しています。そして，「個人」を表す日本語として，自分のことを称する「私」，話し相手のことを意味する「あなた」，他の人のことを指示する「彼／彼女／彼ら」等があることにも抵抗を覚える人はほとんどいないかと思います。さらにいえば，「1人称」という文法学的な範疇に属する「私」という言葉は，「2人称」の「あなた」や，「3人称」の「彼／彼女／彼ら」とは，自分と他者を意味するという点において異なるという事実にも違和感を抱くことはそうないのではないでしょうか。つまり，現代社会を生きる私たちにとって，自分のことを意味する「私」と，他者である「あなた」や「彼／彼女／彼ら」とが区別されるのは普遍的な真実であるように思えることなのです。

　ところが，歴史を紐解いてみると，「個人」という考え方や，「1人称」，「2人称」等の文法概念は，近代（日本の場合，19世紀後半）になって西洋から導入されたことが分かります。つまり，これらは，普遍的な真実であるどころか，比較的最近になってから日本社会にもたらされた新しい考え方なのです。

　しかし，こうした考え方は，近代以前に生み出された古典作品を解釈する日本文学研究の分野においても浸透してしまっています。このことを検証するために，平安後期の貴族社会で中心的な役割を果たした歌人である源俊頼（1055-1129）を取り上げることにしましょう。俊頼が詠んだ和歌が，従来の日本古典文学の研究者によってどのように論じられてきたのかをみていきます。

　これまでの日本古典研究において，源俊頼という日本古代の歌人は，「客観的観照性と主観的浪漫性に分裂する」（片岡，1978）自己像を，自らが詠む和歌に表現してきたという点で高い評価を受けてきました。言い換えるならば，俊頼は，1人称の「私」を捉えようとする主観的な意識と，3人称の他者を認識しようとする客観的な認識とに引き裂かれる自分を描いてきたことが秀逸であると評されてきたわけです。

　ところが，こうした評価は，1人称で「私」と呼ばれる自己と，2人称で「あなた」や3人称で「彼／彼女／彼ら」と称される他者とは根本的に区別されるべきであるという前提があって初めて成り立つのです。別の言い方をするならば，俊頼が創作した和歌が評価されてきたのは，人間の最小単位としての

「個人」という近代的な新しい考え方に基づいて，「私」という自分と「あなた」や「彼／彼女／彼ら」という他者とが決して重なり合うことのない，別個の存在であるという真理を言い当てていると考えられていたからなのです。

　しかしながら，古代日本の社会を生きた歌人源俊頼の創作物に対して，近代的な思考の産物である「個人」という考え方を見出し，そのことを評価することに問題はないのでしょうか。俊頼が生きていた古代は，「個人」という考え方が成立する近代から遡ること800年近くも前であることを考慮するならば，俊頼という歌人およびその人物が詠んだ和歌を解釈するのには，「個人」やそれに基づく文法範疇としての「人称」とは異なる解釈の枠組みが必要になるのです。

　そこで，以下の節では，源俊頼が実際に詠んだ和歌3首を取り上げ，俊頼がどのような規範や価値観に則っていたのか，さらにはそうした規範や価値観は私たちが生きる現代社会のそれらとはどのように異なるのかを検討することにします。

3　私は鹿になれるのか

　　田上にて，鹿の声はるかにきこえければ
　妻恋ふる鹿のと声に驚けばかすかにも身のなりにけるかな

『散木奇歌集』巻第三　秋部　四四七

　この節では，俊頼が田上（現在の滋賀県南部）に滞在していた時に詠んだ歌を紹介します。まず，ここで取り上げた和歌では，「田上にて，鹿の声が遠くで聞こえたので」という詞書（歌の成立の背景を説明する文）に続き，「妻を恋しく思って鳴く鹿の声に目が覚めたところ，我が身が切なくなったことだよ」という意味の和歌が詠まれています。では，この和歌からどのような規範や価値観を読み取ることができるのでしょうか。

　この和歌を解釈するのに，私は「4人称」という新たな考え方を提唱したいと思います。従来の「人称」の仕組みでは，言葉を発する「私」（1人称）と，

その言葉に描かれる対象としての「彼／彼女／彼ら」（3人称）とが切り分けられてきました。これに対し，「4人称」という考え方では，1人称の「私」は，3人称の「彼／彼女／彼ら」を観察の対象として捉えるだけではなく，「彼／彼女／彼ら」に成り代わり，「彼／彼女／彼ら」自身をも演じていると考えられます。つまり，1人称の「私」が自らの声とともに3人称の「彼／彼女／彼ら」の声をも発しているので，「1人称」＋「3人称」＝「4人称」という考え方が成り立つのです。

　「4人称」の考え方は，「二人羽織」という遊びを思い浮かべると理解しやすいかもしれません。「二人羽織」の遊び方を説明しましょう。まず，2人の人物が同じ方向を向いて折り重なるようにして座ります。後方の人は前方の人の背後に隠れた状態で，羽織を被り，袖に手を通します。前方の人は，その羽織で後方の人と自らの上半身を覆います。この時，正面から彼らの姿を捉えると，1人の人物が羽織を着て座っているようにしか見えません。しかし，実際には，後方の人が前方の人の背後にぴたりと寄り添い，自らの腕をあたかも前方の人の腕であるかのように動かして，前方の人物を演じているのです。こうした「二人羽織」の遊びを「4人称」の考え方に置き換えてみると，後方の人物である「私」は，前方の人物である「彼／彼女」に折り重なっていることから，「1人称」（私）＋「3人称」（彼／彼女）」＝「4人称」の状態が表れているといえるでしょう。

　このように，「4人称」では，「私」が「彼／彼女／彼ら」を演じていると考えられる点において，「私」は1人称の自分自身であると同時に，3人称の「彼／彼女／彼ら」でもあるわけです。すなわち，近代の「個人」の考え方が，1人称の「私」と3人称の「彼／彼女／彼ら」とを分断してしまうのに対し，「4人称」の考え方はそうした1人称の「私」と3人称の「彼／彼女／彼ら」との境界を乗り越えているといえるでしょう。

　こうした「4人称」の枠組みを導入して前掲の歌を解釈すると，「妻を恋い慕って鳴く鹿の声を耳にした私が，鹿になった我が身が幽かなものになった」とは，すなわち，鹿に成り代わった俊頼は人間の身としてだけでなく，鹿の身としても切なさを感じていると解釈できます。つまり，この歌に詠まれた

「身」とは，1人称の「私」である俊頼の「身」であるとともに，3人称の「彼／彼女／彼ら」である鹿の「身」をも意味していると考えられるのです。

　俊頼の他の和歌についても，「4人称」の考え方に基づいて解釈してみることにしましょう。

　　山に遊び歩きけるに鹿のひしる声のしければ

　かせかけてひしるを鹿の声きけばねらふ我が身ぞ遠ざかりぬる

　　　　　　　　　　　　　　　　『散木奇歌集』巻第九　雑部上　一三三四

「山を歩いていたところ，鹿の叫び声がしたので」という詞書に続いて，「声の調子を張り上げて鳴く鹿の声を聞いたので，鹿を探していた我が身が，知らずに退いてしまったことだ」という歌です。この歌に「4人称」の考え方を導入してみると，俊頼は，歌人の「私」（1人称）でありながらも，他者である狩人（3人称）として振る舞い，鹿の叫び声を聞いていることが分かります。つまり，この歌には，俊頼の1人称の声と，俊頼が狩人に成り代わる3人称の声とが重ね合わされていると考えられるのです。では，次に紹介する俊頼と息子の俊重との間で交わされた贈答の歌はどのように解釈できるでしょうか。

　　鹿の声聞きて俊重が詠める

　山里に妻呼ぶ鹿の声聞けばわれも都のかたぞ恋しき

　　これ聞きて和し侍ける

　われもしか都のかたの恋しきは声ふりたててなかぬばかりぞ

　　　　　　　　　　　　　『散木奇歌集』巻第三　秋部　八月　四四三・四四四

　この贈答歌では，俊重が「山里で妻を呼ぶ鹿の声を聞いて自分も妻のいる都の方が恋しい」と嘆くのに対し，俊頼は「私もそうであることだよ，都の方が恋しいのは」と同意しています。「しか」には「然」と「鹿」との同音異義語が重ね合わせられることで，人間ばかりでなく，鹿までもが声を張り上げて鳴いていることだと描写されるのです。

　ここで，「4人称」の考え方を踏まえると，俊頼の俊重に対する応答は，俊頼が「鹿」に成り代わって鳴いている歌であると解釈することができます。すなわち，この歌において，俊頼は1人称の「私」であると同時に，3人称の「鹿」にもなり得ているのです。

　このように「4人称」の考え方では，歌人が複数の人称を移りゆき，自身の1人称とともに対象としての他者の3人称をも表現していると考えられます。近代の「個人」の考え方では，人が他者，ましてや動物になどなり得るはずもないのですが，俊頼の歌でみてきたように，俊頼は俊頼自身であると同時に，狩人にも，鹿にも成り代わっていました。すなわち，「私」は「鹿」になれるのです。

4　私は，私でもあるし，鹿でもある

　以上，「4人称」という新たな考え方を用いて古代の和歌を解釈すると，歌人は自らが詠む歌を通して複数の人称を渡り歩き，1人称の自分自身を表現するだけでなく，3人称の他者にも成り代わり，その存在のあり方を表出していたことをみてきました。

　ここで，あらためて私たちが生きる現代社会の規範や価値観を振り返ってみるならば，「私」とは人間の最小単位である「個人」のことを意味し，そうした個人は，「私」（1人称）以外の他者（3人称）にはなれないという考え方が一般的に受け入れられています。しかし，これが近代以降に日本社会にもたらされた考え方であるとするならば，そうした考え方を普遍的な真実であると捉える必要もないのです。

　そこで，この文章において提唱した「4人称」という考え方を新たな価値観として，私たちが生きる現代社会に取り込んでみるとどんなことがいえるでしょうか。

　「私は，私であり，鹿でもある」
　「私は，私であり，あなたでもあり，彼でも彼女でも，どちらでもない誰か

や何かでもある」

　このように，「4人称」は，「個人」という近代的な規範によって分断されてしまった人と人，人と動物，さらには人と自然との間を切り結び，自分の中に複数の他者なる存在との繋がりや重なりを見出す新たな世界の捉え方として提示されるはずです。

　ここで，この文章の冒頭で示した結論を今一度振り返ることにしましょう。古典を読むことは，現代社会に流通する規範や価値観を相対化し，それとは異なる考え方を身につけることのできる行為であるといえるのではないでしょうか。

　また，古典の世界の規範や価値観として見出された「4人称」という考え方は，有形無形の他者を自分自身の中に感じ取らせてくれることで，現代社会を生きる自らを支えてくれることでしょう。

　さらには，新型コロナウイルスによるパンデミックによって世界中で他者との結びつきを求めることが困難になりつつある今，古典を読むという行為は，自らとは異なる規範や価値観を持つ他者への想像力を鍛え，そうした他者への寛容さを自分の中に耕していく言葉の鋤となってくれるはずです。

ブックガイド

藤井貞和『物語理論講義』東京大学出版会，2004年。

平野啓一郎『私とは何か――「個人」から「分人」へ』講談社，2012年。

内藤まりこ「ヒトは鹿になれるのか――詩的言語と動物称（四人称）」『すばる』第42巻第3号，2020年。

第**15**章

音のある言語とない言語
手話の可能性

坂本祐太

1　人間言語とは何か

　突然ですが，皆さんに質問です。私たち人間と人間以外の生物を区別する大きな違いは何でしょうか。いろいろな答えが出てきそうですが，「言語が使えるかどうか」という答えが浮かんだ人は多いと思います。それでは言語とは一体何なのでしょうか？　よく巷では，言語はコミュニケーションのツールだと言われています。確かにわれわれは日頃言語を上手く使って他者とコミュニケーションをとっていますが，よく考えてみると他の生物だって立派に他者とコミュニケーションをとっていることに気がつくでしょう。ゴリラやサルを代表とした霊長類のコミュニケーションはもちろんのこと，高校の生物で勉強するミツバチの8の字ダンス（花の蜜や花粉を見つけて巣に戻ってきたミツバチが餌の方向を仲間に伝えるための動き）も他者とのコミュニケーションと言えます。

　それでは，私たち人間が使う言語と他の生物のコミュニケーションシステムは一体何がちがうのでしょうか？　おそらく多くの人が直感的に「私たち人間の言語の方が豊かなコミュニケーションを可能にしている」と感じるかと思います。例えば「私はバナナが欲しい」くらいであれば，他の生物（例えばゴリラ）であっても何らかの合図を使って他者に伝えることができそうですが，「私がバナナを欲しいと思っていることは，他のサルも知っている」のようになると，他の生物のコミュニケーションシステムでは他者に伝えるのが難しそうですよね。また，私たち人間はこれまで見たことも聞いたことも使ったこともない表現（例えば「歌って踊る象の大群が私のバナナを踏み潰した」）を自ら作り出し，またそれを理解できますが（専門的には言語の創造性と呼びます），他の生

127

物のコミュニケーションにはこの言語の創造性は観察されません（Chomsky, 1982）。

　学問の世界には，言語を研究する言語学と呼ばれる分野があります。言語学では上記の問い，つまり「なぜ人間の言語の方が他の生物のコミュニケーションシステムより豊かな表現を作り出せるのか」という問いに対して二重分節性という概念を持ち出して説明をします。まず専門的に定義すると，二重分節性とは「①意味を持たない有限個の単位（音素）を組み合わせて意味のある単位（形態素）を作る」，そして「②形態素を組み合わせて文を作る」という人間言語に見られる性質のことを言います。定義だけでは難しく感じるかもしれませんが，例えば図15-1を見てください。

図15-1　二重分節性の仕組み

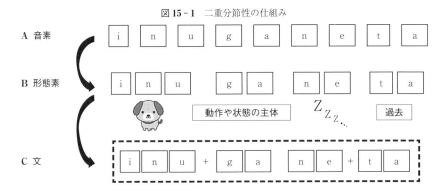

　まずAの音素から説明をします。日本語の音には大まかに5つの母音（a, i, u, e, o）と子音（k, s, t, n, h, m, y, r）がありますが，これら母音と子音自体に意味はありません。最寄り駅で会った友人に突然「n」と言われたら困惑してしまいますよね。このような，それ単独では意味を持たない，数に限りのある要素を音素と呼びます。

　次にBの形態素に移ります。先程見たように音素だけでは意味を持たないので，人間の言語では音素を組み合わせることにより，意味のある単位である形態素を作り上げます。例えば日本語において/i//n//u/という3つの音素を組み合わせると/inu/（犬）という意味を持つ形態素（名詞）ができあがります。また，/inu/の/u/を/e/と取り替えることにより，/ine/（稲）という全く別の

意味を持つ形態素を作ることも可能です。それぞれの言語の音素の数には限りがありますが（日本語は24音素），このように組み合わせ方を少し変えるだけで数多くの形態素を作ることができるのです。

　さらに私たち人間の言語では，音素を組み合わせて作った形態素を組み合わせ，主語・動詞をともなった文を作ることができます。図 15-1 C では，/inu/という形態素（名詞）と動作の主体を表す形態素（格助詞）の/ga/が組み合わさって主語ができ，/ne/という睡眠の意味を表す形態素（動詞）と/ta/という過去を意味する形態素が組み合わさって/neta/という動詞ができ，その主語と動詞が組み合わされて「犬が寝た」という文ができあがっています。

　このように，私たち人間の言語には音素から形態素，そして形態素から文を組み上げるという二重分節性が備わっているために，有限の音素から無限の文表現を作ることが可能になります。他の生物のコミュニケーションシステムには二重分節性が観察されないことが明らかになっており，言語学の世界では，この二重分節性こそが私たち人間の言語と他の生物のコミュニケーションシステムとの大きな違いをもたらすものであると考えられています。

2　手話が示す人間言語の特徴——言語学的側面から

　前節では，人間言語と他の生物のコミュニケーションシステムを区別する二重分節性についてお話をしました。この節からは，手話について考えていきたいと思います（この節では，生まれつき耳が聞こえない，または音声言語を獲得する前に聴覚を失ったために手話を日常的に使用するろう者と呼ばれる人たちが使う手話を対象に話を進めます）。手話に関して皆さんはどのような印象を持っているでしょうか？「日本語などの言語というよりも，いろいろなことを表現できるジェスチャーの延長のようなもの」「話し言葉に比べて不便そう」など，いろいろな意見が聞こえてきそうです。実は言語学の世界では，私たちが日頃使っている言語と同様に手話も言語であると考えられています。その大きな理由の一つとして，人間言語だけが持つ二重分節性を手話も持っていることが挙げられます。

　図15-1で見たように二重分節性の土台に音素があることを踏まえると，鋭い読者の方は手話に音がないことが気になるかもしれません。しかし，形態素を作り上げる「部品」という意味で手話にも音素に対応する要素があり，「手の位置（こめかみ・頬など）」「手の形（手型など）」「手の動き（下から上・回転など）」「手のひらの向き（上向き・下向きなど）」の4つが挙げられます。日本語や英語などの音のある言語と同様に，これらの音素対応要素それ自体は意味を持ちませんが（例えば手話において手の位置が頬にあるだけでは何も意味がありません），それらを組み合わせることにより意味を持つ形態素を作り出すことが可能です。例えば以下の図15-2を見てください。

図15-2　日本手話の形態素「見る」の形成

A 音素	手の位置 目	手の形 「メ」手形	手の動き 内から外	手のひらの向き 非利き手側
B 形態素	手の位置 目	手の形 「メ」手形	手の動き 内から外	手のひらの向き 非利き手側

（出所）松岡，2016：20より転載

　ここでの音素対応要素「手の位置（目）」「手の形（「メ」手型）」「手の動き（内から外）」「手のひらの向き（非利き手側）」それ自体には意味はありません。しかし，この4つを組み合わせることにより，日本手話では「見る」という形態素を作ることができます。

　前節の図15-1を説明する際に，/inu/（犬）という形態素に含まれる音素を1つ変えると/ine/（稲）という全く異なった形態素に変わることを見ましたが，この現象も手話で観察されます。以下の図15-3を見てください。

　日本手話における形態素「試す」は，「手の位置（目）」「手の形（人差し指）」「手の動き（外から内）」「手のひらの向き（内向き）」の4つの音素対応要素から

図 15 - 3 日本手話の/試す/と/おかしい/

/試す/

手の位置 目	手の形 人差し指	手の動き 外から内	手のひらの向き 内向き

（出所）松岡，2016：19 より転載

/おかしい/

手の位置 口もと	手の形 人差し指	手の動き 外から内	手のひらの向き 内向き

（出所）松岡，2016：19 より転載

できあがっています。興味深いことに，この中の１つである手の位置を目から口もとに変えるだけで，全く異なった「おかしい」という形態素に変わります。このことは，私たちが日頃使っている日本語と日本手話が共通の性質を示すことを強く示唆しています。

　次に手話の文の作り方を見てみましょう。音声言語と同様に，手話でも形態素を組み合わせて文を作ります。以下の**図 15 - 4**を見てください。

　ある特定の音素対応要素（手の位置・手の形・手の動き・手のひらの向き）を組み合わせて作られた「田中」「パン」「食べる」という形態素が組み合わさることにより，「田中さんがパンを食べます」という文レベルの表現が可能になります。従って，以下の**図 15 - 5**が示すように，手話においても有限個の音素対応要素から形態素を作り，その形態素をさらに組み合わせることにより文を作

図 15 - 4　日本手話の文の形成

位	形	動	向	位	形	動	向	位	形	動	向

/田中/　　　　　/パン/　　　　/食べる/

（出所）松岡　2016：57 より転載

るという二重分節性が見られることが分かります。

図 15 - 5　手話の二重分節性

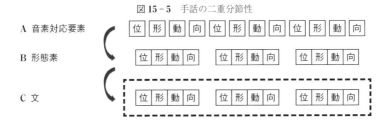

A 音素対応要素

B 形態素

C 文

　前節で，音声を用いる人間の言語には二重分節性があるために豊かな表現が可能であることを述べました。もし手話にも二重分節性が備わっているのであれば，他の動物のコミュニケーションシステムよりも手話は豊かな表現を作ることができるはずですが，実際に他の動物のコミュニケーションでは表現できない「私がバナナを欲しいと思っていることは，他のサルも知っている」のような表現も手話は作り上げることができます。このことも，手話が二重分節性を持ち，音声を用いる人間言語と同じ性質を示すさらなる証拠であると考えられています。

3　手話が示す人間言語の特徴──脳科学的側面から

第 2 節では言語学の観点から手話が人間言語であることを見てきましたが，

この節では脳科学の観点から手話を見ていくことにします。脳は大きく前頭葉・頭頂葉・側頭葉・後頭葉の4つの部位に分けられ、それぞれが独立した機能を持っています。例えば頭頂葉は運動・思考・判断などに関連し、側頭葉は記憶・聴覚に関連しているとされています。

これまでの研究により、左脳の前頭葉にあるブローカ野と呼ばれる部位と左脳の側頭葉上部にあるウェルニッケ野と呼ばれる部位に言語の機能があることが明らかになっています。例えば図15-6にあるように、ブローカ野が梗塞を起こすと、言葉の理解はできるにもかかわらず発話ができなくなるブローカ失語症という障害が生じます。

また、図15-7のようにウェルニッケ野が梗塞を起こすと、ブローカ失語症とは逆に発話はできる一方で言葉の理解ができなくなるウェルニッケ失語症という障害が生じることが明らかになっています。

このように、左脳の特定部位が梗塞を

図15-6　ブローカ失語症患者の脳

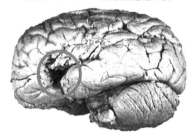

（出所）大津、2009：36 より転載

図15-7　ウェルニッケ失語症患者の脳

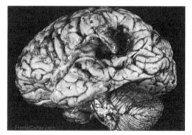

（出所）http://frontalcortex.com/?page=
　　oll&topic=24&qid=274 より転載

起こすと言葉の障害であるブローカ失語症・ウェルニッケ失語症が生じることから、われわれの言語の知識は左脳にあると考えられています。

上記のことを踏まえると、もし手話が人間言語であるならば、ろう者がブローカ野とウェルニッケ野を損傷した場合に、音声言語と同様の障害が出ることが予測されますが、Hickok, Bellugi, and Klima（1996）の研究によりその予測が実際に検証されています。具体的には、ろう者のブローカ野が梗塞すると手話産出の障害が生じ、「イエス」「ノー」のような単純な手話でさえ産出が困難になります。また、ろう者のウェルニッケ野が梗塞すると理解の障害が生じることが明らかになっています。これらの事例は、人間言語と同様に手話の使

用・理解に関しても左脳が決定的な役割を持っていることを示しています。

　また，関連した研究として Poizner et al.（1987）の実験が挙げられます。以下の図 15 - 8 を見てください。

図 15 - 8　右脳を損傷したろう者の空間認知と手話

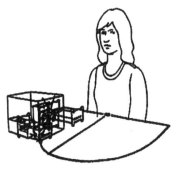
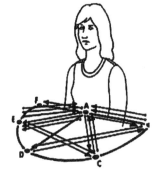

（出所）Poizner et al., 1987：210 より転載

　私たちの右脳は視覚的な空間認知を支配しており，右脳が損傷することにより半側空間無視（空間の左側に注意がいかない状態）という障害が生じることがあります。図 15 - 8 の女性は，生まれつき耳の聞こえないろう者であり，右脳を損傷しています。左側の図は，彼女にミニチュアの家具を並べさせる実験の結果を表しており，右脳の損傷により半側空間無視の障害が生じているため，左側の空間を無視してミニチュアの家具を並べてしまっていることが分かります。右側の図は，彼女が手話で使う空間を表しています。図から分かるように，手話を使う際には左側も右側も等しく使えることが実験により明らかになりました。この Poizner et al. の実験も，手話の使用・理解には空間認知に関係する右脳ではなく，言語能力に関係がある左脳が決定的な役割を持っていることを示しています。また，このことは，私たちが日常的に使っている日本語や英語と同様に手話を人間言語として考えるべきだという主張を裏付けていると考えられています。

4　手話は音声言語より不便なのか

　これまで言語学的および脳科学的観点から手話を人間言語として考えるべきだと述べてきました。この節では，手話が音声を持つ言語（例えば日本語）よりも不便なのかを考えることにします。

　これまでいろいろな人に話を聞いてきましたが，やはり一般的に手話は不便だと考えられています。確かに手話を使うことができる人は音声言語に比べると限定的です。しかし，私たちが日頃使っている日本語に比べて手話が便利に働く場面も実は多くあるのです。

　『君の名は。』という映画をご存じでしょうか？　立花瀧という男の子と宮水三葉という女の子が主人公の物語です。彼らはとある事情からなかなか会うことができないのですが，最終的には走行中の電車内で偶然の再会を果たします。しかし，乗っている電車は並走している別々の電車であり，窓越しにお互いを確認することになるのです。もちろん音声でコミュニケーションをとることは不可能であり，そのまま離れ離れになってしまうのですが，赤い糸で結ばれた2人はお互いに次の駅で降り，必死になって相手を探し，奇跡的な再会を果たすのです。映画のクライマックスとしてはこのままで良いのですが，もし瀧くんと三葉ちゃんが手話を使えていたらどうなっていたでしょうか。映画の盛り上がりには欠けるかもしれませんが，並走中の電車内でお互いを確認してすぐに「次の駅で降りて○○に集合」くらいのコミュニケーションをとれたかもしれません。このように，思いがけないところで音声言語では不可能なことを手話が可能にする場面は存在するのです。

　他にも水中でのコミュニケーションや駅のホームでのコミュニケーションが挙げられます。前者では，水中で私たちは音を発することはできませんが，手話なら容易にコミュニケーションをとることができます。ダイビングをしながら，陸上と同様のコミュニケーションをとることは，手話ならではの醍醐味なのです。後者では，よく駅前での会合のあとに参加者が同じ駅の上りと下りのホームに分かれることがありますが，会合の後の別れが名残惜しい時間，ホー

ム越しに音声言語でコミュニケーションをとることははばかられますが，手話であれば音がない分お互いの電車が来る瞬間までコミュニケーションをとることが可能なのです。

　このように，手話には私たちが日頃使っている音声言語には不可能なことを可能にしてくれる魅力的な側面がたくさんあります。手話は一般的に誤解されていることが多く，ここで述べたこと以外にも手話が世界共通でないことや，手話に方言（例えば日本手話の中の東京方言と大阪方言）があるなど，あまり一般的には知られていないことも山程あります。この章を通じて少しでも多くの人が手話に興味を持ってくれることを願いつつ，この章を閉じることにします。

ブックガイド

木村晴美『日本手話と日本語対応手話』生活書院，2011年。

木村晴美『日本手話とろう文化』生活書院，2007年。

岡典栄，赤堀仁美『日本手話のしくみ』大修館書店，2011年。

第16章

第二言語の習得と学習環境

ドウ　ティモシー

1　留学の効果

　最も効果的に外国語を学ぶ方法について問われれば，ほとんどの人が，特に高度な言語能力を得るために，その言語が話されている国へ留学することが最良であると答えるでしょう（Miller & Ginsberg, 1995）。このような考えが一般的に支持されているため，第二言語の習得に関する数々の研究（外国語をどのように習得するのかに関する研究）が留学という状況下で行われ，留学生が一般的な習熟度とコミュニケーションスキルの両方を高められることが明らかにされています（Magnan & Lafford, 2012）。おそらく最も重要なこととして，学生は留学プログラムに参加することでさらに流暢なスピーキング能力を向上させる機会を得ることができます（Tullock & Ortega, 2017）。また，より流暢な会話能力を手に入れるだけでなく，一つひとつの言葉や発想の間で立ち止まる無駄を削減できます。こうした成果はほとんどの人にとって驚くべきことではないでしょう。留学では学生に多くの時間と努力を求めるため，多くの人がこのような肯定的な成果を期待するはずです。

　しかし，留学がもたらす影響に関する調査において，特に留学する場合と「自国」で学ぶ場合（国内で外国語を学ぶ場合）とを比較してみると，外国語の教育や学習に関連する数々の重要な問いと検討する契機が，第二言語習得に関する研究者に示されます。本章では，留学が効果的である理由を説明するだけではなく，自国で勉強する学習者が本研究による成果を活用し，言語能力やコミュニケーションスキルを向上させるための方策も論じたいと思います。

2　インタラクション・アプローチ

　最初に，学習者がより優れた言語能力を開発する上でなぜ留学が役に立つの
かについて，いくつかの理論的説明を検討します。第二言語習得において最も
影響力のある理論の一つが「インタラクション・アプローチ」（Interaction Approach）であり，この理論ではインプット，インタラクション，アウトプット
という三つの基本的な概念をその中核に据えています（Gass & Mackey, 2020）。

　インプットはリスニングやリーディングによって学習者が受け取る言葉遣い
のことであり，言語の使い方について理解する機会を提供している点で重要で
す。例えば，多くの学習者は，一緒に話している相手から聞き取るフレーズや
表現を真似します。実際，これは子供が母語を習得する際の主な学習方法の一
つでもあります。次のインタラクションでは，他の言語使用者と情報や質問を
交わすことにより，学習者がより良いインプットを受け取ることができるよう
になります。これは，二つの手段によって達成できます。一つに，学習者が他
の言語使用者と交流を深めることで受け取るインプットの量を増やすことです。
二つに，インプットされた情報を深く理解できるように質問をしたりコミュニ
ケーション戦略を用いたりすることで，受け取るインプットの質を高めること
です。

　インプットとインタラクションは言語学習において重要な役割を果たしてい
ますが，複数の理由からアウトプットの実践（スピーキングとライティングを通
じて言語を生み出すこと）は非常に重要です。主な理由の一つとして，アウト
プットを生み出すことで学習者が「仮説の検証」を行える点が挙げられます。
ほとんどの場合において，スピーキングやライティングの際，コミュニケー
ションの相手からフィードバックを受け，自分の言葉遣いが明確に理解された
か，あるいは適切であったかを確認することができます。そのため，学習者は
言語の使い方に関する理解を検証する機会を得ていると考えられます。
「フィードバック」という言葉にはレポートの間違いを訂正するなどのイメー
ジがありますが，フィードバックは日常の会話の中でも暗黙的に行われていま

す。例えば，「Could you tell me the time?（時間を教えてくれませんか？）」と
いった質問をした後に正確な回答を得られれば，話者が質問相手にその意図を
正しく伝えられたことを確認できます。このように，学習者はコミュニケー
ションの場で発言することで，外国語の使い方を正しく理解できているか否か
を確認できるのです。

　アウトプットが持つ二つ目の重要な機能として，学習者に文法について深く
考させる点もあります。学習者は，読んだり聞いたりする際に，名詞や動詞に注
意を払うことでメッセージを理解することができます。さらに，多くの場面では，
現実世界に関する学習者の背景知識が，文や発話の文法構造で表現されている細
かな点を補っています。しかし，アウトプットを生み出す際，学習者は言葉を正
しい順序に並べるために文法知識を動員し，さらに正しい形で動詞やその他の文
法的な決まりごとを運用しなければならないため，アウトプットがない場合と負
荷が大きく異なります。学習者は文法に関する知識を総動員する結果，外国語を
より深く理解できるようになると研究者の多くは考えています。

　これら三つの概念を留学に当てはめると，自国で学ぶ学生と比較して，留学
生はより多くのインプットを受け取り，より多くの相互交流に参加し，より多
くのアウトプットを生み出すため，より多くの成果を得ることができます。簡
単に言えば，留学の有効性を説明するものの一つとして，学んでいる言語を使
う機会が増えるという点が挙げられます。

　インタラクション・アプローチは留学環境により学生が外国語の習得に成功
しやすくなることを示すと同時に，自国での外国語学習の指導方法を改善する
ためのヒントも提供しています。インタラクション・アプローチが持つ重要な
意義の一つが，与えられたタスクにかける時間（time-on-task）です。この概念
は，特定のスキルを練習するために費やす時間が長ければ長いほど，そのスキ
ルが伸びるという考え方です。上述のように，自国で勉強する学生よりも留学
生の外国語能力が向上する理由の一つは，勉強している言語を使ってコミュニ
ケーションを図る機会が格段に多いからです。この考え方は，自国で学ぶ場合
にも応用可能です。さらに場合によっては，自国で学ぶ学生の方が留学生より
もスピーキングの流暢さを高めることさえできます。カナダで行われたある研

究では，英語を母語としフランス語を学習する学生集団を比較しました。ある
グループはフランスに留学し，他の二つのグループは国内で学びました（Freed,
Segalowitz & Dewey, 2004）。ただし，国内のグループの一方は夏期の短期集中プ
ログラムで学習し，フランス語を終日練習できる環境にいました。実際のとこ
ろ，留学生よりも頻繁にフランス語を使っていました。研究者たちは，留学生
はフランス語を日中に使う機会が多い一方，夜間にはお互いが英語で会話して
いたことを明らかにしました。その結果，国内グループの一つは留学グループ
よりもスピーキングの流暢さを向上できたのです。この研究結果で需要な点は，
言語学習にとって最適ではないように思われる環境でも，第二言語習得理論の
原則を応用することで，スキル開発が成功することを示していることです。

　しかし，インタラクション・アプローチとそれによる第二言語習得の考え方
に対する批判もあります。すなわち，外国語学習を一個人で完結する過程だけ
に依存すると捉えており，学習者が外国語の文法パターンや語彙を習熟できれ
ばそれをコミュニケーションに応用できると考えていることへの批判です。

　研究者の多くは，言語学習はただの文法と語彙の習得よりも遥かに複雑であ
ると考えています。実際に，言語の使用について考察し，言語スキルをより正
確に測定する研究者によれば，成果を収める言語学習者は文法や語彙について
ただ知っているだけでなく，何を言い（どのテーマについて語り，どれについて語
らないか），それをどのように言うべきか（状況に応じて，どの程度の礼儀や形式が
適切か）を理解しているのです。

　したがって，その言語が用いられる文化に関する深い知識，およびその言語
を用いて社会的意味を創出する方法について理解することも，外国語の習得に
は必要です。その例は，日本に1年間留学したオーストラリアの高校生たちを
対象とする留学研究に示されています。滞在経験によって，生徒たちはより礼
儀正しく日本語を話すようになりました。さらに，「です・ます調」ではなく，
平易な動詞を使う方が適切な場合もあることも理解できるようになりました。
これは日本語を母語とする10代と話す機会があったためと考えられています
（Marriott, 1995）。

　この最後の点は重要です。というのも，学習者が日本語での社交スキルを発

展させた理由は単に留学したからではなく，同年齢層の母語話者と交流できたからなのです。これは，言語学習が個別の学生のみに依存しているのではなく，学習が行われる社会的・文化的な文脈も言語学習の成否において重要な役割を果たしている可能性を示しています。

3　インタラクション能力

　研究者の多くは，社会的・文化的要因への深い理解を重視する「社会文化的アプローチ」と呼ばれるこの考え方を，留学が言語学習の成功要因になりうることを理解するために用いるだけでなく，教師が自国での外国語授業の質を向上させるためにも役立てています。

　この社会文化的アプローチの重要な一例が Kramsch（1986）による「インタラクション能力」の概念です。Kramsch の議論によると，コミュニケーションの成功には，話者が相互に意図を理解する必要があり，そのためには語彙・文法以上の知識が求められます。簡単な例として，「keys（鍵）」という言葉を使う人の例があります。それだけではこの発話に意味はなく，話者にどのように反応すればよいのか，われわれには理解できません。しかし，話者のイントネーションが上がり何かを探し求めているかのようなジェスチャーをすれば，話者が鍵を探していることが理解できます。さらに，鍵がどこにあるのかをわれわれが知っているのであれば，「テーブルに置いてある」といったように返事をすることができます。つまり，話者の発話を理解するためには，単純な文法や語彙の範疇を超えて，それが発生した状況について分析することが必要なのです。

　この例は極めて単純なものですが，もう少し複雑な例を次に見たいと思います。

教師：What a wonderful report you wrote for homework!（宿題で書いたあなたのレポートはなんて素晴らしいのでしょう！）

返事 A：Thank you.（ありがとうございます。）

I'm happy to hear that.（嬉しいお言葉です。）

返事B：I'm very sorry.（大変申し訳ありません。）

It won't happen again.（二度としません。）

　どちらの返事が正しいかと聞かれれば，ほとんどの人が返事Aを選ぶでしょう。褒められたことに対して感謝を示す形で返事することは適切であるので，この選択は論理的にも妥当です。しかし，返事Bを検討すると，謝罪が適切な返事であるような文脈を想像することもできます。例えば，学生が宿題を提出しないのであれば，教師の中には皮肉を込めて褒めることで，提出しなかった学生に恥ずかしい思いをさせようとする人もいるかもしれません。二つ目の可能性としては，勤勉な学生がレポートを完成させたものの授業に持ってくることを忘れてしまい，その学生の気分を和らげようとして教師が冗談を言っている状況も考えられます。

　重要なのは，言語は真空の中に存在しているわけではないということです。つまり，聞き手が話者のコメントにどのように返事するのかは，聞き手による話者の意図の解釈に大きく依存しているのです。他の話者によるコメントに適切に反応できる人は，インタラクション能力が高いと言われています。

　このようなインタラクション能力という考え方の影響を受けた研究が多く行われています。ある重要な研究では，上級レベルの話者ほど，他の話者の発想に対してコメントし，話題を掘り下げていくことができると示しています（Galaczi, 2014）。この研究では，比較的能力の低い話者は話題を変えたり，自身の思考や発想についてしか語らなかったりすることが多いと明らかにしています。一方，能力の高い話者はお互いの発想を支え合い賛成しつつ，自らの理由や事例を加えることも多いのです。この研究では，高度に熟練した言語学習者が発言内容に注意を払い，追加すべき情報を判断する際に話者による前の発言を考慮できることを論じています。また，発言内容以外にも数々の要素が重要だと考えられています。**表16-1**は口頭インタラクション能力の要素に関するリストです。この能力および要素は，学習者の文法や語彙の知識にもある程度依存しているものの，彼らの発言中における考えや言動にも左右されます。

表**16-1** 口頭インタラクション能力の要素
(Galaczi & Taylor, 2018)

ターン・マネージメント：   • 開始すること   • 継続すること   • 終了すること   • ポーズすること・話し相手の発言に繋げること・割り込むこと
トピック・マネージメント：   • 開始すること   • 深めること   • 変えること   • 終了すること
非言語的な行動：   • アイコンタクト   • 顔の表情   • 笑い   • 姿勢
会話における問題の修正：   • 話し相手と共に発言を生成する   • 自分の発言を修正すること・話相手の発言を修正すること   • リキャスト（間接的に話相手の発言を修正すること）
会話型リスニング：   • 理解チェックすること   • 話相手の発言を認めること   • 話相手の発言に応答すること

　さらに，母語話者との会話にどのように参加するかに力点を置いた学習活動に参加した留学生は，様々な状況において適切な言語の使い方に関する理解を深められたと示されており（Hassall, 2015），習熟度の低い学生にこのような指導が有効なことが示唆されています。

　残念ながら，自国で学ぶ学生を対象にこうしたスキルを扱う教科書や教材は非常に少ないのですが，習熟度の低い学習者も適切な指導を受ければこの能力を身につけられることが明らかになっています（Salaberry & Kunitz, 2019）。

4　今後の研究

　社会文化的アプローチによって実施した研究では，高度な言語能力を有する

話者は文法や語彙についても多くのことを知っていることが明確に示されています。さらに，外国語の学習者はすでに母語を習得していることから，いくつかのインタラクションスキル，特に自身の文化と勉強している言語の文化の間で類似するスキルをいち早く習得できます。研究者らは，外国語学習者にとって最も有益なインタラクションスキルは何かを理解し，学習者が効率よくコミュニケーションスキルを向上できる教育手法の開発に取り組みたいと考えています。また，英語を母語としない者同士が国際的な場面で英語を用いる場合にどの文法構造や語彙が最も有用であるかを調査する研究も行われています。

　このような興味深い研究動向によって，言語の学び方，教え方，テスト方法が変わりつつあります。さらに，このような動向は学習者が言語と文化の密接な関係を理解するためにも役立っており，言語学習の楽しみを増すことにもつながりうるのです。

　最後に，研究者にとっての関心事項として，英語以外の言語におけるインタラクション能力の習得に関する研究という課題も挙げられます。グローバル化の時代において英語は「共通語」の役割を担っているため，インタラクション能力に関する研究のほとんどが英語学習者を対象にするのは当然のことでしょう。しかし，国家や地域の間で文化が異なるように，言語間でもインタラクションのスタイルも異なります。この点に関して研究を進めることは，世界の言語や文化の間における重要な差異について理解する一助となるでしょう。

ブックガイド

白井恭宏『外国語学習の科学——第二言語習得論とは何か』岩波書店，2008年。

馬場今日子・新多了『はじめての第二言語習得論講義——英語学習への複眼的アプローチ』大修館書店，2016年。

廣森友人『英語学習のメカニズム——第二言語習得研究にもとづく効果的な勉強法』大修館書店，2015年。

第17章

イスラームから読み解く政教関係

横田貴之

---

1 イスラームについて学ぶ理由

「異文化理解は重要である」という意見に対して，多くの読者が同意すると思います。では，皆さんが思い浮かべる「異文化」とはどんな文化でしょうか？

ファストフードなどの食事，そしてディズニーランドや映画・音楽などの娯楽で圧倒的な存在感を示すアメリカ文化でしょうか。ファッション好きな方はフランスやイタリアといった国々の文化に興味を持っているかもしれません。韓流ブームですっかりと日本に定着した韓国文化という方もきっと多いでしょう。では，イスラーム（イスラム教），あるいはサウジアラビアやインドネシアといったムスリム（イスラーム教徒）が多数を占める国々を思い浮かべた方はどのくらいいるでしょうか。おそらく少ないと思います。一般的に，日本に暮らす人の多くにとって，イスラームは異文化として真っ先に思い浮かぶものではありません。「そういえばあったよね」とやっと思い出してもらえる，場合によってはほとんど知られていないこともある異文化なのです。

日本ではマイナーともいえるイスラームについて，私はいろいろな大学で授業をしてきました。毎年，授業冒頭でイスラームのイメージについて教室の学生に聞くのですが，テロ，戦争，怖い，古臭い，厳格すぎるなど否定的な回答が多数を占めます。もちろん，少数ながら肯定的な意見もあります。しかし，アル・カーイダや「イスラーム国（IS）」による昨今のテロ事件の頻発は否定的なイメージの増加に拍車をかけました。次いで，なぜイスラームは怖くて古臭いと思うのかと理由を学生に尋ねてみると，「怖いイメージしかない」，「な

んだか古臭い」,「よく分からないが暴力的だ」と,あいまいな回答をする人も
結構います。

　私は,この「よく分からないが」や「なんだか」という部分がとても危うい
と考えています。というのも,イスラームあるいはムスリムについて自分自身
で知る（理解する）ことなく,他人の意見に基づいてイスラームやムスリムに
マイナスのイメージを抱いているからです。グルメサイトで低評価のレストラ
ンの食事が実際に食べると絶品だったいう経験や,評判の悪い人に会ってみる
と実はいい人だったという経験をされた読者もいると思います（もちろん,前
評判通りダメだったということも多いでしょう）。大切なのは自分の考えや経験に
基づいて判断することではないでしょうか。

　イスラームは日本に暮らす私たちにとって絶好の異文化理解の練習問題です。
日本から縁遠くあまり知られていないイスラームだからこそ,イスラームの教
えを知り,ムスリムの考え方や価値観を理解し,彼ら彼女らとの付き合い方を
考えるという一連の体験をすることができるからです。他人の意見に頼るだけ
ではなく,自分自身で異文化を理解して対応する力を身につけるチャンスがあ
ります。本章では,政教関係を事例にその入り口を紹介したいと思います。

2　政教関係を再考する

■「常識」としての政教分離

　イスラームが古臭いとか厳格すぎると言われる理由の一つとして,宗教と政
治を分けないというイスラームの考え方がよく挙がります。宗教の力が強すぎ
ると言い換えることができるかもしれません。このことは,イスラームは難し
い,分かりにくいと多くの人が考える原因にもなっています。なぜイスラーム
は宗教と政治を分けないのでしょうか？

　ところで,読者の皆さんで「宗教が好き」という人は少ないと思います。む
しろ,「宗教はちょっと……」と敬遠する人が多いのではないでしょうか。「宗
教に関心がありますか」と聞かれると,宗教団体への勧誘かと身構えてしまう
人もいるかもしれません。日本に暮らすわれわれにとって,宗教は個人の問題

であるべきだ，つまり私的な領域にとどめるべきだというのが，いわば一般常識といえます。私が授業で「政教は分離すべきか否か」と質問すると，ほとんどの学生が分離に賛成します。このことは，政教分離が私たちにとって「あるべき政教関係」だということの一端を示しています。

　では，政治と宗教を分離する場合，どのように分けるべきだと考えますか？この問いに対する学生たちの回答は，「宗教団体の政治活動を一切禁じるべきだ」，「国教を定めなければ宗教団体の政治活動は自由だ」，「他宗教の権利を認める宗教政党の活動は認めるべき」など様々なものに分かれます。実は，政教分離のあり方をめぐっては，統一的な見解は存在しません。政教分離の概念は西洋近代で確立されましたが，どのように分離するのかについては世界を見渡しても国ごとに様々というのが実情です。

■欧米・日本の政教関係

　欧米諸国における政教分離は国によって異なります。イギリスでは，国王が英国教会のトップを兼任しています。デンマークにも国教会があり，フィンランドは同国の福音ルター派教会と正教会を国教に定めています。ドイツでは，公認宗教制の下で公立学校が宗教教育を実施しています（高尾，2020）。フランスでは，国家と教会の分離の原則（ライシテ）の下で厳格な政教分離が定められています。しかし，昨今ではライシテの再定義や施行方法の修正をめぐって論争が湧き起こっています（伊達，2018）。アメリカは政教分離の原則を憲法で定めていますが，大統領が聖書に手を置いて就任宣誓を行う様子をテレビでご覧になったことのある読者も多いでしょう。このように，欧米諸国では政教分離の原則が採用されていますが，政治と宗教は完全に没交渉で無関係というわけではありません。実際には，何らかの相互関係があるのです。

　私たちの暮らす日本における政教分離はどうでしょうか。日本国憲法20条は，「いかなる宗教団体も，国から特権を受け，又は政治上の権力を行使してはならない」とし，「国及びその機関は，宗教教育その他いかなる宗教的活動もしてはならない」と定めています。また，89条は「宗教上の組織若しくは団体」への公金支出も禁じています。このように憲法は政教分離の原則を定めていま

すが，これは国家と宗教とのかかわり合いを一切排除する趣旨ではありません。例えば，福祉国家として他の団体と同様に宗教団体にも平等の社会的給付を行わなければならない場合（宗教団体設置の私立学校に対する補助金交付など）もあるからです。国家と宗教との結びつきがいかなる場合にどの程度まで許されるかが，日本の政教分離を論じる上で重要といえます（芦部，2020）。

　このように欧米や日本の例を見ると，政教分離の是非を問うこと以上に，政治と宗教をどのように分離するのか，あるいは両者間の関係の具体的なあり方を検討することの方が重要だと分かります。

■イスラームの政教関係

　ここで，「なぜイスラームは政治と宗教を分離しないのか」という本節冒頭の問いに戻りましょう。この政教が分けられないイスラーム世界固有の社会認識について，イスラーム学・中東地域研究者の小杉泰は「政教一元論」という概念を用いて論じています。政治と宗教は一元的なものとされ，別々の体系として考えられることがなかったため，そもそも両者の関係を律する必要がなかったのです（小杉，2006）。622年にアラビア半島のマディーナ（当時はヤスリブ）で預言者ムハンマドを長とするイスラーム共同体（ウンマ）が成立しました。ウンマはアッラーの教え（イスラーム）の下に統治され，イスラームから導き出されたルール（イスラーム法）が私的・公的を問わず生活のすべてに関わる単一の法体系として確立されました。つまり，宗教的な信仰・儀礼・教育だけでなく，家族関係，政治，社会，刑罰，経済，商業，国際関係など人々の生活に関わる事象のすべてはイスラームの教えから切り離されなかったのです。この考え方が現代まで続いているのです。われわれが考える宗教としての範囲を大きく超えているため，イスラームを「広義の宗教」と呼ぶ人もいます。

　一方，西洋近代的な政教分離の概念は，ローマ帝国時代から別々の存在として自己確立したキリスト教（教会法）と国家（市民法）の関係を律するために発展しました。中世ヨーロッパで皇帝／国王（政治）と教皇（宗教）の間で繰り広げられた権力闘争を見れば，両者が一元的ではなく別々の存在であったことが分かるでしょう。各々が別個の存在だからこそ，両者の関係を律する必要が

あったのです。近代ヨーロッパでは，政治の宗教に対する優越を背景に，相互不干渉を基本とする政教分離の原則が成立しました。政治と宗教の不可分性を前提とするイスラームの政教一元論，可分性を前提とする西洋的な政教分離とまとめられるでしょう。世界には，政教分離を好ましいとする私たちの文化の他に，政教一元的な政教関係を好ましいとする異文化も存在するのです。

3　「正しい政教関係」は実現可能か？

■イスラーム諸国における政教関係

政治と宗教を分けない政教一元論はイスラームに固有の考え方です。しかし，この考え方が現在のイスラーム諸国（ムスリムが多数派の国々）で一般的かというと，必ずしもそうではありません。実は，「イスラーム国家」とされるサウジアラビアやイランなど少数の例外を除いて，多くのイスラーム諸国ではヨーロッパ起源の世俗的な法体系が主流で，イスラームが重要な政治的役割を果たすことは少ないのです。それはなぜでしょうか？

近代以前に成立したイスラーム諸王朝は政教一元論の下で統治の正統性を担保されていました。伝統的なイスラーム政治思想では，主権は万物の創造主であるアッラーに属します。人類はその主権を行使する権利（主権行使権）を付与され，それを執行する「手段」として国家が設けられます（小杉, 1994）。国家が主権を執行する際，アッラーの教え，具体的にはイスラーム法に従って正しく執行しなければなりません。つまり，イスラーム法に従って正しく統治することで，国家は正統性を認められました。法によって国家が成立するというこの考え方は，国家によって法が作られるという日本や欧米諸国での常識とは逆の考え方といえます。

しかし，19世紀以降，この伝統的な統治モデルは西洋列強によるイスラーム諸国の植民地化・隷属化によって崩壊しました。かつては，社会がイスラーム的価値によって規定されている以上，どんな暴君であってもイスラームを否定できませんでした。しかし，西洋列強はイスラーム的価値を容易に否定しました。さらに，ヨーロッパをモデルとする近代化が進む中で，人々の間でイス

ラームを「時代遅れ」とする声が現れ，脱イスラーム化や世俗化が顕著となりました。

　また，イスラーム諸国では西洋列強の支配に抵抗する様々な政治的主張が登場しました。例えば，中東地域では，西洋近代化を推し進めて富国強兵を目指す主張（欧化主義）や，アラブ人やエジプト人といった民族の団結によって独立を果たそうとする考え（民族主義）が有力になりました。幕末から明治維新の日本とよく似ていると感じる読者もいるかもしれません。20世紀に多くのイスラーム諸国が独立しますが，民族主義に依拠した国家建設が主流となりました。イスラームの教えに依拠する国家はごく少数にとどまったのです。

■イスラーム主義

　もちろん，イスラームの教えを重視する人々は存在しました。イスラームに基づく社会改革を目指す潮流（イスラーム復興）の中でも特に，「宗教としてのイスラームへの信仰を思想的基盤とし，公的領域におけるイスラーム的価値観の実現を求める政治的なイデオロギー」（末近，2018）をイスラーム主義と呼びます。このイスラーム主義は単なる復古主義ではありません。西洋列強に敗北した伝統的なイスラームを墨守するのではなく，また近代文明を否定して大昔の生活に戻るのでもありません。それは近現代に適応した新しいイスラームのあり方を模索するものなのです。

　読者の中には「近代化が進めば世俗化が進み，宗教の役割は縮小する」と考える方もいるでしょう。しかし，こうした単線的な世俗化を当然とする考え方には疑問が投げかけられています。世俗化論は16〜17世紀に苛烈を極めた宗教戦争や18世紀以降の国民国家成立を経験したヨーロッパ独自の経験の中で形成されたローカルな概念でした（末近，2020）。しかし，西欧列強が圧倒的優位を誇った近代以降に世界に広まり，あたかも普遍的な概念のように各地に根付いたのです。社会学者のテイラーは，世俗主義は宗教信仰と同様に一つの世界観に過ぎず，特別扱いをすべきではないと述べています（Taylor, 2011）。

　イスラーム主義が登場した理由は，彼ら彼女らが自らの暮らすムスリム社会を「イスラーム的」ではないと考えたからです。「ムスリムが多数派の社会は

すでにイスラーム的な社会ではないか」と疑問を抱く読者もいるかもしれませんが，イスラーム主義者たちは社会を非イスラーム的と考えて改革を目指したのです。ここで注意しなければならないのは，彼ら彼女らが改革の対象としたのはイスラームの教義ではないということです。アッラーを信じコーランを確信する彼らにとって，イスラームの教えに誤りはありえません。ムスリムのイスラームに関する理解と実践に誤りがあると考え，それを正しいものへ回帰させることを目指したのです。それゆえ，彼ら彼女らは異教徒に改宗を訴えかけるのではなく，イスラームに基づく改革をムスリムへ訴え，「正しい」ムスリムとして覚醒することを呼びかけました。ムスリムの覚醒を出発点に，イスラーム的に正しい政教関係の実現など公的領域におけるイスラーム的価値の実現を目指したのです。

■イスラーム主義の現在

イスラーム主義は20世紀前半に最初の盛り上がりを見せましたが，1950～60年代に民族主義の絶頂期を前に停滞を余儀なくされました。しかし，1970年代末～1980年代，イスラーム諸国で再興隆が見られました。その要因の一つとして，世界規模の宗教復興を指摘することができます。当時，イスラームだけでなく，ユダヤ教，キリスト教，ヒンドゥー教，仏教において，宗教の私的領域への限定に対する異議申し立てが世界各地で同時多発的に起きました（ケペル，1992；Casanova, 1994）。ウラマー（イスラーム法学者）のホメイニーに率いられたイラン・イスラーム革命（1979年）はその代表例です。

イスラーム主義者たちがイスラーム的に正しい政教関係を実現するために採る方法は大きく二つに分けられます。一つは，穏健派による慈善奉仕活動や選挙参加などの合法的活動です。これは，身の回りからイスラーム的価値の実現を目指し，支持者の力で政治的権力を掌握し，最終的にあるべき政教関係を実現するというものです。エジプトのムスリム同胞団やパレスチナのハマースなど，民主的な選挙で与党になったイスラーム主義者もいます。もう一つは，過激派によるテロ攻撃などの非合法活動です。これは，暴力的手段によって政治権力を掌握し，彼ら彼女らが正しいと考える政教関係を実現しようとするもの

です。テロ事件を繰り返すアル・カーイダや「イスラーム国」が該当します。

　イスラーム的に正しい政教関係を実現しようとするイスラーム主義者たちの試みは，現在も進行している未完のプロジェクトです。最終的な目的に到達できたイスラーム主義者はごく少数であるため，イスラーム主義の最終到達地を論じることはまだ困難です。もちろん，到達前に失敗に終わったという評価も可能です。確実に言えることは，彼ら彼女らの活動を実際に観察することが，同時代を生きる私たちには可能ということです。イスラーム主義者たちの現在と今後を分析・評価することは私たちの課題の一つかもしれません。

4　異文化理解の練習問題としてのイスラーム

　政教一元論というイスラームに特有の考え方，そしてその実現を目指すイスラーム主義者たちの活動は，政教分離をあるべき政教関係とする私たちの常識とは大きく異なっています。本章で，私たちはイスラームという異文化の一面を知り，少しですが彼ら彼女らの考え方や価値観を理解することができました。その上で，読者の皆さんが自ら考えて意見を持つに至ったと思います。大切なのは異文化を知ろうという姿勢です。もちろん，知ったからといってイスラームのすべてを肯定する必要はありません。拒否反応を持った方もいるでしょう。それでも，何も知らずに偏見を持っているよりは格段によいと思います。

　可能であれば，一歩踏み出してムスリムと実際に接してみてはどうでしょうか。百聞は一見に如かずと言いますが，彼ら彼女らと直接交流することで皆さんの理解もさらに深まります。学校や本から得られる知識（情報）は，イスラームという異文化との交流（コミュニケーション）の助けになるでしょう。実際に交流を深めることで，今度は皆さんがイスラームに関する知識を自分自身の力で獲得することもできます。異文化理解にぜひ挑戦してみてください。

ブックガイド
髙岡豊・溝渕正季編著『「アラブの春」以後のイスラーム主義運動』ミネルヴァ書房，2019年。

保坂修司『ジハード主義——アルカイダからイスラーム国へ』岩波書店，2017年。

横田貴之『原理主義の潮流——ムスリム同胞団』山川出版社，2009年。

第18章

差異から社会を読み解く
ジェンダー研究の視座

1 ジェンダーとは何か？

　ジェンダーという言葉があります。この言葉を聞いて何を思い浮かべるで
しょうか。

　検索エンジンで「ジェンダー」を検索ワードにして検索してみると，「男女
差別」「ジェンダー平等」「性差」「男女格差」「ジェンダーバイアス」などに関
するサイトが出てきます（グーグル，2021年3月9日検索）。「ジェンダーレス」
という言葉もあります。ジェンダーレス男子，ジェンダーレス・モデル，ジェ
ンダーレス・ファッションなど聞いたことがある人もいるでしょう。あるいは
ジェンダーと聞いて，「LGBT」（レズビアン，ゲイ，バイセクシュアル，トランス
ジェンダーの頭文字。性的マイノリティの総称）を連想する人もいるかもしれませ
ん。

　代表的な国語辞典をみると，ジェンダーとは，生物学的な性別である「セッ
クス」に対して「社会的・文化的につくられる性別」（新村編 2018：1246），「社
会的，文化的に形成される男女の差異」（松村監修 2006：1138）だとあります。
性別あるいはそれに関する違いに関係しているようですが，この定義だけでは
分からないこともあります。社会的・文化的につくられるとはどういうことな
のでしょうか。また性的マイノリティはどう関係しているのでしょうか。

　本章では，ジェンダーに関する学術的な議論を取り上げ，ジェンダーとは何
なのか，その「謎」に迫ります。ジェンダー研究がどのようなものか，その主
な視座のいくつかをみていきましょう。

2　「男」「女」という二つの性別とその間の不均衡な社会関係

　人間の性別が「男」「女」の二つに分けられていることを性別二元制といいます。一般的に私たちは生まれると外性器の形状で「男」か「女」のどちらかであると判断されます。多くの人は出生時に割り当てられた性別に沿って自分が男あるいは女であるという性自認を獲得していきますが，必ずしも自分でその性別を選んでいるわけではありません。男女別にデザインされた服装やおもちゃなどを周りの大人から与えられたり，家庭や遊び場，学校等，日常生活の様々な場で，大人や他の子どもといった他者と接する中で性別に関する何気ない一言（例えば「男なら泣くな」，「女の子なんだからおしとやかに」）を投げかけられたり，性別に関する様々なことを経験します。ある程度の年齢になると自ら選んで「男らしい」あるいは「女らしい」とされている行動をとるかもしれませんが，そう見えるだけかもしれません。なぜなら自由意志に基づいているように見える選択の背景には，性別ごとに異なる形で決められた社会的なルールや役割の学習があるからです。

　そのようなルールや役割を身につけ，社会的な存在としての「男」あるいは「女」になっていく過程をジェンダーの社会化といいます。親や友だち，学校の先生など周りにいる重要な他者との相互作用や絵本やアニメ，広告などのメディアを通じて，男の子は「男らしい」とされていることを，女の子は「女らしい」とされていることを学習していくのです[1]。

　かつては性別ごとに異なる振る舞いや特性は生物学的に規定されていると思われていました。例えば「男は仕事，女は家庭」が当たり前であった時代には，出生時に女性と判断された場合，就職しても結婚後は退職を余儀なくされた時代がありました[2]。しかし1970年代以降，ジェンダーという言葉が使われるようになり，このような本質主義的・生物学的決定論的な考えは修正を迫られることになりました。今では，女性が家の外で働くことへの風当たりはだいぶ減りました。また女性であっても出産を望まない事情があって出産できない人がいることについても理解が進みつつあります。こうした変化の背景にはジェン

ダーに関する様々な議論があったのです。

　とはいえ伝統的な性役割や性別分業が根本的に変わったわけではありません。例えば，男性と女性とでは労働・雇用のパターンには今も違いがあります。女性の場合，結婚で退職する人こそ減りましたが，出産・育児を機に辞める人は今も少なくありません。また正規雇用と非正規雇用の間の格差が社会問題になっていますが，賃金労働に従事する女性の半数以上（56%）が非正規雇用労働者です。加えて，働く既婚女性の多くは帰宅後「第二のシフト」（ホックシールド，1990），すなわち賃金が支払われない家事労働に従事しています。男性の家事負担は女性と比べると遥かに少ないのです。他方で，男性が家庭責任を負うことについてはどうでしょうか。国や企業が男性の育児参加を推進しているものの，実際にはなかなか広がっていません。社会の中で私たちを「男」か「女」のどちらかに振り分け，社会的な期待に沿って考え，行動させる力学が，今も作用していることが分かります。

　このような性別ごとの振り分けが，単なる分類ではなく，不均衡な社会関係，とりわけ男性優位を生み出していることが長年批判されてきました。この問題にいち早く気づき，その解決を目指してきたのが，フェミニズムです。20世紀後半から現在にかけては，世界各国の政府や国連などの国際機関の政策にも影響を与え，様々な取り組みが行われています。それだけ男女間の格差の解消が重要な課題であるとの認識が広がったといえます。

　男女間の格差について考える際によく参照される資料に『Global Gender Gap Report』があります。世界経済フォーラムが2006年から発表しているもので，国ごとに政治，経済，教育，健康の4分野において男女間の格差を計算し，格差が最も小さい（すなわち最も平等に近い）国から順にランク付けをしています。**表18-1**は，2020年調査の結果の一部（上位10カ国と日本）をまとめたものです。日本は153カ国中121位で，2018年と比べるとランクを落としています。特に男女間の賃金格差，専門職・技術職につく女性，意思決定に関わるポジション（管理職，議員，官僚など）に女性が少なく，女性の経済的自立や影響行使が難しいことが指摘されています。日本だけの問題ではありませんが，日本の状況が決して世界標準ではないことが分かります。

表18-1 世界男女格差インデックス・ランキング上位10カ国と
日本（2020年）

順位	国 名	スコア （0-1）	2018年からの 順位変動	2018年スコア からの増減
1	アイスランド	0.877	－	＋0.018
2	ノルウェー	0.842	－	＋0.007
3	フィンランド	0.832	1	＋0.012
4	スウェーデン	0.820	−1	−0.002
5	ニカラグア	0.804	－	−0.005
6	ニュージーランド	0.799	1	−0.002
7	アイルランド	0.798	2	＋0.002
8	スペイン	0.795	21	＋0.049
9	ルワンダ	0.791	−3	−0.013
10	ドイツ	0.787	4	＋0.011
⋮	⋮	⋮	⋮	⋮
121	日本	0.652	−11	−0.010

注：「−」は変動なし。
（出所）World Economic Forum（2019），p. 9. をもとに筆者作成。

　このように性別二元制において私たち人間は社会的により有利な方（男）と
そうではない方（女）に分けられていますが，すべての男性が得をしていると
いうことではありません。個々のケースでは男性でも不利な状況に置かれてい
る人がいます。あくまで構造的に男性優位というものが社会の中に埋め込まれ
ているということなのです。この点を踏まえなければ，意思決定に参画してい
る少数の女性が，力を持っているように見えて，実は男性中心の世界でしばし
ば周縁化されること，女性にとって不利な男性優位の構造においてその変化よ
りも持続に加担する女性がいること，男性優位の構造が男性にとっても生きづ
らいものになっているといった問題に迫ることは難しいでしょう[8]。

3 「男」「女」にまつわる様々な差異

　性別二元制や男女という性別について考える上では他にも考慮すべきことが

あります。

　第一に，しばしば主流の「男」「女」が前提とされてしまうことです。性別について語る際に異性愛・シスジェンダー（心の性別が出生時に付与された体の性別に一致している人）であることが暗黙の了解となってはいないでしょうか。「人間」に同性愛や両性愛など異性愛以外の人々やトランスジェンダーの人々を含めて考えることが重要です。また男性間，女性間の差異も見過ごされがちです。性別はしばしば他の差異——例えば，経済格差，「人種」，民族，国籍，障害の有無など——と絡み合っています。ジェンダー研究では他の差異との関連で性別について考えることを重視し，インターセクショナリティ（交差性）という概念を使って論じてきました。この概念はアメリカで生まれましたが，それはアメリカにおいて主流の「男」「女」が白人であるためです。黒人差別，女性差別に関する議論のいずれにおいても黒人女性の経験が十分捉えられていないことが批判されてきました。性別と人種が交差し，黒人男性とも白人女性とも異なる形で黒人女性の抑圧が生み出されていることが，当事者の黒人女性によって指摘されたのです。

　交差性の視点は日本について考える上でも有効です。性的マイノリティについてはすでに触れました。その他にも在日コリアン，アイヌ民族といった少数民族，外国籍・無国籍の人々，被差別部落出身者，障害のある人々など日本にも様々なマイノリティが存在しています。これらのマイノリティを特徴づける差異は，性別やセクシュアリティの問題と無関係ではありません。⁽⁶⁾

　性別・セクシュアリティと経済格差の関連も見逃すことはできません。一つ例を挙げましょう。コロナ禍に見舞われた2020年，自殺者数が増加しました。特に女性で増加し，非正規雇用者やひとり親に女性が多いこととの関連が指摘されました（東京新聞，2021）。確かに，ひとり親女性の多くは非正規雇用者であり，コロナ禍により被害を受けた人も少なくありませんでした（認定NPO法人しんぐるまざあず・ふぉーらむ＆シングルマザー調査プロジェクト，2020）。危機的状況において，弱い立場にある女性たちが被害を受けやすい社会構造が浮き彫りになったといえます。

　第二に，性別は必ずしも「男」「女」の二つでは捉えきれないという視点も

重要です。歴史学では，「二つの性別モデル」がヨーロッパに誕生したのは18世紀になってからであったという知見があります。それ以前は，女性は男性の派生とみなされており，「一つの性別モデル」だったというのです（ラカー，1998）。これは，性別に関する人間の認識に歴史性があることを意味します。では，実際に人間の性別はいくつあるのでしょうか。その答えははっきりしません。解剖学的・遺伝学的に性別が曖昧な身体を持つインターセックスの人々や男でも女でもない性自認を持つ人々がいるからです。現在，男女以外の性別カテゴリーを法的に認めている国が複数あります（ニュージーランド，インド，ドイツなど）。日本にはこのような法律はありませんが，Ⅹジェンダーという言葉があるように，曖昧な性別アイデンティティを持つ人々は日本にもいます。

　これらの社会的事実は，性別というものが決して単純ではないことを示しています。

4　差異とその認識の形成と維持

　以上みてきたように，ジェンダー研究では，男女間の差異だけでなく男性間や女性間の差異，異性愛中心主義やシスジェンダー主義，男女以外の性別カテゴリーの排除についても考え，差異に関する差別や抑圧，権力の問題を論じてきました。では，そのような問題を持つ社会構造はなぜなかなか変わらないのでしょうか。

　一つには，差異や差異に関する認識がひとたび社会で生み出されると，様々な実践や社会過程が繰り返し起きることで再生産・維持されることが挙げられます。とはいえ全く変わらないわけではありません。歴史を振り返ると，日本を含め世界各地で女性の社会・政治参画や性役割意識の変化，女性が被害に遭いやすい暴力撲滅のための運動が起きてきました。性的マイノリティに対する差別の解消を掲げた運動もあります。これらの運動は法整備から意識改革に至るまで一定の社会的インパクトを持ってきました。

　社会を変える方法はそれだけではありません。例えば学校の授業や自らのリサーチにより一人ひとりが新たな気づきを得ることも重要な変化です。小さな

変化の積み重ねが大きな変化につながる可能性は大いにあります。社会の現状に満足できない部分があれば，諦めずに望ましい社会がどのようなものか構想し，自分にできることでアクションを起こしてみることが大切なのです。

　最後に本章で述べたことをもとにジェンダーを定義します。

　　性別——異性愛・シスジェンダーなどその社会で主流の「男」や「女」あるいは「それ以外」であること——を軸に社会的な実践・過程を通じて形成される差異ないしそれに関する認識，またそのような差異や認識を生み出し，再生産・維持する社会システム。

　このようなジェンダーについて考えることは，自由な発想を制限してしまう固定観念に気づき，様々な可能性に開かれた思考を獲得することでもあります。それは枠に囚われずオープンでいることを自分と他者に許すこともいえるでしょう。本章をきっかけに，そのような営みであるジェンダー研究の面白さに気づいてもらえたら幸いです。

注
(1)　もちろんその通りに学習しなかったり決められた「男らしさ」「女らしさ」に反発することがあります。そういった「システム・エラー」は，その人の個性を開発したり，あるいはそれを多くの人が経験することで社会の変化につながることがあります。社会変動については第4節も参照のこと。
(2)　かつて日本の企業の多くは女性社員だけに結婚退職制を設けていました。生活のために働かざるを得ない女性も当然いたことから社会問題となっていました。例えば，東京地裁で争われた住友セメント事件（昭和41年12月20日判決）が知られています。
(3)　男性の場合は2割程度（21.6%）です。内閣府（2020）参照。
(4)　2019年度の育児休業取得率は，男性7.5%，女性83.0%でした。厚生労働省（2020）参照。
(5)　男性中心の組織文化に女性がマイノリティとして存在するだけでは，男性と同じように影響力を行使することは難しいでしょう。男性と同じように頑張っても報われない可能性がある社会では，男性にとって都合の良い女性になることで社会的地位の獲得を目指す女性もいます（例えば，仕事で頑張るよりも社会的地位のある男性との結婚を目指すなど）。男性にとっての問題としては，一例として，基幹労働者である男性に長時間労働など過度のコミットメントを求め，過労死などをもたらしてきた日

本の雇用・労働システムを挙げることができます。このようなシステムに参入する女性には男性並みの働き方が強いられてきましたが，そうではなく誰にとっても無理のない働き方を実現することが重要です。

(6)　かつて筆者の聞き取り調査に協力してくださった在日コリアンの女性は，在日の家庭やコミュニティにおいても男性優位や女性に対する暴力の問題がありフェミニストになったが，日本女性の運動には入っていけなかったと語っていました。背景には，マジョリティによるマイノリティ差別があり，民族差別や植民地主義などを抜きにして女性差別を論じることはできないという事情があったのです。これは「女」であるというだけでは連帯が容易ではなく，女性の間の差異が意味を持つことを示しています。

ブックガイド

前田健太郎『女性のいない民主主義』岩波書店，2019年。

ギーザ，レイチェル（冨田直子訳）『ボーイズ　男の子はなぜ「男らしく」育つのか』DU BOOKS，2019年。

松岡宗嗣『あいつゲイだって──アウティングはなぜ問題なのか？』柏書房，2021年。

実証的な雑誌研究と情コミ学

江下雅之

　雑誌の記事は資料として様々な研究や調査でしばしば利用されます。例えば過去二回の東京オリンピックに関する社会の反応を比較しようと考えたとき，1960年代前半に発行された一般の週刊誌や月刊誌の関連記事を参照するはずです。もちろん雑誌記事は学術研究を前提に書かれたものではありません。記述内容は記者や編集者の取捨選択の結果です。しかし，商業雑誌は読者が内容を受け入れなければ成り立たないメディアです。実際の研究では雑誌記事以外の裏付けが不可欠ですが，それは事実である，あるいは事実であってほしいと読者側が考える事柄が記述されていると少なくとも想定できます。記事からは社会の一部の価値判断を（ある程度）解釈できるのです。

　雑誌の資料価値は記事本文にとどまりません。表紙，グラビア，広告，キャプションはもちろん，判型，レイアウト，紙質などからも様々な徴候を読み取れます。マンガ雑誌の表紙には当初，スポーツ選手やアイドルの写真が使われました。それがある時期から人気マンガのキャラクタに代わりました。モード誌やファッション誌は他のジャンルよりも大きな判型を採用し，質の高い紙を用いています。第一次オイルショック当時は紙が急激に値上がりし，それが誌面構成や雑誌の編成にも影響を及ぼし，ジャンルによる売れる・売れないを浮き彫りにしました。雑誌という「モノ」には社会の様々な特徴や変化が反映されており，それゆえ時代の特徴を解読するための題材となりうるのです。雑誌そのものが社会変化を盛り込んだタイムカプセルです。

　雑誌から社会変化を読み取るには網羅的・系統的な調査分析が不可欠です。特定の号・内容だけでは，そもそもそれが変化なのかも判断できません。他方，雑誌はあらかじめ読者層を想定したメディアだからこそ，その時系列的な変化から読者ひいては社会の一部の変化を読み取れます。そして雑誌はしばしば系統的に創刊されます。ファッション誌『an・an』の母体は男性向け娯楽週刊

誌『平凡パンチ』であり，この雑誌も『Men's Club』などの男性向け服飾誌
が若者のファッションを切り拓いた結果として誕生しました。こうした雑誌間
の系統的な関係からも，社会の変化を読み取れます。

　優れた実証的研究からは集団の特徴やサブカルチャが浮き彫りになります。
ここで三つの研究を紹介しましょう。まず，今田絵里香『「少女」の社会史』
（2007）です。1908（明治41）年に創刊された女学生向け雑誌『少女之友』の読
者投稿欄を丹念に分析し，いわゆる少女の成り立ち，表象，人間関係を明らか
にしています。第二に難波功士『族の系譜学』（2007）です。これは雑誌研究
が主ではありませんが，様々な雑誌の系統的な変化を調べ，ユースサブカル
チャの構造や特徴を明確にしています。そして最後は阪本博志『『平凡』の時
代』（2008）です。月刊誌『平凡』の内容と役割に着目して1950年代の若者文
化を描き出しています。記事やグラビア，読者投稿の内容分析にとどまらず，
雑誌に取りあげられたスターへのインタビューなど，雑誌研究に用いられる分
析手法をほぼすべて駆使しており，雑誌研究のお手本のような内容となってい
ます。これらの文献の引用元などを見れば，さらに多くの先行研究を知ること
ができるでしょう。

　さて，現在の情報環境の中で雑誌は衰退するメディアの代表です。『週刊少
年ジャンプ』の発行部数は最盛期の三分の一以下です。現在多くの若者がオ
シャレの参考にするのはファッション誌ではなくインスタグラムです。ジュニ
ア向けとシニア向けのファッション誌がかろうじて部数を維持している現状は，
雑誌市場の置かれた位置を物語っています。電子書籍の台頭はありますが，雑
誌のメディアとしての枠組みは紙という材料が前提となったものです。現在の
電子書籍は過渡的形態とみるべきでしょう。

　そうなると，雑誌が担っていた機能を今後の情報環境ではどのような形で実
現するのか，という課題が浮かびあがります。雑誌にかぎらず，情報のデジタ
ル化やインターネットの普及は多くのメディアの再定義を迫っています。雑誌
は何をするメディアだったのか。ネット配信が普及したいま，テレビ放送の定
義は何か。メッセージアプリの通話機能は電話と何がちがうのか。こうした再
定義を考察する上でも，雑誌をはじめとする従来のメディアの成立要件，機能，

利用者の変遷などをいまいちど分析せねばなりません。メディア史の研究は〈これから・どこ〉を考えるためにこそ必要なのです。

ブックガイド

赤木洋一『平凡パンチ1964』平凡社，2004年。

赤木洋一『「アンアン」1970』平凡社，2007年。

今田絵里香『「少女」の社会史』勁草書房，2007年。

阪本博志『『平凡』の時代』昭和堂，2008年。

佐藤卓己編『青年と雑誌の黄金時代』岩波書店，2015年。

すがやみつる『仮面ライダー青春譜――もうひとつの昭和マンガ史』ポット出版，2011年。

難波功士『族の系譜学』青弓社，2007年。

難波功士『創刊の社会史』筑摩書房，2009年。

〈メディア〉論の観点から〈情報社会〉を考える

大黒岳彦

〈メディア〉史観とは何か？

　〈メディア〉論という学問分野を創始したのは，カナダの文明批評家M・マクルーハンです。彼は人々のものの感じ方や世界の捉え方を根底で支えているのは，その時代において最も普及している〈メディア〉だとし，そのような〈メディア〉に下支えされた枠組みを〈銀河系〉と名付けました。彼によると人類はこれまで四つの〈銀河系〉を経験してきたのですが，重要なのは〈文字〉メディアを人類が発明する以前の〈声〉メディアの〈銀河系〉と，15世紀にグーテンベルクが活版印刷機を発明して以降，19世紀半ばにマスメディアが登場するまでの〈活字〉メディアの〈銀河系〉です。この二つの〈銀河系〉がなぜ重要かというと，二つは対極的な性質を有するからです。〈声〉の〈銀河系〉は，コンサート会場の歌手の〈声〉が一体化的な共同体を創り出すように本質的に〈触覚的〉で〈共鳴的〉です。対して，〈活字〉の〈銀河系〉は，私たちの感覚と対象との直接的な関係を，両者の間に介入してくる〈活字〉が阻むがゆえに〈視覚的〉で〈分析的〉な性格をもちます。

　〈活字〉メディアによって失われた〈声〉メディアの共同体形成的な世界が復活することを望んだマクルーハンは，マスメディア，特に TV に期待を掛けます。なぜなら，TV はマクルーハンにとって増幅された〈声〉メディアだからです。増幅された〈声〉である TV によって地球規模の共同体である「地球村」が実現することをマクルーハンは夢観たのです。

TV の終焉と〈ネット-ワーク〉社会

　ですが，TV がそのような共同体を実現しなかったどころか，現在終焉（オワコン）へと向かいつつあることは皆さんご承知の通りです。マクルーハンには二つの見込み違いがあります。一つは，TV メディアの過大評価です。確か

に TV は，〈大衆社会〉という地球規模の或る種の"共同体"を形成しました
が，これは，皆が TV 局や新聞社から発信される同じ情報を受容した結果と
して実現される単なる等質の受動的集団に過ぎません。もう一つは——これは
マクルーハンが1980年に死去したので，仕方がないのですが——TV メディア
以降の次なる〈銀河系〉である，〈ネット−ワーク〉を予見できなかったことで
す。21世紀に入って（精確には2011年を転機として）人類はこれまでにない
〈ネット−ワーク〉メディアを基礎とする社会を経験しつつあります。こうした
〈ネット−ワーク〉の〈銀河系〉を基礎とする社会を筆者は〈情報社会〉と呼ん
でいます。

　〈情報社会〉においては，SNS や YouTube を通じて，居場所に関係なく
ユーザーは〈ネット−ワーク〉のノードとなることで〈関心＝主題〉を核にし
た"共同体"を形成可能です。しかも，この"共同体"は，TV が創る"共同
体"とは異なり或る種の"主体性＝積極性"を有してもいます。では，今の社
会こそマクルーハンが望んだ〈声〉の共同体の復活なのでしょうか？

映像と触覚

　ですが，現在の〈情報社会〉が〈声〉による緊密な「共同体」から程遠いこ
とは，ネット上での「炎上」や「ヘイトスピーチ」そして「フェイクニュー
ス」を考えれば直ぐ分かります。それは寧ろ〈関心＝主題〉を核として群れて
いるだけの"蛸壺"社会です。が，よく観察してみると〈情報社会〉が〈声〉
の共同体との或る種の共通点を持っていることも見えてきます。それが〈映
像〉メディアと〈触覚〉性との結び付きです。

　TV メディアの〈銀河系〉に特徴的なこととして，〈活字〉に代わって〈映
像〉がメディアの主役に浮上してきたことが挙げられます。ですが，その場合
の〈映像〉はマスメディア固有の構造の中で，受け取られるだけ消費されるだ
けの受動的なものに過ぎませんでした。ところが，インターネットの〈ネット
−ワーク〉構造の中に移し入れられるとき，例えば YouTuber を考えれば分か
る通り，それは表現の手段，クリエイションとして積極的＝主体的な性格を帯
びてきます。ですが，それでも〈映像〉は〈視覚〉的なメディアであることに

依然変わりありません。おそらく今後〈情報社会〉のメディア技術の主役はスマホから VR にゆっくり置き替わってゆくと思われますが，そのとき〈映像〉は〈触覚〉的な存在へと変貌を遂げてゆくはずです。そのとき，〈情報社会〉は〈触覚〉的世界をその中に築き上げることになるでしょう。

第Ⅲ部

コミュニケーションから世界を読む

第**19**章

おとなりさんは外国人
多文化共生と異文化コミュニケーション

根橋玲子

外国籍者や外国につながる人々の増加が顕著になり，「多文化共生」が身近な言葉になりました。本章では，なぜ日本に外国につながる人々が増えているのか，背景とともに概観し，日本における多文化共生について考えてみたいと思います。

1　多文化化が進む日本社会

■外国につながる人々

皆さんの周りに，外国籍の方や外国につながる方はいらっしゃるでしょうか。同じマンションの住民，よく行くコンビニエンスストアの店員，アルバイト先の店舗で一緒に働く同僚，学校の先生，クラスメート，親友，親戚のお兄さん・お姉さんの配偶者……，もしかしたらあなた自身がそうかもしれませんね。私の自宅の近くにも日本語学校があり，斜め向かいのアパートの住民はほとんどが外国からの留学生です。

日本に住む外国籍者の数は2020年現在287万人になります（法務省，2020）。これは人口の約2.3%。東京に限定すると4.2%。この数字を少ないと感じるか多いと感じるかは人それぞれですが，外国籍者の人口は年々増加しています。

「外国籍者」と「外国につながる人々」という二つの言葉を使いましたが，統計などに表されるのは登録された「外国籍者」です。実際には，国籍は日本でも様々な方がいます。外国で育ち日本語が話せない方，別の国から帰化した方，両親のどちらかが外国籍の方など。そのような人々を含めると「外国につながる人々」の数はさらに増えるでしょう。本章では統計資料を基にした内容では「外国籍者」と表記しますが，それ以外では「外国籍者」を含めて「外国

につながる人々」と呼びます。

■多文化共生と多文化主義

「多文化共生」とは，「国籍や民族などの異なる人々が，互いの文化的ちがいを認め合い，対等な関係を築こうとしながら，地域社会の構成員として共に生きていくこと」(総務省，2006) を指します。ここでの「文化」は，「国籍」や「民族」とされていますが，本来「文化」が包括する範囲は広く，ジェンダー・地域・世代・職業など様々な要素が含まれています。本章では主に上記の定義にあるような「国籍や民族などの異なる人々」，つまり「外国につながる人々」に焦点を当てます。

　ここでいくつか関連する用語を整理しておきましょう。「多文化共生」と似たような言葉に「多文化主義」があります。実は，「多文化共生」と「多文化主義」が意味することには大きな違いがあります。「多文化共生」は1990年代頃から日本で使われるようになった比較的新しい言葉です。英訳が難しく，まだ統一された訳語はありません。一方，「多文化主義」(英語では multiculturalism) は，カナダやアメリカなど伝統的な移民国家で実践されており，社会に存在する異なる文化がそれぞれ対等に扱われることを目指すものです (近藤，2019)。日本は「多文化共生」社会の実現を目指していますが，欧米の多文化主義とは異なり，マジョリティとマイノリティがお互いを尊重しながらも歩み寄り，統合されることを期待するものです。そして，文化背景の異なる人々の間で起こるコミュニケーションを「異文化コミュニケーション」と呼びます。私たちは様々な文化要素から構成されているので，およそすべてのコミュニケーションが異文化コミュニケーションとも言えるのですが，ここでは「国籍」や「民族」的背景の異なる人々との間のコミュニケーションに限定します。

2　外国につながる人々

　日本は20世紀初頭までは「出移民」の国，つまり日本から外国へ多くの人が仕事や生活を求めて出ていく，送り出し国でした。この「出移民」の傾向は，

戦後「入移民」に転じて現在に至っています（西原，2016）。ではなぜ外国につながる人々が増えたのでしょうか。

■外国籍住民増加の背景と在留資格

　法務省出入国在留管理庁の『在留外国人統計（旧登録外国人統計）』によると，戦後しばらく日本の登録外国人数は60万人台で推移していました。1970年になると70万人台に増え，1990年の入管法の改正により，南米からの移住者が増え100万人を突破します。その後も2000年に約170万人，2010年に約210万人，2020年に287万人と，ほぼ増加の一途をたどっています⁽¹⁾。

　入管法，正式には「出入国管理及び難民認定法」といいますが，日本ではこの法律により在留資格が規定されています。短期のビザなしの観光客などを除き，中・長期的に生活する外国籍者には，在留資格が必要です。在留資格には，大きく「身分または地位」に基づく資格と「活動」に基づく資格の二つがあります。例えば，「永住者」や「日本人の配偶者」などは「身分または地位」に基づく資格となります。この資格では，自由に職業を選択することができます。「活動」に基づく資格としては，大学で教える者は「教授」，駐在員として赴任している者は「企業内転勤」など，日本で活動する目的ごとに異なります⁽²⁾（法務省出入国在留管理庁，2020）。

　日本政府は，入管法を改正することにより，新しい在留資格を設けたり，規制をかけたりして，日本に入ってくる外国籍者をコントロールしています。戦後の高度経済成長期に労働不足が深刻化したため，1990年の改正では，日系人が日本で働くことを緩和しました。これにより，ブラジルやペルーなど日系人の多い国からの移住者が増えたのです。2009年には「技能実習」，2014年に「高度専門職」，その後も「介護」(2016年)，「特定技能」(2019年)といった資格が創設され，その時に必要な人材を海外から招こうとしています。これらの流れの根底には少子高齢化にともなう慢性的な人手不足や若者の高学歴化があります。

図 19 - 1　日本の外国人労働市場モデル

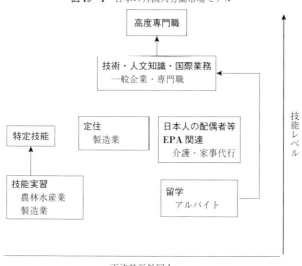

（出所）上林（2015）をもとに筆者作成

■日本で働く外国籍者

　日本には2020年現在，約170万人の外国籍者が働いています（厚生労働省，
2020）。図 19 - 1 は，在留資格を基にした日本における外国人の労働市場を表
しています。このモデルでは，上に位置するほど技能レベルが高いことを意味
します。技能レベルについてはいろいろな考え方がありますが，ここでは，自
由度の高いものを上位に置きました。また，各ボックスの中には，在留資格名
と代表的な職種が記されています。「留学」の資格では，決められた時間内で
しか働くことはできません。また「技能実習」には移動や滞在期間の制限があ
ります。「定住」や「日本人の配偶者」は職種や移動の制限はなく本来自由に
職を選べる立場にあります。しかし，例えば「定住」者の多い日系ブラジル人[(3)]
は，3 世までの受け入れしか認められていません。また，彼・彼女らの中には，
日本語に困難を抱えていたり，高等教育を受けられなかったりして，派遣など
不安定な仕事に就いている者も多くいます。

　「留学」から「技術・人文知識・国際業務」に向かう矢印は，留学生の一定
数が卒業後に日本で就労することを示します。またそのうちの一部は「高度専

門職」です。「留学」により来日する人々は，2008年に発表された「留学生30万人計画」（文部科学省，2008）により近年増加しており，外国籍者の増加の一因となっています。留学生は，日本で学び十分な日本語やスキルを身につけた存在として，将来的に日本で働き定住することを期待されています。

　2019年の入管法の改正により創設された「特定技能」は日本への長期滞在が可能になる資格ではありますが，職種やその数が限定されているため，「定住」や「日本人の配偶者」よりも下位に位置付けました。

　このように，日本で働く外国籍者は，様々な国から来た人々が，様々な資格や職種で働いていることがお分かりになることと思います。

3　外国につながる子どもたち

■外国につながる子どもたち

　来日して日本で暮らす人の中には，日本人と結婚する人もいれば，家族を連れて来る人，後から家族を呼び寄せる人など様々です。ここでは，特に子どもたちに焦点を当てたいと思います。皆さんの中には，小・中・高等学校のいずれかで外国につながるクラスメートや友人がいた方も多いかと思います。日本国憲法では，国民は教育を受ける権利を有するとともに，保護者は子どもたちに教育を受けさせる義務を負っています。しかし，外国籍の子どもたちについては適用外です。このため，日本で子どもが学校に行かなくても保護者が罰せられることはありません。ただし，国際連合憲章の「児童の権利に関する条約」では，「締約国は，教育についての児童の権利を認める」とありますので，日本の学校は外国籍の子どもたちにも開かれており，実際に多くの外国籍の子どもたちが学んでいます。

　文部科学省の2020年度『学校基本調査』によれば，公立の小・中・高等学校・中等教育学校・義務教育学校・特別支援学校に在籍する外国籍の児童生徒数は約10万9,000名です。2019年度と比べると約4,500名，2018年度と比較すると約1万5,000名増加しており，近年増加傾向が続いています。

■教育の問題

　外国につながる子どもたちにはどのような課題があるのでしょうか。第一に，「不登校」や「不就学」という，学校に行かない子どもたちがいることが挙げられます。「不登校」は在籍していても通学できない状態ですが，「不就学」はそもそも在籍すらしていません。2019年の「外国人の子供の就学状況等調査結果について」によると，住民基本台帳上の就学年齢の外国籍児童生徒12万4,049名のうち，15.8％にあたるおよそ2万名が不就学の可能性があると報告されています。転居が多く，住民登録とずれがあると，就学案内が届きません。また届いても，日本語が分からないといったこともあるようです（樽本，2016）。第二に言語の問題があります。公立学校に通う子どもたちで，日本語の指導が必要な人数は，2020年（3万3,470名）から2018年（5万1,126名）の10年間に1.5倍に増えたという報告があります。また日本国籍の子どもについては，その数が2倍以上になっています。外国籍の子どもたちの母語で多いのは，ポルトガル語，中国語，フィリピノ語，スペイン語などで，日本国籍の子どもたちの使用頻度が高い言語では，フィリピノ語，中国語，英語，日本語となっています（文部科学省，2020）。ここで疑問を感じる方もいることでしょう。日本国籍で家でも日本語を話しているのになぜ日本語指導が必要なのかと。多くが長期にわたる海外生活から帰国した子どもたちですが，他にも二世や三世の子どもたちで，家族の言語が発達せずに日本語で生活している場合もあります（斎藤，2020）。また，生活言語としての日本語に不自由はなくても，学習言語としての日本語には困難を抱えたりする子どもたちもいるのです（佐藤，2019）。この他に，教員や学校の指導体制も大きな課題です。集住地域では，複数の専任教員や母語支援員が配置されるなど，手厚いサポートがある場合もありますが，地域により状況は異なります（斎藤，2020）。

■進路に関する問題

　皆さんの中には将来，どのような学校に進学しようか，どのような職を志そうか悩んでいる方もいるでしょう。それは外国につながる子どもたちも同じです。保護者の経済基盤が弱い，日本語の力が不足しているなどにより進路の選

択肢は狭まります。さらに，周囲にロールモデルとなるような人物がいないことにより，周囲の大人と異なるキャリアパスを想像できないといったこともあります。これは例えば，コミュニティにいる大人たちが高等教育を受けていない場合，大学進学といった選択肢を持たないなどです。雇用が不安定な親と同じ職業選択をすることで，自分自身の将来も経済基盤が不安定になることもあります。

　先述の2019年に創設された「特定技能」という在留資格では，家族の帯同が認められることになりました。これにより，近い将来，親の仕事により来日する子どもたちの数は現状よりもさらに増えることが予想されます。これにともない，子どもたちに関する課題はますます顕在化することと思われます。

4　多文化共生に向けて

　私たちは多様化する社会に暮らしています。皆さんが社会に出て働くころには，今よりもさらにその傾向は強くなっていることでしょう。今は「周りに外国につながる人はいない」という方も，未来の同僚やご近所さん，もしかしたら配偶者が外国につながる人かもしれません。

　多文化化する社会で「多文化共生ってだいじだよね」という認識を持ってはいても，どうしたらよいのか分からない方もいるでしょう。「言うは易し行うは難し」ですね。でも，まずは「知る」ことから始めてみてはどうでしょうか。皆さんの住む地域ではどのような取り組みがなされているでしょうか。地元の自治体のホームページを見ると，国籍別の住民数を調べることもできますし，実施されているプログラムや取り組みなどが紹介されています。まずは，身近な地域の現状を把握してみましょう。

　多文化共生社会を実現するには，国の政策や自治体の取り組みが欠かせないのは言うまでもありませんが，同じように重要なのが個人の意識です。そこで，最後に皆さんにもすぐにでも始められる取り組みを紹介したいと思います。それは「やさしい日本語」です。

■やさしい日本語

「やさしい日本語」とは，日本語を簡略化する試みです。1995年の阪神淡路大震災では，復興時に日本語に不自由のある人々が情報弱者となりました。これをきっかけに減災および情報提供を目的とした「やさしい日本語」の取り組みが進みました（庵，2019・2020）。例えば，震災時にあった事例として「容器をご持参の上，中央公園にご参集ください」という掲示があったそうですが，これでは日本語が初級レベルの方には分かりにくいでしょう（庵，2020）。たとえ，ひらがなをふったところで，分かりにくさには変わりありません。そこで「やさしい日本語」に翻訳します。「入(い)れるものを持(も)って，中央公園(ちゅうおうこうえん)に来(き)てください」とするとどうでしょうか。ずっと分かりやすくなりますね。このような「やさしい日本語」は災害時にはもちろんのこと，現在では行政でも様々なレベルで取り組みが行われています。非日本語母語話者に対しては，その人々の母語で情報を提供するという考え方があります。駅や公共の場などで，日本語以外の表示を見ることがあるでしょう。これを多言語対応と言います。多言語対応も重要ではありますが，すべての言語に対応することは非常に難しく，緊急事態ではなおさらです。「やさしい日本語」であれば，地域の共通言語として，どのような場でも対応ができるのです。「やさしい日本語」の使用には，日本語母語話者の協力が欠かせません。日本語の分かりにくさをそぎ落とすことは，日本語母語話者にとっても分かりやすい日本語になるのではないでしょうか。相手を思いやり，分かりやすい日本語で接することは，私たちができる多文化共生への一歩となるでしょう。

注
(1)　2008年の世界金融危機（いわゆるリーマンショック）による景気後退，2011年の東日本大震災後は一時数を減らしました。
(2)　難民は難民申請の期間は「活動」に基づく資格の「特定活動（難民）」ですが，認可されると「身分または地位」に基づく「定住」資格となります。
(3)　日系ブラジル人についていえば，2020年現在「定住」よりも「永住」が増えているものの，派遣などの形態で製造業などに就いている者の割合が多い（厚生労働省，2020）。
(4)　集住地域とは，特定の国籍や民族の人々が集まって居住している場所のこと。

ブックガイド

「外国につながる子どもたちの物語」編集委員会『まんが　クラスメイトは外国
　　人——多文化共生20の物語』明石書店，2009年。

庵功雄『やさしい日本語——多文化共生社会へ』岩波書店，2016年。

菊池　聡『〈超・多国籍学校〉は今日もにぎやか！——多文化共生って何だろう』岩
　　波書店，2018年。

第20章

SDGs の本質を読み解く力
当事者としての私たち

高橋華生子

---

1 「SDGs って何?」——SDGs がもてはやされる社会の裏側

　昨今，ネットのニュースやテレビの番組などで頻繁に取り上げられている SDGs。SDGs の正式名称は「Sustainable Development Goals」，日本語では「持続可能な開発目標」と訳されています。皆さんも耳にしたことがあるかと思いますが，SDGs とは一体何なのかを知っていますか?

　SDGs とは，2015年9月の国連総会で採択された，2030年までに世界で達成すべきことをまとめた包括的な開発目標です。大きく17のゴールから成り，貧困・格差，保健医療，教育，環境，ジェンダー，人権など，今の社会が直面している様々なイシューが網羅されています。

　おそらくここで「持続可能」とはどういう意味なのか，疑問が湧いてくるかと思います。端的にいうと，SDGs が掲げている持続可能な開発とは，次の世代の暮らしを損なわないように，現世代の社会のあり方を変えていくことを指します。例えば，石油のような再生不可能なエネルギーをこれまでのペースで過剰に使っていけば，天然資源が枯渇するばかりか，二酸化炭素の排出量が増えて温暖化がさらに進み，洪水や干ばつなどの頻発につながります。それは将来の世代が必要とする資源を浪費して奪い取ること，さらには気候変動などによって生じる環境問題の責任を負わせることも意味します。今の行き過ぎた開発を見直さない限り，それほど遠くない未来に，この地球と私たちの生活は滅んでしまうのです。つまり，SDGs の根底には，このままでは「続かない社会」を「続く社会」に変革することが描かれているのです (南・稲場, 2020)。

　とはいっても，続かない社会とはどういうものなのか，なかなかイメージし

にくいかもしれません。正直なところ，日々の生活で「二酸化炭素が多くなっているな」と感じることはあまりないでしょう。しかし，実際には二酸化炭素の排出量は年々増え，温暖化は加速の一途にあります。2014年に出された国連機関の報告によると，最悪の見立てでは2100年に2.6度から4.8度ほど気温が上昇し，それにともなって暴風雨や河川の氾濫，地すべり，水不足，食糧危機などのリスクが増大すると予測されています（IPCC, 2015）。日本でも九州地方での集中豪雨など，私たちの命を脅かすような自然災害が起きていますが，その原因の一端は二酸化炭素を多く発生させてきた私たちの生活にあります。目に見えないからといって，看過してきたことが問題の根底にあるわけです。

　そして，世界中で増大している環境への負荷は，とりわけ途上国や新興国と呼ばれる地域に甚大なダメージを与えています。自然災害はどこでも起こりうるはずなのに，その被害は貧しい国や人びとに集中しているのです。**表 20 - 1** は2018年の自然災害に関する上位 3 カ国のデータをまとめたものですが，インド・中国・アメリカでの発生件数はほぼ同じであったにもかかわらず，被災者と死亡者の数は決定的にちがうことが分かります。この差から読み取れるポイントは，防災や減災のための設備や環境づくりが進んでいる先進国に対して，途上国や新興国では災害への対応力が低いため，同じ規模の災害が起きたとしても，その被害が大きくなってしまうことです。[1]

表 **20 - 1**　2021年　自然災害の発生件数，被災者数，死亡者数

	発生件数	被災者数	死亡者数
インド	23	32,361,348	1,396
中国	22	8,338,124	354
アメリカ合衆国	19	1,763,795	290

（出所）CRED/UCLouvain（2022）"EM-DAT The International Disaster Database" をもとに筆者作成

　特に貧困層が受ける被害はより深刻です。この点について，貧困層が集住するところを例にとって説明しましょう。**図 20-1** はインドの大都市ムンバイにある，世界最大級のスラムであるダラビ地区を写したものですが，耐久性の低いトタン板や廃材などで建てられた家々がひしめき合っているのが見て取れま

す。人一人がやっと歩けるぐらいの通路には，大量の廃棄物や生活用品がそこかしこに無造作に置かれているため，非常時に救急車や消防車が入ることもままなりません。そうしたところに台風が襲来したら，ひとたまりもないことは簡単に想像がつくでしょう。このように災害の影響はすべての人に均等に及ぶのではなく，貧しい人たちに多くの犠牲を強いているのです。

図 20 - 1　インド・ムンバイにあるダラビ地区の住環境

　ここで理解すべき点は，事の発端を引き起こしているのは富める人たちや先進国の社会であることです。温暖化に関していえば，世界の所得上位10％の人たちが全二酸化炭素の半分を排出しているのに対し，所得下位50％の人たちの排出量はたった10％であるとの報告が出されています（Oxfam, 2015）。つまり，問題を悪化させている張本人ではない，苦境にあえぐ人たちが不利益を被るという，理不尽な結果になっているわけです。ここからも，気候変動といった世界規模の問題が不公平な社会を助長し，貧困や格差を深めていることが分かるでしょう。

　そうした矛盾した状況の改善に向けて，SDGs といった開発目標で強調されているのが「共通だが差異ある責任（common but differentiated responsibilities, CBDR）」の原則です。地球規模の課題に人類全体で取り組んでいくけれども，その責任には違いがある，この考えが CBDR の基盤にあります。例えば，気候変動の問題には皆が一丸となって挑む必要がありますが，これまでに排出してきた二酸化炭素の量は国や地域，個人によってそれぞれ異なります。いうまでもなく，世界の一部の恵まれた国ぐにや人たちが大量のエネルギーを消費し

てきた，だからこそ先進国が率先して問題の軽減に向けて動く「義務」がある
わけです。

　当然のことながら，日本にいる私たちもその義務を負っています。そして，
その義務を全うするには，政府とその関連機関だけでなく，企業やその他の団
体・組織，そして何よりも私たち市民の取り組みが不可欠になっています。
SDGs がもてはやされている今，私たちが傍観する立場から脱して，当事者と
して主体的に動けるかどうかが問われているのです。

2　国際開発・国際協力における協働の重要性

■政府機関の役割とその位置づけの再考

　SDGs の中でも，少し毛色の違ったゴールがあります。それがゴール17の
「パートナーシップで目標を達成しよう」です。ゴール 1 から 16 まではそれぞ
れの具体的なイシューに関する目標であるのに対し，このゴール17は SDGs
全体の実現に向けた方法論，すなわち皆が連携して取り組んでいく重要性を
謳っています。

　国際的な問題に臨む主体として，皆さんの多くがまず政府とその関連機関を
思い浮かべるでしょう。日本でいうと，「国際協力機構（JICA）」が一般的に知
られています。JICA のような公的な機関は，政府開発援助（Official Develop-
ment Assistance, ODA）と呼ばれる資金・技術協力の供与を通して，途上国の
発展に貢献しています。日本はこの ODA の分野において，過去数十年の間，
世界でもトップクラスの座を維持してきました。2020年の日本の ODA 実績
（支出純額）は世界第 5 位であり（OECD, 2021b），インドやバングラデシュ，
ミャンマー，フィリピンなど，多くの途上国や新興国に幅広い支援を実施して
います（外務省，2021）。

　確かに，途上国の開発や世界規模の課題に対して，政府とその関連機関が果
たしてきた役割は大きいですが，その意義を問い直す必要も出てきています。
最も顕著な点は，その他の主要ドナー国に比べて，日本の ODA 予算の伸びが
鈍化していることです。図 **20 - 2** は，1990年から2020年までの上位 5 カ国の

ODA 実績を示していますが，程度の差はあるものの，アメリカやドイツ，イギリスの額が総じて増加傾向にあるのに対し，日本の数値は横ばいともとれる状態が続いています。

図**20**-**2** 1990年〜2020年までの上位 5 カ国の ODA 実績（支出純額）の推移単

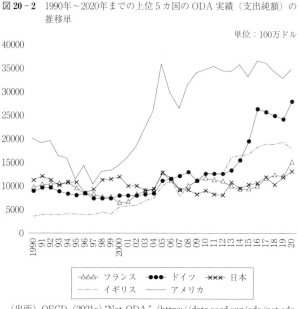

単位：100万ドル

（出所）OECD（2021a）"Net ODA,"（https://data.oecd.org/oda/net-oda. htm）のデータをもとに筆者作成。

もう一つの懸念は，国の経済力に比すると ODA の拠出額が少ないことです。主要先進国では，各国の国民総所得（Gross National Income, GNI）に占める ODA の割合基準を0.7％に設定していますが，1960年以降，日本で0.7％を超えたことは一度もなく，概ね0.2％台から0.3％台に留まっています。この数値は，日本による援助の規模が国の経済力に見合っていないことを物語っています。現に，途上国の開発にどれだけ寄与しているのかを示す「開発貢献度指数」によると，2020年の日本のランクは21位と主要先進国の中でも最低レベルにあり，国際社会からの期待に応えられていないと判断されています（Center for Global Development, 2020）。もちろん，これは数ある指数の一つであり，絶対的な尺度ではありませんが，日本がそのような評価を受けていることは事実

なのです。

　SDGs は国連総会で採択された目標であるため，合意した「国」が達成に向けて尽力することが前提になっています。しかしながら，それを義務付ける法的な拘束力はありません。対策を講じなくても罰せられるわけではないため，いってしまえば適当にかわすこともできてしまいます。そうした状況において，いかに「国」が能動的に責任を果たしていくのか。それを追求していく上での一番の推進力は私たち市民の活動です。つまり，ODA の実情に向き合うことは，SDGs に対する私たちの姿勢を再考することにつながっています。

■現代における市民団体の存在意義

　国際開発や国際協力といえば，かつては各国の政府や国連のような国際機関が中心的な役割を担っていましたが，地球規模の課題が拡がりを見せる中で，問題に取り組む主体も多様になっています。その中でも，近年，特に存在感を増しているのが非政府組織（NGO：non-governmental organization）を始めとする市民団体です。

　NGO とはその名の通り，政府や国際機関とは異なる「民間」の立場から，国境や民族，宗教の壁を越えて，利益を目的とせずに問題の是正や解決に臨む団体のことを指します（JANIC, 不明）。現状を鑑みると，とりわけ途上国の文脈において，NGO を抜きにして開発を考えることは不可能といっても過言ではありません。多くの途上国社会では，財政難や不安定な政治体制などによって，政府が機能不全に陥っていることも珍しくありません。そのため，政府が提供すべき公的なサービスが行き渡らないという事態が起きています。初等教育を例にして説明すると，小学校の建設や運営にかかる資金や人材を政府が確保できないため，十分な教育体制を整えることがかなわず，就学できない子どもたちが増えてしまうわけです。そのうえ，途上国においては私立の学校に通える子どもの数は非常に限られています。要するに，公立私立を問わず，教育を受けられない子どもたちが大勢存在している，そうした取り残される人たちのニーズを満たすものとして，NGO による草の根レベルでの取り組みが求められているのです。

　では，昨今，国境をまたぐ問題が増えるとともに，なぜ NGO 活動の意義が
さらに高まっているのでしょうか。その理由は，NGO の組織的な特徴にあり
ます。

　まず挙げられるのが「中立である」ということです。各国政府の援助の場合，
国家間の関係性に左右される部分があるのは否めません。例えば，北朝鮮と
いった国交がない国で飢餓が起きた際，日本の政府機関が支援に動くことは極
めて難しいといえます。また，政府機関が関わるとしても，その介入の度合い
によっては，「他の国のことに首を突っ込んで，その国の主権を侵害する」と
いう内政干渉の問題が生じかねません。それに対して，NGO は「国」に属し
ておらず，政府から独立した組織であるため，国の利害関係に縛られることな
く，中立的な立場で「苦境にある人を助ける」という活動を展開できる強みが
あります。

　加えて，国と国との間の緩衝材としての機能も，注目すべき NGO の特徴で
す。上述したように，刻々とエスカレートする気候変動の問題は，一国で解
決・対応できるものではありません。そのために数々の国際会議などを開催し
て，各国が連携する枠組みを作り上げようとしていますが，たくさんの国の主
張や関心をまとめることは容易ではありません。アメリカのトランプ政権が温
暖化対策の「パリ協定」から突如として脱退を表明したように，期待とは正反
対の方向に進んでしまうこともあります。そのように国レベルでの交渉が硬直
化してしまったとき，NGO は各国の政府に働きかけて打開策を模索したり，
市民に訴えかけて世論を喚起したりするなど，物事を動かす役目を担っていま
す。問題が多国にまたがり，関わる国や人が増えれば増えるほど，第三者の民
間の立場から合意形成を試みる NGO の活動が重要になっているわけです。

　このように NGO に代表される市民団体は政府機関や企業とは異なる強みを
有しています。もちろん，その逆も然りです。それぞれの組織が各々の特長を
持っている，だからこそ皆が力を合わせて共通の課題に取り組んでいく重要性
が高まっているのです。ゴール17で掲げられているのは，SDGs の達成にはあ
らゆるステークホルダーの「協働」が不可欠であること。そして，その中心に
いるのは，他の誰でもない，私たち一人ひとりなのです。

3　試金石としての SDGs──私たちが動くことの意味

　以上で論じた点を踏まえると，SDGs とは明るく楽しい希望なのではなく，私たちがこれまでに起こしてきた問題のツケを払うものであることが見えてくると思います。

　けれども，残念ながら，そうした責務が先進国の社会で理解されているとはいい難い状況にあります。2019年に世界28カ国で実施された SDGs の認知度調査によれば，「よく知っている」あるいは「知っている」と答えた人の割合は，インドの55％を筆頭にいわゆる途上国や新興国で高く，欧米の先進国で低いことが明らかになっています（**表 20-2** を参照）。この結果はまさに前述の「問題が見えているのか」という点にかかっているでしょう。途上国や新興国では被っている不利益が身近で起きているため，否応なく取り組みに対する意識が高まるのに対し，先進国では「SDGs ってよく話題に上っているけれども，自分たちには何か他人事」という感覚がまだ根強い，それがこれらの数値に如実に表れています。

　特に衝撃的なのは，主要先進国の中でも日本の位置づけが極めて低いことです。**表 20-2** の通り，日本の数値は 8 ％と最下位であり，1 桁台を記録した唯一の国として公表されています。「SDGs を聞いたことがない」の回答が51％であったことを考慮すると，残りの約半数の人は SDGs を聞いたことがあると解釈できます。しかし，ここで留意すべき点は「聞いたことはあるけれども知らない」という人がほとんどだということです。電通（2021）が日本国内で実施した調査でも，同様の傾向が示されています。SDGs を聞いたことがある人の割合は2020年から2021年までの 1 年間で29.1％から54.2％へと急激に上昇していますが，実はそのうちの 6 割以上が内容を分かっておらず，たとえ内容を知っていたとしても，「自分で何かを行うにはハードルが高い」と答えた人が 3 割を超えていたと記されています。

　ODA に関する調査において，日本社会における意識と行動との大きなギャップが認められます。2015年に発表された結果によれば，世界における健

表 20-2 2019年 SDGs の認知度調査に関する結果

国	よく知っている・知っている	国	よく知っている・知っている
インド	55%	アルゼンチン	22%
トルコ	53%	ロシア	21%
中国	52%	アメリカ合衆国	20%
サウジアラビア	51%	ハンガリー	20%
ペルー	37%	韓国	19%
シンガポール	35%	オランダ	18%
スウェーデン	33%	ドイツ	17%
ブラジル	32%	オーストラリア	16%
メキシコ	32%	ベルギー	16%
チリ	29%	イギリス	13%
マレーシア	29%	カナダ	11%
南アフリカ	27%	イタリア	11%
ポーランド	26%	フランス	11%
スペイン	22%	日本	8%

（出所）World Economic Forum（2019）のデータをもとに筆者作成。

康・教育や貧困の改善に関して，道義的責任を担っていると思う人の割合は65％に届いていましたが，それらの達成に必要な ODA の拠出については，全体の半分以上が現状レベルの維持を支持し，4人のうち1人は減額すべきと回答していました（JIGH, 2015）。この結果は，日本の ODA が思いのほか少ないことを知らないからかもしれません。とはいえ，先に言及した SDGs に関する調査結果を勘案すると，「関心がある」とアピールすることに終始してしまい，そこから一歩踏み出す空気が醸成されていない，そういった日本社会の課題が浮かび上がってくるでしょう。

　私たちが直面している世界の問題は，今まさに取り組まなければ間に合わないものばかりです。温暖化によってひとたび砂漠になってしまったら，元の状態に戻すことはひどく難しいのです。貧困や格差の問題も同じです。異常気象によって干ばつや洪水が多発し，食糧を確保できずに亡くなってしまったら，その命は二度と蘇りません。それらのことに考えを及ぼすと，SDGs を「やら

ない」という選択肢は残されていません。SDGs とは「本気でやるのか」という私たちの覚悟を問う，現代の試金石なのです。

　スウェーデンにグレタ・トゥーンベリさんという，環境問題に関する積極的な活動を行っている若者がいます。グレタさんが唱えるメッセージは「system change not climate change（気候ではなく，システムを変えよう）」というもの。これは問題の本質に向き合うことの重要性を示しています。気候変動という「結果の是正」ではなく，気候変動を引き起こしている「社会システムの変革」が不可避であること。そして，その変革を進めるには，SDGs を一過的なお祭りとして扱うのではなく，SDGs が取り上げている問題の根本に切り込んでいく意識と行動の両方が求められているのです。

　「続く社会」をつくっていけるかどうかは，私たち一人ひとりの当事者意識にかかっています。

注
(1)　「先進国」と「途上国」の分類については，いかなる指標に基づくのか，「富める国」と「貧しい国」に単純に二分化できるのかなど，定義に関する数々の疑問や批判が提起されていますが（ロスリングら，2019 などを参照のこと），本稿では便宜上，世界銀行が用いている 4 つのグループ（高所得国，上位中所得国，下位中所得国，低所得国）に用いて，高所得国を先進国とし，その他を新興国・途上国としています。

ブックガイド

斉藤幸平『人新世の「資本論」』集英社，2020年。

中村哲『天，共に在り──アフガニスタン三十年の闘い』NHK 出版，2013年。

鶴見良行『バナナと日本人──フィリピン農園と食卓のあいだ』岩波書店，1982年。

第**21**章

コーヒーカップの向こう側
フェアな経済とは何か？

　熱い1杯のコーヒーから1日が始まる朝は最高だ。お気に入りの店で焙煎したコーヒー豆を容器から出す。フタを開けるとコーヒーのかぐわしい香りが鼻をくすぐる。グラインダーで粉に挽いたコーヒーに，沸騰して落ち着かせたお湯を少し注ぐ。コーヒーが盛り上がり山のようになりコーヒーの良い香りが部屋に満ちていく。コーヒーを飲むと酸味の中に，ほのかな甘みを感じる。ランチの後はカフェでのコーヒーが忙しい1日に潤いを与えてくれる。暑い日には冷やしたコーヒーベースのフラペチーノをスタバで飲めば，体がしゃんとする。

　忙しい日々の生活の中で，こんなふうにコーヒーは私たちの生活をちょっぴり豊かなものにしてくれています。本章ではこのコーヒーから世界を見てみたいと思います。何気なく見ている日常の風景の，その先に思いを馳せてもらいたいからです。コーヒーはどこから来るのでしょうか。次の節からそれを探す旅にあなたと一緒に出てみたいと思います。さて，どこに行き着くのでしょうか？

1　コーヒーはどこから来るのか？——コーヒーを消費する国，作る国

　私たちの生活を楽しく豊かにしてくれるコーヒーですが，どこから来るのでしょうか。**表21-1**を見てみましょう。左端の「国別生産高」の欄がコーヒーの生産国で，生産が多い国から順番に記載されています。その多くが開発途上国（以下では「途上国」とだけ書きます）や新興国であることが分かります。また，ブラジルが突出して生産が多いことが分かります。2位ベトナムの約2倍の生産量，3位コロンビアに比べると約5倍の生産量です。ブラジルの生産量が多いので，ブラジルの作付けによってコーヒーの市場での価格は大きく変動しま

表 21 - 1　コーヒーを消費する国，作る国

	国別生産高			国内消費量			国別輸入高	
1	ブラジル	62,925	1	ブラジル	22,250	1	EU	83,869
2	ベトナム	31,174	2	インドネシア	4,800	2	アメリカ	28,918
3	コロンビア	13,858	3	エチオピア	3,800	3	日本	7,540
4	インドネシア	9,418	4	フィリピン	3,300	4	ロシア	5,288
5	エチオピア	7,776	5	ベトナム	2,700	5	スイス	3,086
6	ホンデュラス	7,328	6	メキシコ	2,450	6	ノルウェー	743
7	インド	5,302	7	コロンビア	1,791			
8	ウガンダ	4,704	8	ベネズエラ	1,550			
9	メキシコ	4,351	9	インド	1,475			
10	ペルー	4,263	10	タイ	1,400			

途上国が多い	ほとんど輸出へ	先進国

注：単位は 6 t（In thousand 60kg bags）
（出所）国際コーヒー機関（ICO）のデータにもとづき著者作成。

す。

　次に真ん中の「国別消費量」を見てみましょう。これはコーヒーを作っている国がどれくらい，自分の国でコーヒーを飲んでいるかを示しています。これで見るとブラジルは 1/3 は国内で飲んでおり，それなりに国内でも飲んでいます。しかし，2 位以下の国を見るとベトナムもコロンビアもほとんどを輸出しており，国内での消費は 1 割前後しかありません。アフリカの生産国のコーヒー生産者の中には，コーヒーを飲む習慣のない生産者もいます。コーヒーは途上国と先進国の間で貿易される「貿易材」なのです。

　次に右端の「国別輸入高」の欄を見ると，どこの国が多く消費しているかが分かります。EU，アメリカの消費量が多く，日本はそれに次いで世界第 3 位の消費国であることが分かります。つまり，私たちの生活はコーヒーを通じて強く途上国とつながっているのです。

　では，これらの国はどんな地域にあるのでしょうか？　最近の経済学では人工衛星から撮影した地球上の夜の光（夜間光）を使って経済状況を把握する研

究が盛んになってきました。明るい地域ほど経済活動が活発に行われていて，経済発展しているからです。ここで NASA による夜間光の写真を見てみましょう（図**21 - 1**）。

　コーヒーの生産国のほとんどはコーヒーベルトと言われる赤道を中心とした南緯25度から北緯25度地域に集中しています。これはコーヒー豆の栽培には年間の平均気温が20度前後である必要があることなどによるものです。この図を見てすぐに気がつくことは北アメリカ，ヨーロッパ，日本などには明るい地域が多く，一方，コーヒーベルトは暗い地域が多いことです。この夜間光からもコーヒー生産国が貧しいことが分かります。かつて『法の精神』で有名なモンテスキューは暑い国は貧しくなると論じました。暑い国にあるからコーヒー生産国は貧しいのでしょうか？

図**21 - 1**　コーヒー生産地は衛星の夜間光画像で経済活動を見ると暗い地域が多い

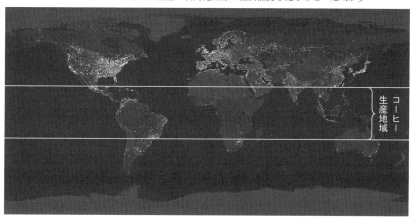

（出所）Visible Earth, NASA による衛星画像をもとに著者が作成。

　しかし，同じ地域にシンガポール，タイ，マレーシアなども位置しています。熱帯地方であることが貧しいことの理由ではないようです。それではなぜコーヒー生産国は貧しいのでしょうか？

2　そもそもどうして先進国へのコーヒー供給基地になったのか？

　コーヒー生産国がどうして貧しいかを考える際にポイントとなるのが，なぜそもそもこれらの国々は先進国へのコーヒー供給基地になったのかです。現在のコーヒーの生産国ではもともとコーヒーが生産されていたわけではありません。コーヒーの原産はエチオピアと言われ，9世紀ごろにコーヒーが発見されたと伝えられています。その後，12世紀末からイエメンのモカなど中東でも飲み始められ，15世紀にかけてトルコやエジプトなど中東のイスラム世界に広まりました。

　大きく変わるのは地中海貿易によりヨーロッパにコーヒーがもたらされてからです。1640年代にヴェネツィアにヨーロッパ初のカフェができると，あっという間にヨーロッパ中に広まり1650年代にはブームになります。この時代は，ヨーロッパがアメリカ大陸やアフリカに植民地を持つようになった時代でもありました。ヨーロッパにおけるコーヒーの需要が高まるにつれて，その需要を満たすコーヒーの生産地が必要になります。そして選ばれたのがブラジル，コロンビアなど現在の多くのコーヒー生産地です。さらに言えば，コーヒーだけでなく，砂糖，タバコ，綿花などをプランテーションで生産しヨーロッパに輸入するようになったのです。

　コーヒーなどの産品を積みアメリカ大陸からヨーロッパに到着した船は，そのままアメリカに戻るわけではありませんでした。**図21-2**のように積み込む荷物をかえて交易をしたのです。「三角貿易」の成立です。ヨーロッパに到着すると今度は積み下ろしたコーヒーの代わりに，ヨーロッパで生産された綿織物や武器を積んで，これらを販売するためにアフリカに行ったのです。そうしてアフリカに到着すると，今度は，綿織物，武器と物々交換をして手に入れた黒人をアメリカ大陸に運んだのです。アメリカ大陸では，コーヒーなどのプランテーションでの生産を支えるために多くの労働力が必要になっていました。15世紀末から19世紀後半にかけて，アフリカから1000万人以上の黒人が奴隷として売られ連れてこられたと言われています。こうして，同じ船で行き先に

よってそれぞれ積荷をかえて
ヨーロッパに富をもたらす収
奪的な「三角貿易」の経済体
制が成立し，現在の途上国が
コーヒーの供給基地として機
能するようになり現在に至る
のです。

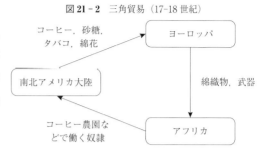

図**21-2**　三角貿易（17-18世紀）

3　どうして途上国は豊かになれないのか？

　三角貿易の頃からどんな国が豊かになってきたのか見てみましょう。**図21-3**はマディソン・プロジェクトという過去の GDP を推計する研究によるデータにより主要国の一人当たり実質 GDP を比較したものです。アメリカとイギリスは順調に経済成長し，特に1920年ごろからそのスピードが速くなったことが分かります。日本は1960年前までは低いグループに入っていましたが，その後の急速な成長でイギリスとほぼ同じ水準に追いつきました。全く他の国とは異なる動きをしています。一方，これら先進国グループとタンザニア，エチオピアなどアフリカ諸国との差はどんどん大きくなっています。

　三角貿易が成立したことによりコーヒーや砂糖など先進国で必要なモノの生産基地になったコーヒー生産地ですが，宗主国は植民地において収奪的な経済体制を作りました。そしてこれらの経済体制はその後，独立した途上国においても独裁政権によってアンフェア（収奪的）な経済体制をそのまま引き継いで現在にいたっている国が少なくありません。一部のエリートが権力を握り，その社会の富を収奪するような国です。

　アンフェア（収奪的）な制度があると本当に豊かになれないのでしょうか。確かに同じ地域，文化圏でも国境をはさんで豊かさがちがう場合があります。アメリカのテキサス州とメキシコ，かつての東ドイツと西ドイツなどは国境をはさんで大きく豊かさに差があります。日本に近い地域で言えば韓国と北朝鮮もそうした事例です。

図 **21-3**　拡大する先進国とアフリカの一人当たり実質 GDP の差

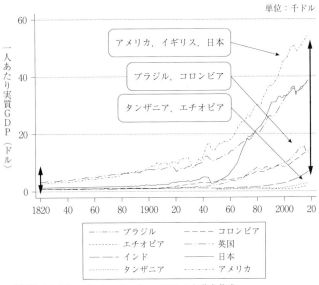

（出所）Maddison Project Database 2020 より著者作成。

　両国は**図 21-4** が示すようにもともと大きな差があったわけではありません。しかし，1969年ごろから劇的に二つの国の状況に差がついてしまいました。一人当たり実質 GDP はその国の人々の豊かさを示す指標です。北朝鮮はほとんど成長していないばかりか，わずかに下がってきてさえいます。この両国の差はどこから出てきたのでしょうか。両国は地理的にも文化的にも近く，こうした差が出てくる原因ではないことは明らかです。大きな違いは両国の経済体制です。韓国は包摂的な経済制度を，北朝鮮は収奪的な経済制度となったことがこうした差を生んだのです。包摂的な経済体制とは国民の持つ才能を生かし，参加を促し，そして私有財産を保護し，司法が公平な判断を行うような国です（この点の議論についてさらに詳しく知りたい人はアセモグル・ロビンソン（2016）「国家はなぜ衰退するのか」をぜひ手に取ってみてください）。

　さて，こうして先進国と途上国，特にアフリカの間には大きな格差があるわけです。こうした格差がある中で取り引きされるコーヒー，トールサイズのコーヒー（330円）を私たちが買った場合，生産国の農民たちが手にするのはど

図 **21 - 4**　韓国と北朝鮮の一人当たり実質 GDP の比較

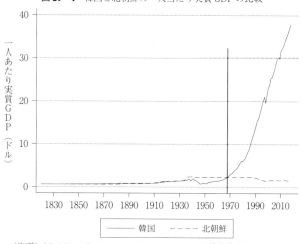

（出所）Maddison Project Database 2020 により筆者作成。

れくらいでしょうか。映画「おい
しいコーヒーの真実」（監督：マー
ク・フランシス，ニック・フランシ
ス）で広く知られるようになりま
したが，トールサイズのコーヒー
（330円）を私たちが買った場合，
生産国の農民たちが手にするのは
その内，3 - 9 円（1 - 3 ％）です。
輸送料などは輸入業者が支払うこ
とが多く，これがこの配分に大き

図 **21 - 5**　トールコーヒー330円を買うと？

90％（296円）
カフェ，小売業者，輸入業者

7 ％（23円）
生産国の輸出業者

1 - 3 ％（3 - 9 円）
生産国の輸出業者

イラスト：筆者作成

く影響していることはあります。それでも，先進国と途上国の人件費や労働条
件には大きな差があります。もちろん，先進国と途上国では上で見たように大
きな格差がありますので，人件費にも大きな差があることは当然です。しかし，
このままではこの格差をなくしていくことが難しくなってしまいます。

4　どうしたら不平等をなくすようなフェアな取引が可能になるのか？

　ではどうすれば先進国と途上国の格差は縮まるのでしょうか？　私たちにできることはあるのでしょうか。Think Globally, Act Locally（地球規模で考え，足元から行動しよう）という言葉があります。身近なところから考えていきましょう。

■①フェアトレード製品を買う

　第一に考えられるのはフェアトレード認証された商品を買うことだと思います。日本では企業におけるフェアトレードの導入の動きが鈍い状況にあります。これには私たち消費者の意識がまだ低いことにも原因があると思います。なので，どうやってフェアトレードを広めていくかはとても大切だと思います。

　一方，フェアトレードによって本当に生産者の生活が改善されているのか，これまでのところ十分に報告されていない点は改善する必要があります。逆にフェアトレードに参加しても現地ではあまり賃金が上がっていないという研究論文が Cramer たち（2017）によって発表されるなどしてきており，今後，研究がさらに必要な分野です。

■②生産者とフェアな取引をしている製品を買う

　最近，現地のコーヒー生産者と直接に取引をして輸入したコーヒー豆を使うカフェが増えてきました。こうした豆はフェアトレード団体による認証は受けていませんが，現地の生産者と顔が見える関係を築いてきているものもあります（ただ，すべてではありません）。中にはフェアトレード団体の活動が十分に現地生産者のためになっていないと感じて，直接に取引をしてきている場合が少なからずあります。こうして輸入されたコーヒーを飲むことも，不平等を減らすことにつながるでしょう。

　また，こうした直取引のコーヒー豆を使っているカフェはほとんどの場合，コーヒー豆の品質にも強いこだわりがあります。普通のカフェで飲むよりは値

段が高くなりますが，味も酸味や果実味を強く感じるなど，これまで飲んだコーヒーとは全く異なる味を楽しむことができます。ぜひ試してみてください。明治大学で私のゼミの学生が販売している明治大学 SDGs コーヒーもそうしたコーヒーです（HP をぜひ読んでみてください　https://jimbocho-coffee.com）。

■③国際協力に参加する

　最後は，いますぐに皆さんにできることではないですが，大学を卒業して先進国と途上国の格差を埋める仕事に就くことです。これには国連で働く，外交官になる，ODA（政府開発援助）や NGO で働くなど様々な方法があります。

　また，どうしたら収奪的なアンフェアな経済からフェアな経済にできるのか，まだよく分かっていない部分もあります。大学では多くの研究者がこの難問に取り組んでいます。学生時代に一緒にこの難問に取り組むことも大切な貢献になります。

　この章ではコーヒーという身近にある飲み物から世界の現状や歴史，その格差の理由などを考えてきました。コーヒー以外にも多くのモノが似たような歴史をたどってきています。チョコレートはその代表的な事例です。児童労働が問題になってきていることを聞いたことのある人も多いと思います。児童労働もアンフェアな取引の一つの事例です。児童労働以外にも多くの劣悪な労働環境にある人々もいます。2013年にはバングラデシュで縫製工場が入った商業ビル「ラナ・プラザ」が崩落し，死者1,134人，負傷者2,500人以上が出ました。

　また，各国の国内でも格差が拡大しています。「ブラック企業」，「やりがい搾取」などアンフェアなことは私たちの身近にも存在しています。アンフェアな経済は遠い国のことではなく，アルバイトなどをする時には私たち自身のことでもあるのです。コーヒーを飲みながら，ぜひ自分自身と周りの人たちを見回してみてください。そこにフェアな経済を作ること，これがすべての始まりになるのだと思います。

ブックガイド

サンデル，マイケル（鬼澤忍訳）『実力も運のうち　能力主義は正義か？』早川書房，
　2021年。

スティグリッツ，ジョセフ・E『PROGRESSIVE CAPITALISM（プログレッシブ
　キャピタリズム）』東洋経済新報社，2019年。

スティグリッツ，島田剛「グローバル化する世界における経済学者の役割とは」『経
　済セミナー 2020年 2・3 月号：p 8-18，日本評論社 2020年。次の URL で PDF
　をダウンロードできます。 https://researchmap.jp/goshimada/misc/21222686/
　attachment_file.pdf

第22章

平成の内外雑居から新しき日本人たちへ
日本人を形成した太古の大陸移動から未来を展望する

川島高峰

1 遅れてきた大国・日本 過去の栄光と衰退途上国

日本は世界の先進国で自分は国際化や国際交流に関心や関係はないけれども，それは日本の誰かが上手くやってくれるから日本も自分も安泰と思っている学生がいたら，ぜひ本章を読んでほしい。平成の30年間で日本は激変したからです。

例えば日本の自動車産業を世界販売の実績から考えてみよう（以下，各社Web による）。トヨタ自動車の2021年の販売実績（2020年4月～2021年3月）では世界販売7,646（千台）のうち国内販売は2,125（千台）で全体の27.79％です。同じく2020年，ホンダ自動車の国内販売の比率は13.0％，日産は11.63％。ホンダはバイク・メーカーとして有名ですが2020年，二輪車の国内販売は世界販売のわずか1.42％です。今や日本の巨大企業にとって世界市場が主戦場であり，国内市場の存在感はとても小さいのです。

今後，この傾向は拡大するでしょう。日本が人口減少社会で国内市場の拡大が望めないからです。どの先進国も合計特殊出生率（一人の女性が生涯に出産する子供の数）の低下に直面していますが，日本はさらに深刻です。世界経済フォーラムの世界男女格差指数のランキングによると日本は2006年に世界115カ国中80位でしたが，2021年には156カ国中120位と15年間で40位近くもランクを下げています。出産・育児の環境改善には男女格差の是正が必須ですが日本はこれに逆行しています。男女格差は地方ではさらに深刻なために結婚・出産適齢期の女性が大都市圏へ流出しており，これが近年よく言われる地方消滅論の大きな原因となっています。

　平成の30年間は東京一極集中，格差拡大，地方消滅，子供の貧困，孤独死，無縁社会など日本の衰退を示す現象が次々と登場しました。これに気候変動や震災，原発事故といった災害／人災リスクも加わり，日本は世界的にリスク・カントリーとみなされています。平成は「失われた30年」と評されますが，これをよく現したものに世界時価総額・企業ランキング（週刊ダイヤモンド調べ）があります。平成元年（1989），このランキングの１位から５位までを日本企業が占め，世界の上位企業30社中，21社は日本企業でした。しかし，平成30年，この上位30社に日本企業は１社も入っていません。上位５社は，いわゆるGAFA（Google, Amazon, Facebook, Apple）とマイクロソフトでアメリカの情報産業により占められています。日本の世界経済ランキング予想では2030年に４位，2050年８位（PwC, 2017レポート）と多くの場合，下降の予測にあり，近年，日本は「衰退途上国」とさえ呼ばれます。子供人口の推計（15歳未満の子供の人口推移）はさらに深刻です。現状の出生率低下が続けば最後の日本人が生まれるのは西暦3010年５月５日の子供の日の頃と推計されています。平均寿命を100歳とすれば西暦3110年頃に最後の日本人が死ぬことになります。衰退途上どころの話ではないのです。

　これほどの行き詰まりに直面した日本は並大抵の発想では新たな活路や未来を切り開けるものではなく日本観や日本人観の転換が必要です。その前にこれまでの日本観や日本人観とは何だったのかを確認しておきましょう。

2　日本観／日本人観の変遷
島国からの脱亜入欧，単一民族神話の形成と一億総中流

　日本列島の住民が全体として日本や日本人という概念を共有するようになったのは近代以降です。それ以前は外交・交易・異文化の摂取，あるいは対外的な危機対応に関わった限られた人だけがそのような意識を持ったに過ぎません。外国と地続きではない極東の島国であるということ，そのことが日本観／日本人観に与えた影響はとても大きいのです。

　19世紀末から20世紀にかけてアジア・アフリカの両大陸は資源と市場の世界

分割をめぐる欧米帝国主義の支配下にありました。日本は極東の島国という地理的な位置が幸いし，欧米列強の対日進出は遅れ，さらに資源小国のため原材料を目的とした植民地化の対象にもなりませんでした。このため欧米の脅威を受けながらも開国と近代化に主体的に取り組む余地を持てたのです。江戸時代後期には前近代的な軽工業段階，つまり，産業革命直前の段階にあり，教育水準が高いなど内発的に近代化を実施できる要素を持っていました。政治的には天皇の下に強力な国民統合を形成できたこと，単一民族もしくは民族の多様性が低いため言語・信教・人種による対立や分裂がほとんどなかった点はとても重要でした。

　日本は日清戦争の勝利で帝国主義国家の一つとなり，日露戦争に辛勝（同戦争末期には大規模戦闘に必要な弾薬等の補給が困難な状態にあった）し，世界の列強の一つになりました。第一次世界大戦は主戦場が欧州のため日本は戦わざる戦勝国となり，国際連盟で常任理事国の一つになりました。しかし，資源小国・日本にとって石油・鉱物資源・天然ゴムといった戦略物資の確保は帝国主義政策のアキレス腱となりました。1929年に始まる世界恐慌により列強が排他的な経済勢力圏の形成に向かうと，日本も欧米列強からアジアを解放するとの独善主義を掲げ，国際連盟を脱退，大東亜共栄圏の建設へ突き進みました。第一次大戦の前後から日本社会の一部では脱植民地主義と通商国家による小日本主義の構想がありましたが，これが新たな日本観となるのは戦後のことです。

　戦前の日本観の特徴は日本を欧米とアジアの対比から捉え，「脱亜入欧」から始まり欧米の近代文明の超克を目指した点にあります。日本は単に軍事力による勢力圏の拡大ではなく，日本を一つの文明圏の盟主とした世界新秩序の完成を目指しました（『臣民の道』文部省編1941年7月）。この信念や正当性を支えたのが肇国（記紀等で伝えられた日本の起源）の神話でした。この民族の起源を万世一系の皇室が血統的に継承しているとの考えから天皇を民族の家長として戴く家族国家観を持ちました。そして，神格化された天皇・皇室の血族たる日本民族は優秀であると信じられました（『国体の本義』文部省編1937年3月）。日本人の起源をめぐっては大陸から渡来した諸民族の混合説などが当時からありましたが，総力戦体制に向けて社会を支配した日本人観は単一民族，家族国家

観，純血主義，日本民族の優秀性にありました。大日本帝国の拡大にともない
支配地域の多民族化を受けて日本人概念の混合民族化・多民族化の主張もあり
ましたが，それは帝国の支配を正当化する目的に過ぎませんでした。

　他方，日本が資源小国であり科学技術では欧米より後進国であったことはい
かんともしがたい現実でした。ところが欧米の近代文明は物資文明，個人主義，
欲望主義を基調とした誤った近代化であると批判し，日本は精神主義，滅私奉
公，禁欲主義などにより堕落した近代欧米文明を超克するのだ，ということが
真剣に説かれました。第二次世界大戦では緒戦の軍事的勝利により，このよう
な観念が一層，強固となり，アメリカの圧倒的な科学と物量による軍事力を前
に日本は玉砕（部隊が全滅するまで戦闘を続ける）を繰り返し，戦争末期には特
攻兵器のような必死攻撃（必ず死ぬ点で決死とは全く異質）を通常兵器のように
用いるようになりました。結局，日本は広島・長崎の原爆投下を受け御聖断に
より降伏の意思決定をしたのです。

　第二次世界大戦直後，我が国は世界の「四等国」（マッカーサー元帥［連合国軍
最高司令官／占領軍最高司令官］からそう評された）となりましたが，23年後の
1968年には世界・第2位の経済大国（GNP比）へ駆け上がりました。日本の高
度経済成長（1954年〜1973年）は「東洋の奇跡」と称され世界から成長のモデル
とされました。1973年の第一次オイルショックの影響で1974年はマイナス成長
（実質成長率；国内総生産の対前年度比）となりましたが，この年を除き1991年の
バブル崩壊まで，日本経済は36年も成長を続けました。長期に及ぶ成長を支え
た要因には人口ボーナス（人口増大による国内市場の拡大）があり，自国の特許
製品を自国民の労働力で生産し自国民が消費する内需拡大の構造がありました。
この構造を通じて国際的に競争力が高い製品を輸出する貿易立国となり，特に
ハイテク製品等の輸出では電子立国と称されました。

　戦後の経済大国の形成に大きな影響を与えたのが敗戦体験と冷戦です。特に
アメリカの科学と物量に敗れたという国民的な教訓から戦後は技術革新を重視
するようになり，戦前は社会の一部で主張されていた小日本主義は軽「軍備」
重「経済」（いわゆる，吉田路線）として国策になりました。日本を資本主義対
社会主義という冷戦イデオロギーの対比で位置付け，保革対立という国内冷戦

は時に厳しい亀裂を政治や社会にもたらしましたが，自由資本主義陣営の中で
反戦・非戦の国際協調主義を軸にすることで経済大国化を果たしました。

　戦後では肇国のような神話世界の影響力は小さくなりましたが，戦中の極端
な集団主義，精神主義は戦後に愛社精神，モーレツ社員，壮烈社員といった組
織主義や会社主義に継承され，「過労」が労働慣行となり Karōshi（過労死）は
国際語になりました。序列の中で自身を位置付ける承認欲求も継承され，国際
的には日本／日本人を GNP や GDP のランクから，国内的には個々人を偏差
値や学歴，企業，所得階層から自己の規定をしました。経済成長により国民の
95％以上が中流意識を持つ一億総中流社会となり，この中流階層の拡大と日本
経済の世界的な上昇が両輪となって経済ナショナリズムを形成しました。

　敗戦後，帝国と植民地を喪失したことは戦後の日本社会に世界観や国際感覚
の喪失をもたらしました。1973年には先進国首脳会議の一員となり戦後版の脱
亜入欧を果たし，海外旅客数も70年代には100万人台へ増えましたが，受験英
語が国民の国際感覚を養うことには至らず，日本語は国際交流の大きな障壁で
した。経済大国化は単一民族観と民族の優秀性を再び安易に結びつけ，戦後も
単一民族神話観が続きましたが，戦前のように世界へ日本の価値を発信する意
欲は低調で，むしろ，情報や文化では鎖国のような状態になりました。

3　「失われた30年」に始まった第二の開国と内外雑居

　平成以降になると日本観，日本人観や日本人材の構成は激変期に入ります。
例えば，2021年の東京オリンピックでは大坂なおみ（父：ハイチ出身アメリカ人，
母：日本人）が日本を代表する聖火の最終ランナーになり，八村塁（父：ベナン
人，母：日本人）が日本選手団の旗手をつとめました。ラグビー日本代表にも
外国人選手や「外国にルーツを持つ」日本人がいました。同様のことは，近年，
芸能・スポーツをはじめとした様々な分野で見ることができます。

　この変化の世界的な背景には冷戦崩壊によるグローバリゼーション，イン
ターネットにより世界が身近になったこと，海外旅行の大衆化などがあげられ
ます。国内的には1993年の技能実習制度により事実上の外国人労働者の受け入

れ導入が始まったこと，2003年には観光立国を掲げ2008年に観光庁を設置した
こと，2009年の出入国管理及び難民認定法改正により外国人労働者の受け入れ
拡大となったことなどの影響があります。

　この結果，日本への外国人観光客（訪日外客数）は2003年には521万人でした
が2019年は3,188万人と 6 倍以上に増えました。また海外出国者数は1964年の
東京五輪大会の年には22万人でしたが，1971年に100万人台を超え，1990年に
1,099万人と1000万台を突破し，2019年には2008万人になりました。3 カ月以
上，日本に滞在する在留外国人（在日外国人）にも大きな変化がありました。
1980年代前半まで在留外国人の 8 割以上が在日韓国朝鮮人でした。しかし，こ
の頃から平成元年に向けて中国人が増加し，1989年（平成元年）頃からは在留
外国人の多国籍化が始まりました。この年の在留外国人98.4万人の内訳はコリ
アン68.1，中国13.7，フィリピン3.8，アメリカ3.4，ブラジル人1.4，ベト
ナム0.6，タイ0.5，ペルー0.4となりました（単位は万人）。2019年，在留外
国人の総数は293.3万人と約 3 倍になり，その内訳は中国77.8，ベトナム44.8，
韓国42.6，フィリピン27.9，ブラジル20.8，ネパール9.5，インドネシア
6.6，台湾5.5，アメリカ5.5，タイ5.3でした（単位は万人，公表統計は2012年
以降，中国と台湾を別勘定，コリアンは在日韓国人のみの公表となった）。

　3 カ月以上海外に滞在する海外在留邦人数（在外邦人）は1989年（平成元年）
には58.6万人でしたが，2019年には141万人と約2.4倍になりました。平成の30
年間で日本人材の構成は少しずつですが，結果としては大きな変化をしてきた
のです。もはや昭和の単一民族的で文化的な鎖国の状態から，在日外国人と在
外邦人の拡大と多国籍化という「内外雑居」の時代になりました。これにとも
なう混乱の拡大を懸念する声もありますが，その他方，「世界，なんでこんな
ところに日本人が?!」といった主旨のテレビ番組（2008年 1 月 2 日よりテレビ朝
日）や，来日する外国人を扱った『YOU は何しに日本へ？』（2012年 6 月30日よ
りテレビ東京）が人気番組となり，内外雑居に日本社会は好意的な関心を寄せ
ている面があります。

　平成になり日本人の日本観／日本人観はその前提に地殻変動が見られるよう
になりました。内外雑居の進展は日本の担い手の多国籍化という変革になり，

若い世代の中からは日本とは何？　という問いや，日本観や日本人観を持つ必要性や妥当性を疑問視する姿勢が見られるようになりました。それにもかかわらず戦後の高度経済成長が余りにも長期および大成功を収めたために昭和の日本モデル（冷戦と脱亜入欧・情報鎖国・単一民族神話・一億総中流など）は神話化・既得権益化し，政治経済や人生・社会の意思決定と価値形成に対して支配的となっています。このため平成の前後から始まった新しい状況（冷戦崩壊とグローバル化・インターネットとボーダレス・内外雑居・格差拡大など）に対して，公的にも私的／個人的にも機能不全に陥っています。

　実際，君たちの多くは何のために大学へ来たのか？　と問われたら何と答えることができるでしょうか？　終身雇用制度はより良い企業の一員となるために必要な学歴をめぐる受験競争を過熱させ，かつて超克の対象だった欧米の物資文明，個人主義，欲望主義は今や日本社会の日常であり競争に拍車をかけています。その結果，日本人の人生やアイデンティティは自身が何をしたいのかというよりは，何に所属するのか，どのランキングになるのかという属性の獲得をめぐる承認欲求の闘いになり，「自分が何をしたいのか」を考える余裕がありません。このように結果として自己喪失に陥ることが社会的な傾向になり，平成の日本は日本観も，日本人観も「喪失した」のです。

4　果てなき JAPAN　大陸移動，数万年の軌跡から未来を学ぶ

　日本は有史以来，鎖国もしくは限定的な方法でしか海外との交流ができなかった島国です。これが単一民族化の大きな要因でした。大日本帝国の下に多民族支配を形成しようとも，経済大国化により日本製品が世界市場を席捲しようとも，情報文化の鎖国的体質と社会文化の純血主義になかなか，変化は起こりませんでした。従って，平成に始まった内外雑居はヤマト民族の形成と誕生以来の日本人材の大変動です。この新しい変動は2019年末から始まったパンデミックにより停止状況となっています。パンデミックの終息やその後の日本の国際人流の動向は予測が難しいですが，日本が再び純血主義的な単一民族観で新たな神話を創ることは余り起こりそうもない話です。それでは3110年頃に日

本人自体が消滅してしまいます。

　繰り返し述べてきたように日本は資源小国ですが，私はアジアの大学で学生によく「日本の資源は何ですか？」と質問をします。その答えは「人材」なのです。それでは今の若者は，そして今の日本の教育は自らの若者を世界に誇れる人材と胸を張れるでしょうか？　若者と限らず日本人は島国根性，ムラ社会，集団主義や同調圧力といったネガティブな日本人観に陥りがちです。でもわれわれが思っている「純粋な日本人」とはかなり曖昧な概念でそれほど長い歴史を持っているわけではありません。弥生時代末期，大陸渡来の複数のモンゴロイド種との混血からヤマト民族が形成されたことが遺伝子考古学から明らかとなっています。長くともその歴史は3000年程度で純血なヤマト民族が単一民族として固定したのは2000年くらいでしょうか。弥生人や縄文人が日本人ではないとしても私たち日本人が太古からの様々なご先祖様の血流のお世話になっていることに間違いはありません。そして，これからもそうなるのです。平成に始まり顕著となった内外雑居とは私たちの遺伝子に刻まれた遠い記憶を呼び覚まそうとしているのではないでしょうか？

　確かに平成は喪失の時代でした。でも，なくなることは悪いことばかりではありません。既成概念にとらわれる必要はないし，既成概念そのものがなくなってしまいました。よもや昭和モデルの延長戦で世界偏差値・最終競争とかを世界の大学や企業を相手に続けたがる向きもあるまいと思います。日本の中央省庁のエリートでさえ国民総生産の拡大は国民の幸福感の増大に寄与しないと訴えています（経産省・若手プロジェクト，2017年）。嫌中に凝り固まった人の中には今に中国も少子高齢化に陥ると指摘したがりますが，そうなったとしても中国は今世紀一杯，10億人市場を維持し続けます。さらに2030年には現時点で人口13.6億，平均年齢28.4歳のインドが10億人規模の成長市場へ台頭します。欧米の10数国が結集しても印中2カ国の市場規模と成長には及ばないでしょう。かくして冷戦も，脱亜入欧の時代も終わるか，あるいは変わることになるのです。これからは内外雑居の複雑で，多様で，学際的な関わりの中で学び，考え，表現していくことで「次代」を作る時代になるでしょう。

ブックガイド

経産省若手プロジェクト『不安な個人，立ちすくむ国家』文藝春秋，2017年。

藻谷浩介『里山資本主義——日本経済は「安心の原理」で動く』角川書店，2013年。

ハラリ，ユヴァル・ノア『サピエンス全史——文明の構造と人類の幸福』河出書房
　新社，2016年。

第23章

実感する海外事情

和田　悟

1　「国際化」「グローバル化」のトレンドに引け目を感じる君へ

　世の中で求められる人物像として「グローバル人材」という言葉をよく聞きくようになりました。この言葉は語学力と結びつけて語られてきたので，苦手意識を持っている人もいるのではないでしょうか。ここでは，主に，そのような人が「国際化」に向き合えるよう後押しする「国際交流」の取り組みについて紹介しながら，実際に現地に行って感じることの大切さについて述べたいと思います。すでに海外での活躍をしたいと思っている人には，留学先として欧米先進国以外に目を向けてもらうきっかけにしてもらえればと思います。

　まず，世間で「グローバル人材」の必要性が強調されてきた背景事情についてみておきましょう。2000年代に入り，日本ではインターネットが社会のすみずみまで行きわたりました。ビジネスも海外での事業展開の重要性も高まりました。当然，海外勤務の機会も増えることになりますが，若者のうちでは，こうした流れに積極的に取り組める者とそうでない者との二極化が進んでいるのではないかと指摘されるようになってきました。高校・大学での海外留学を志す学生の減少したことも懸念されていました。

　明治大学情報コミュニケーション学部で国際交流プログラムが始まったのは，国でグローバル人材の育成についての提言がまとまった頃でした。いくつかあるプログラムのうち，筆者はタイとラオスの大学との交流を担当しています。2000年から2003年にかけて国際協力事業団（JICA：現・国際協力機構）の専門家としてラオス国立大学に赴任しIT教育課程を立ち上げることに携わったときの経験がもとになっています。ラオスについては事前にそれなりに情報収集を

していたつもりでしたが，実際に行ってみると，想像とはかけはなれた世界が広がっていました。結局，現地のことやそこに暮らす人のことを何も分かっていなかったと思い知らされました。特に印象に残っているのは秘書のラオス人の言葉です。彼は私と同世代ですが，こう言いました。「私が子供の頃はアメリカ戦争があって，メコン川は沢山の死体が流れていたんです」と。彼の言う「アメリカ戦争」とは私たちが歴史の教科書で学ぶ「ベトナム戦争」のことです。歴史的な出来事の名前も立場によって，見方が異なるということ，そして教科書の記述は，そこに巻き込まれた人々の暮らしに想像を巡らせなければ，生きた知識にならないことを学びました。

　ここで，私が赴任した当時のラオスの状況を数字でみてみましょう。面積は日本の本州と同じくらいで，2000年当時人口は550万人ほどでした。インターネットの利用者の割合は0.11％でした。1,000人に1人です。国全体で6,050人ほどです。電話の契約件数も人口100人当たり1件にもなっていませんでした。みなさんは，これらの数字から何か街の様子を想像してみたでしょうか。私はラオスに赴任する前に，これらの数字を見ていましたが，それがどういうことなのかを考えていませんでした。上記の状況は，例えば，道に迷っても街中で電話を掛けられるところがなく，もし電話が見つかったとしても，電話を掛ける相手がいないということです。よく使われる「一人当たりGDP」や保健医療の状況を示す「乳幼児死亡率」も数字を知るだけでは足りません。数字の先に，どのような暮らしぶりなのかを想像できるようになるべきだと思うようになりました。そのためには，やはり，学生のうちから異なる社会に飛び込んでみる経験が大切だと思ったのです。

図**23-1**　留学生らとの合宿で

　さて，「国際交流」プログラムと聞くと，多くの人は英語での交流を思い浮かべるでしょう。しかし，私のプログラムで使う言語は主に「日本語」です。タイやラオ

スで日本語を学ぶ学生たちとの交流が中心だからです。英語が苦手な人も参加できますし，話題が参加者の英語力に制約されません。むしろ，限られた期間で現地の事情をきちんと知ることができるでしょう。もちろん，語学上の意味もあります。タイやラオスの学生の日本語習得への取り組み姿勢に刺激され，その後の外国語習得の動機付けにもなるでしょう。

2　アセアンと日本

　タイへの短期留学プログラムで重視していることは，参加者のキャリア形成に役立つようにするということです。いま社会からは積極的に海外に飛び込める人材が必要とされていますから，タイでは企業見学を行うほか，できるだけ現地にいる卒業生らから話を聞く機会を設けることにしています。みなさん自身が，将来，海外を活躍の場とすることを選択肢にできるよう期待しています。

　多くの日本の企業が1985年のプラザ合意による円高を契機とする海外投資ブームや企業活動のグローバル化の加速で東南アジアに進出しました。特にタイへは，2000年以降，度重なる政治的な混乱にもかかわらず進出が拡大しています。また，2015年に「アセアン経済共同体（AEC）」が発足しました。アセアンの国々が地域として世界経済の中で競争力を高めるためです。タイは地理的にアセアンの中心にあり，インドシナ半島の流通の要として重要性が増していると思います。みなさんも社会に出たらタイをはじめとするアジアの国々に赴任する話がくるかもしれません。そうした機会を臆せず活かすことができるようになっていただきたいと思います。

　また，東南アジアの国々が親日的であることも重要です。2019年に外務省が行った「対日世論調査」によれば，9割以上の人々が「友好的な関係にある」「信頼できる」と答えており，自国にとって現在の重要なパートナーとして51％が日本を挙げています。中国・アメリカなど他国を抑えてトップの支持です。これは，今までずっとそうだったというわけではありません。

　2012年に中国で大規模な反日暴動が起きましたが，東南アジアでも反日の気運が非常に高まったことがあります。1974年1月，田中角栄首相が東南アジア

を歴訪したときのことです。ジャカルタなどで暴動が起きました。日系企業が焼き打ちにあい，日本車が燃やされました。このあたりの背景については，2019年のタイ研修で，当時の様子をよく知る方からお話をうかがうことができました。タイでも日本への反感の高まっていたことを具体的なエピソードを交えて話していただきました。当時の日本人の中には現地の人々を見下し，日本のやり方を押しつけ，うまくいかなければ叱りつけるといったことがあったようです。みんながいる前で失敗を指摘し，叱責するということは，体面を重んじるアジアの国々では，やってはならないことと言われています。また，自分たちのやり方が正しく，「やり方を教えてやる」という態度も反感をかう原因になります。私たちは現地の人々が大切にしている価値観や考え方を尊重するという態度を学ばなければなりません。こうした意味で1977年に福田赳夫首相がアセアンに示した，次の3つの外交原則は重要でしょう。すなわち，①日本は軍事大国とならない，②アセアンと「心と心の触れあう」関係を構築する，③日本とアセアンは対等なパートナーである，という「福田ドクトリン」です。こうした基本姿勢での協力関係が現在の友好関係や信頼のもとになっているのではないでしょうか。

3　「途上国」とひとくくりにしないで

　アセアン経済共同体の発足により，域内の連携強化が図られる中，タイをはじめ東南アジアに進出している企業では生産効率の向上を図るため，生産工程を一国で行うのでなく，最適立地を求めて一部を周辺国に移すという動きがあります。関心を持ってタイを眺められるようになれば，さらにアセアン全域，アジア全域へと関心を広げられるようになるでしょう。アセアンは域内に6.6億の人口を抱えています。EU よりも大きいのです。経済規模はまだ小さいですが，今後大きく成長することが見込まれるため，アセアンは重要な地域となっています。

　ただし，ひとくちにアセアンといっても構成国の事情は様々です。本章で取り上げた国際交流プログラムと関わるタイとラオスだけをみても，タイは立憲

君主制国家，ラオスは社会主義国家です。世界銀行のデータでみると，2020年の人口の推計値は，それぞれ，約6,980万人，約728万人です。生活水準などを推し量るのに用いられる「一人当たり GDP（PPP）」は，1万9,277ドルと8,173ドルと大きな差があります。参考までに日本のデータは，4万3,594ドルです。そして，国際電気通信連合（ITU）の統計でインターネットを利用する人の割合をみると，日本は92.7%（2019年），タイは66.7%（2019年），ラオスは25.5%（2018年）です。ちなみに，ITU の統計でいう「インターネットを利用する」とは，過去3カ月の間にどこかでインターネットに接触した人の割合（多くの国で6歳以上を対象とする調査）を意味します。したがって私たちと同じように毎日頻繁に利用していることを示すとは限りません。むしろ，この定義からすると，タイは1/3，ラオスは3/4の人々が全くインターネットと接触していないということです。こうしたデータから，みなさんは人々の暮らしぶりをどのように想像するでしょうか。

　日本の数値と大きくちがうので，タイの学生たちはスマホなどを使っていないのではないかと思う人もいるかもしれません。ところが，実際にタイやラオスの学生と交流すると，ほとんどの学生が iPhone などのスマホを使い，みなさんと同じように LINE，Instagram，Facebook を活用しています。PC のスキルについては，タイの学生は日本の学生よりも上かもしれません。ではなぜ，ITU の統計などでは日本に比べて大きく下回っているのでしょうか。

　答えは，格差の問題にありそうです。私たちが交流する相手の多くは，それぞれの国の首都に住み，大学に通えるほど経済的に余裕のある人たちです。国際交流で実際の様子をみている限り，彼らは日本のみなさんと変わりなくインターネットを利用しています。ITU の統計や，世界銀行のデータは国単位の平均だということに注意する必要があります。東南アジアの多くの大都市とその周辺地域は「メガシティ」を形成し，日本とあまり変わらない暮らしがそこにあります。日本から行く学生のほとんどは，バンコクの巨大ショッピングモールやその周辺の街の様子を見て驚くようです。街の様子は様々なメディアで取り上げられますから，本来，知っているはずなのですが，「途上国」という言葉でアジアの大都市のありようを無意識のうちに過小評価しているのかも

しれません。

　その一方で，都市部には非常に貧しい人々が居住するスラムがあります。2017年〜2019年には本学の学生と東南アジアの国々（タイ，ラオス，ベトナム，カンボジア，シンガポール）から集まった学生らと，SDGs の観点から都市化にともなう問題について議論する取り組みが行われました。このときに行われたバンコクのスラムの見学・支援団体への訪問も参加者らにとって非常によい経験だったようです。これに参加した多くの学生が，滞在期間中，最も印象的だった経験として挙げていました。問題意識の高い学生たちでも「百聞は一見にしかず」を実感したことをうかがわせます。

　2019年に始まった新型コロナウイルスへの対応では，しばしば東南アジア各国の貧困地域で感染対策・医療の不足や遅れが取り上げられました。このようなニュースに接したとき，現地の事情を見聞きした経験を持つ学生は，より具体的な問題として現地に思いを寄せることができるのではないでしょうか。

4　彼・彼女らのいる街での出来事への視点

　タイとの双方向交流プログラムは，「国際交流（タイ）」（2単位）の科目として開講しています。履修者は派遣・受入の両方に主体的に関わってもらいます。タイでの現地研修中（夏休み中約2週間）は，参加学生一人ひとりにタイの学生が「バディ」としてつきます。また，派遣先からやってくる短期留学生の受入（6月中3週間）は，学習支援を行いながら交流します。親密な交流が生まれ，大学を卒業後もずっと実際に互いの国を行き来し続けている先輩たちも少なくありません。交流先の大学とは協定が結ばれており，1年または半期の留学をすることもできます。協定校留学は休学して行く必要がありませんので，きちんと計画的に学習を進めれば4年間で卒業できます。就職活動と両立させるように時期を選んで留学することもできます。留学に少しでも関心を持ったら短期留学プログラムへの参加を含めて早いうちから考えてみてください。

　ガイダンスや授業の中で留学プログラムの紹介などを行う際，留学に対する気持ちをコメントシートに書いてもらいます。ときおり「日本が一番よいから，

海外に出たいと思わない」「海外に行かなくてもインターネットがあるから世界のことが学べるし十分だ」という回答を目にします。そのように考える学生には，プログラムに参加した学生の次の言葉を紹介したいと思います。「交流を通じてとても仲良くなりました。だから，タイやラオスのニュースに触れたときに，ああ，あの子たちのいるところで，起きていることなのだと……身近な問題として考えることができるようになりました」という言葉です。グローバルな問題を考える場合であっても，このような想像力が大切ではないでしょうか。海外研修は現地を五感で感じ，様々な気づきを得る絶好の機会です。ぜひ積極的に活かしてください。

ブックガイド

大泉啓一郎『消費するアジア──新興国事情の可能性と不安』中央公論新社，2011年。

伊藤亜聖『デジタル化する新興国──先進国を越えるか，監視社会の到来か』中央公論新社，2020年。

ロスリング，ハンスほか『ファクトフルネス──10の思い込みを乗り越え，データを基に世界を正しく見る習慣』日経BP，2019年。

第**24**章

「ありのまま」の報道は可能か
幕末・明治期の「報道メディア」から考える

日置貴之

　報道における情報の改竄や捏造は，以前からしばしば問題になってきましたが，最近では「フェイクニュース」という言葉を頻繁に耳にするように，そうした問題への関心はますます高まっています。改竄や捏造が問題にされるのは，私たちが「報道」とは事実を捻じ曲げることなく，ありのままに伝えるべきものだと信じていることの裏返しといえるでしょう。しかし，そのような意識は，いつの時代にも変わることがなかったのでしょうか。

1　報道写真の改竄・捏造・恣意性

　2015年の世界報道写真財団主催の報道写真コンテストに，多くの「加工された写真」が出品され，議論となりました。スポーツ写真部門では，失格せずに最終選考まで残った作品がわずか2点だけでした。財団は，世界の多くの国際ニュースメディアが採用しているのと同様の画像処理に関する基準を設けており，そこではカメラのセンサーについた塵が写り込んだ場合を除き，一切の要素を追加・削除することは認められていないのです。一方で，写真の色やトーン，コントラストを調整したり，地面を平らに見せるために多少の回転をしたりといった加工は認められているようです。過去には空爆の写真の煙の色を濃く調整した例などが物議を醸したといいますが，AFP通信が使用している画像改竄チェックソフトウェアである「タングステン」の開発者は，悪意を持った「改竄」と，写真をカメラマンが現地で実際に見た「ビジョン」に近づけるための加工とは区別すべきだと語っています（ドクルソン，2015）。

　報道カメラマンは，戦争や災害をはじめとする様々な出来事の現場で，自分の目で見た光景を写真として記録しようとするわけですが，できあがった写真

は必ずしも「目で見た光景」そのままではないこともあります。皆さんも，旅行中の記念写真を家に帰ってから見た時に，実際の景色とは少し印象がちがうという経験をしたことがあるのではないでしょうか。そういった「印象の違い」を調整するための加工は許されるべきだというのです。

　しかし，そうした「正当な」加工であっても，あるいは手を加えていない写真であっても，批判の対象となることはあります。

　新型コロナウイルス感染症（Covid-19）の流行が始まり，国内で最初の緊急事態宣言が発令された際に，東京・吉祥寺の人出が減っていないことが報じられました。「吉祥寺は先週末と同じにぎわい「いいんだよ，別に」と題した『日刊スポーツ』の記事（2020年4月19日）は，「前週の11日と，同じ場所同じ時間帯に「定点定時」でチェックしたが，途切れることのない人通りは先週と変わらないどころか，逆に人の密度は高くなっている印象を受けた」と記し，多くの人々が歩く駅前アーケード街の写真を添えています。

　しかし，この記事および写真に対しては，スマートフォンの位置情報などに基づく客観的データを参照していないことへの批判や，300メートルほどの奥行きのあるアーケード街を，望遠レンズを使って撮影することで距離を圧縮し，より多くの人がひしめき合っているように見せたのではないか，といった指摘がSNS上などで相次ぎました。

　おそらくこの写真は，不正に加工されたものではないでしょうし，先の「タングステン」開発者の意見に従えば，単に撮影者が現場で主観的に感じた「人の多さ」を反映したものなのであるのかもしれません。それでも，「必要以上に人が密集しているように見せようとしたのではないか」という疑念が多くの人に生じたことは，私たちが報道の「恣意性」にいかに敏感になっているかを示すといえるでしょう。

2　幕末・明治の「報道」と錦絵

　言い換えれば，「報道」とは，事実を捻じ曲げることなく，ありのままに伝えるべきものであると，私たちは信じているということになります。

　しかし，このような発想は，いつの時代にも変わることがなかったものなのでしょうか。近世（江戸時代）から明治時代にかけて，日本で新聞などの近代的な報道メディアが成立していった時期の例を見ながら考えてみましょう。

　近代以前の日本で，新聞に近い役割を持ったものとして，しばしば紹介されるのは，瓦版（図24-1）です。ただし，瓦版は定期的に刊行される新聞とは異なり，何らかの出来事の際に，その都度作られるものでした。また，江戸時代には同時代の出来事について記した出版物の刊行には，制約があり，瓦版は「違法出版物」として密かに製作され，こっそりと売られていました。時代劇等にはしばしば，堂々と顔を出して街中で瓦版を売り歩く瓦版売りが登場しますが，それらは実態とは異なる描写であるようです（森田，2016）。また，最近では「アマビエ」という妖怪の出現を報じた瓦版の存在が話題になりましたが，瓦版によって報じられる出来事の中には，私たちの感覚からすると荒唐無稽に見えるものも多く含まれます。

図24-1　安政5年11月15日（1858年12月19日）の江戸の火災を報じた瓦版

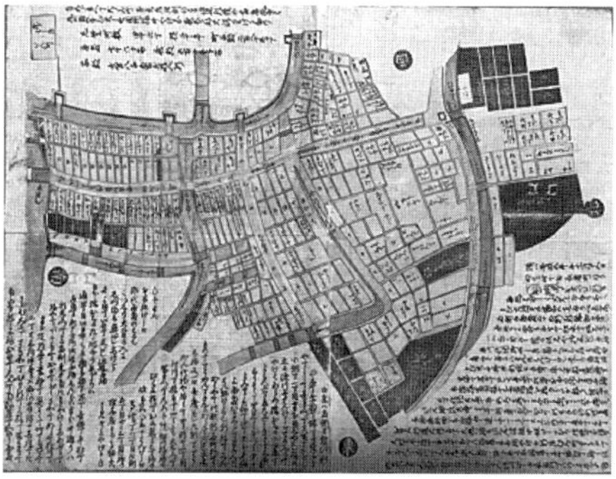

（出所）筆者蔵

　瓦版以外の近世における「報道メディア」として見落としていけないのは，錦絵です。例えば，文久3年（1863）に出版された二代歌川広重画『源頼朝公上洛之図』（大判三枚続，図24-2）という錦絵には，京へ上る源頼朝一行の行列と，御簾の内に座る天皇と思われる人物に謁見する頼朝の姿が描かれています。

　この絵を単純に眺めると，建久元年（1190）の頼朝の上洛という，700年近くも前の出来事を描いた歴史画であるように見えます。しかし，実はこの絵が出版された年には，当時の将軍・徳川家茂が，家光以来229年ぶりの上洛を行っていたのです。すなわち，この絵は最新のニュースを描いたものであるわけです。同時代の出来事を出版物の中に描くことのできない制約の中で，当時の人々は，過去の歴史的出来事に偽装することで（このような手法を「仮託」と

図 24-2　二代歌川広重『源頼朝公上洛之図』

（出所）国立国会図書館デジタルコレクション［DOI：10.11501/1307678］

いいます），同時代のニュースを描いたのです。

　今日では，錦絵は日本の美術品の中でも代表的なものとして知られています
が，それが「報道メディア」だったのだというと，不思議に感じる人も多いで
しょう。しかし，特に幕末から明治にかけて，社会の大事件を描いた錦絵は膨
大な量が残されているのです（小西，1977～78）。

3　報道メディアとしての演劇

　錦絵同様に現代では報道メディアという印象は薄いものの，幕末・明治期に
はそうした性質を強く持っていたものに，演劇があります（ここでいう演劇とは，
江戸時代に生まれた歌舞伎と，明治20年代に登場した新派劇を指します）。江戸時代の
歌舞伎も，出版物同様に同時代の出来事を描くことに対して制約を受けました
が，それでも幕末には桜田門外の変（安政 7 年（1860））などが演劇化され，明
治期に入ると現実世界の戦争や災害が盛んに劇場で再現されるようになります
（日置，2016）。

　それらの演劇でも，当初は錦絵と同じく「仮託」の手法が用いられました。
明治 3 年（1870）に上演された『狭間軍紀成海録』という作品は，明治元年
（1868） 5 月15日に，新政府軍と幕府軍の残党が江戸の市街地に近い上野で
戦った上野戦争を描いたものですが，題名から分かるように，全体は桶狭間の

戦い（永禄 3 年（1560））の芝居という体になっているのです。これが，明治 8 年（1875）の『明治年間東日記』になると，上野などの実際の地名が登場するようになり，さらに後，戦闘で没した人々の二十三回忌を記念した『皐月晴上野朝風』（明治23年（1890））になると，関係者が実名で描かれています。なお，錦絵の場合にも明治 5 年頃を境に，「仮託」の手法を用いず，実際の地名や人名を画中にはっきりと記す例が増えてくるようです。

　以後，演劇はよりリアルに，西南戦争（明治10年（1877）），日清戦争（明治27〜28年（1894〜95））といった戦争や，ノルマントン号の沈没事件（明治19年（1886）），濃尾地震（明治24年（1891）），明治三陸地震津波（明治29年（1896））といった戦争・災害を舞台の上に描いていきます。空爆や津波の様子をリアルタイムの映像で知ることも，戦乱や大災害の渦中にいる一般の人々がスマートフォンで撮影した動画を SNS を通じて見ることも可能な私たちとは違い，遠く離れた場所で起こる戦争や災害の様子を，「目で見て知ることが可能な動くメディア」は演劇だけだったのです（日本で最初の映画の上映は明治29年（1896））。

　実際，そうした作品は，「実感」を伝えるということを強調していました。例えば，新派劇で日清戦争劇を上演して大評判を取った川上音二郎は，その後，朝鮮半島に渡って現地視察を行ったのち帰国し，『川上音二郎戦地見聞日記』という第二弾の日清戦争劇を上演しました。また，同じく日清戦争時に，歌舞伎では『会津産明治組重』という作品が上演されましたが，その中に登場する日本に住む清国人の衣裳は，実際の在日清国人が着ていたものを借用したといいます。明治三陸地震津波を演劇化する際にも，作者と出演俳優が実際に被災地の岩手県へ向かったことや，被災地の慰問に行った人々が実際に使った水筒や編笠などを借りて舞台で使用したことなどが報じられました。こうした例や，作品の題名に頻繁に登場する「実況」「実記」といった言葉は，これらが遠隔地の「現実」を伝える報道メディアとして作られ，受け止められたことを示しているといえるでしょう。

　ただし，これらの錦絵や演劇は，最初に見た，報道は事実を捻じ曲げることなく，ありのままに伝えるべきだという現代の感覚からすれば，およそ「報道」とはいえない内容のものでした。

　歌舞伎と新派劇の両方で盛んに演じられた日清戦争劇の多くに共通するのは，日本の政治家・軍人・一般人の立派さと，それに対する清の政治家や軍人の卑怯さを強調し，この戦争が日本側にとっては「正義の戦争」であることを主張していることです。また，明治三陸地震津波を描いた演劇で唯一台本が残っている（大阪府立中之島図書館所蔵）『大海嘯』という作品を見ると，悪人の兄とその情婦は津波によって亡くなり，善人の妹夫婦は兄たちを避けて高台にある親類の家に行っており津波の被害を免れるという内容であることが分かります。実際には，戦争においてどちらか一方だけが絶対的な正義であることも，大規模な自然災害が悪人だけを襲うこともあり得ないでしょう。もし，今日このような内容の芸術作品を作れば，それがフィクションであるという前提があったとしても，作り手の倫理が問題とされるのではないでしょうか。

　錦絵の場合も，現実の出来事を描きつつも，やはり絵画としての操作が加えられています。西南戦争での野津道貫大佐の活躍を描く大蘇芳年『鹿児嶋征討記之内　高瀬口河海ノ戦争野津公聯隊旗を取返ス図』（図 24 - 3）は，野津大佐が敵に奪われた連隊旗を奪回し，馬上で旗を手にして敵兵と切り結ぶ姿が躍動感たっぷりに描かれていますが，連隊旗は戦後に発見されたというのが真相です。また，日清戦争の黄海海戦で，日本海軍によって撃沈された敵艦が沈み行く姿を描いた小林清親『我艦隊於黄海清艦撃沈之図』（国立国会図書館，DOI：10.11501/1301543）は，優れた美術品であることはもちろん，報道メディアとして当時の人々に与えたインパクトも大きかったことが想像されますが，すでに水中に沈んでいる戦艦の姿が克明に描かれる構図が，「実見」ではなく想像に基づくものであることは，いうまでもありません。

4　現実を捉える「枠組み」

　しかし，明治時代の報道メディアを見ていくと，錦絵や演劇といった今日では芸術作品のカテゴリーに入るものだけでなく，現代まで続く近代的メディアである新聞においても，今日とは「報道」に対する姿勢が大きくことなることに気がつきます。

図24-3 大蘇芳年『鹿児嶋征討記之内 高瀬口河通ノ戦争野津公聯隊旗を取返ス図』

（出所）国立国会図書館デジタルコレクション［DOI：10.11501/1301543］

　日本で最初に刊行された日刊紙は，明治3年12月（1871年1月）創刊の『横浜毎日新聞』で，東京では明治5年2月（1872年3月）に『東京日日新聞』が創刊されました。以後，様々な新聞が生まれますが，これら明治期の新聞を見ていくと，それが今日の感覚ではかなり「いかがわしい」，噂話なども平気で載せるようなメディアであることがすぐに分かります。初期の新聞に関わった人々の顔ぶれを見ても，仮名垣魯文や條野採菊（山々亭有人）といった幕末期から草双紙や人情本といわれる通俗小説を書いていた人々や，落合芳幾などの浮世絵師が目立ちます。この時期には，現代においては芸術作品とみなされる小説や絵画と新聞の記事や挿絵との境界もまた曖昧であり，新聞でもすでに見てきた錦絵や演劇などと同じく，現実の出来事を勧善懲悪などの枠組みや，想像上の構図に当てはめて報じることが当然のようになされていました。

　一方で，「事実を捻じ曲げることなく，ありのままに伝える」立場を目指す報道人も登場します。加藤裕治氏は，西南戦争をめぐる新聞報道を分析して，『朝野新聞』記者の成島柳北が，戦場に行くこともなく，伝聞等に基づく，私たちから見るといいかげんな報道を行ったのに対して，『東京日日新聞』の福地桜痴（源一郎）は現地（戦場）での直接取材を行って，実際に見聞きした情報を詳細に報じたことを紹介しています。福地の姿勢は，中立的な視点から事実をありのままに伝える，という近代的な報道のあり方であるといえますが，加藤氏はこれに対して，「こうした報道言説が「見たまま（聞いたまま）」，つまり

「ニュートラル（中立的）な視点」に基づく「事実」によって出来事を知らせていると，本当にいうことができるのだろうか？」（加藤，1998）と問います。

　福地は，自身が直接得た情報を新聞紙上で発表していったわけですが，「見たまま」の情報が羅列されるその紙面は，必ずしも分かりやすいとはいえない，混沌としたものになってしまいました。また，加藤氏も指摘する通り，そうした報道姿勢には，重大な矛盾が潜んでいるのです。すなわち，福地は断片的情報を積み重ねていくことで，西南戦争という事件の全体を描き出そうとしたわけですが，描くべき断片を選択する時点で，それが全体の中の一部であるか（西南戦争に関わる情報であるかどうか）という，主観的な判断をする必要があるのです。

　これは例えば，東日本大震災，新型コロナウイルス感染症といった，私たちにとってより身近な出来事の場合に置き換えると分かりやすいでしょう。東日本大震災について，様々な情報を積み重ねて全体像を描こうとする時，地震や津波，原発事故やそれにともなう避難などの影響，様々なイベント等の自粛，といった様々な事柄が，大震災に関係するものかどうか，という判断が求められますし，新型コロナウイルス感染症の場合も，感染症そのものだけでなく，飲食店や文化芸術団体への影響などのどこまでを取り上げるべきか，線引きをする必要があります。「部分」を描く際には，それ以前に「全体」の像を明確にしておかねばならないのです。

　そう考えると，ともすると私たちが素朴に求めがちな，「事実を捻じ曲げることなく，ありのままに伝える報道」というものは，ある意味では不可能であるともいえるでしょう。もちろん，悪意に基づいて偽りの情報を流布することは重大な罪ですし，これまでに見てきた幕末・明治期の「報道」と現代のそれとの間に，多くの違いが存在することもいうまでもありません。しかし，メディアそのものの性質や，人々の感覚に変化が生じても，「報道」が何らかの形の「枠組み」を必要とするという点は，実はいつの時代にもあまり変わらないのではないでしょうか。そして，おそらく私たちは，「枠組み」の存在を意識しながら「報道」に接する必要があり，そこにどのような「枠組み」が用いられているのかという点も含めて，「報道」を読み解いていかねばならないの

でしょう。

※DOI（デジタルオブジェクト識別子）を記した資料は，https://doi.org/ の後に
　DOI を入力すると，所蔵機関が公開している画像を閲覧することが可能です。

ブックガイド

太田記念美術館監修，日野原健司著『戦争と浮世絵』洋泉社，2016年。

奥武則『幕末明治新聞ことはじめ　ジャーナリズムをつくった人びと』朝日新聞出
　版，2016年。

加藤秀俊・前田愛『明治メディア考』中央公論社，1983年。

第25章

IT 革命とグローバル化，
ポスト・マスコミ時代のジャーナリズム

小田光康

1　自分が好きなことを「仕事」にする

　私は大学でジャーナリズムを教える傍ら，ゼミナールの学生ら仲間と一緒に多種多様な活動に携わっています。例えば，一年を通してタイの山岳少数民族が作るコーヒーを東京都世田谷区などにフェアトレードをするプロジェクトをしています。春休みにはアジアの辺境に赴き，メディア教材を使って子どもたちに感染症の予防法を伝える研究をしています。

　夏休みには長野県白馬村にある山のてっぺんで，ヒツジの放牧とリモートワークをつなげる活動をしています。秋には国際学会に出掛けて，海外のジャーナリズム研究の仲間の輪を拡げます。冬には，長野県大町市で江戸時代から続く小さな造り酒屋で仕込みを手伝っています。また，気が向くとマスコミなどに寄稿もします。

　皆さんはたぶん，「なんて，脈絡のないことをしているのだろう」と，不思議に思われたことでしょう。そう，脈絡などありません。どれも私が好きでやり始めたことだから。ただ，これらの活動は一本の糸でつながれています。それがパブリック・ジャーナリズムです。これはグローカルな問題に市民が主体的に参加し，その利害関係者と対話しつつ，自らメディアを活用して情報を発信していくジャーナリズムです。

　パブリック・ジャーナリズムは一般的なジャーナリズムと同様，市民の「知る権利」のために，社会の様々な問題をえぐり出し，それを市民社会に伝えていく活動です。また，公権力を注意深く監視して，暴走の予兆があるときには，市民社会に警笛を鳴らします。ただし，パブリック・ジャーナリズムに携わる

人が，時にその問題の当事者となってしまい，独立した立場と視点が失われてしまう場合があります。この場面では情報開示と説明責任という透明性で補います。

　さて，なぜ私はパブリック・ジャーナリズムを通じて，以上に掲げた様々な活動ができるようになったのでしょうか。その答えは，IT 革命とグローバル化です。これらについてお話しします。

2　「ジャーナリズムを学ぶこと」と
「ジャーナリストになること」は異なる

　皆さんの中には将来，マスコミのジャーナリストになりたいと考えている人もいるでしょう。マスコミとは新聞・雑誌・ラジオ・テレビなどのマス・コミュニケーションを媒介するマスメディアの総称です。また，ここでは，ポータルサイトやブログ，SNS などをネット・メディアと称します。これらのメディアを通じて，時事的な問題の報道・解説・批評などを市民社会に伝達する活動をジャーナリズムといいます。また，ジャーナリズムに従事するのがジャーナリストです。

　「ジャーナリズムを学ぶこと」と「ジャーナリストになること」は全く異なります。「ジャーナリズムを学ぶこと」は，ジャーナリズムを対象にして，それを批判的に読み解いていくことです。ジャーナリズム論や社会学などがこれに相当します。また，大学の中に閉じこもって取材報道のまねごとをする実習授業もあります。これらは「ジャーナリストになること」や「マスコミに就職すること」にはほとんど関係がありません。

　ジャーナリズムを理論的に学ぶことは悪いわけではありません。けれども，現場取材は極端に個別具体的であり，実際に必要なのは幅広い教養，行動力と洞察力です。公権力の腐敗や大企業の不正のほとんどがカネがらみです。これらを取材するには法学や政治学の基礎知識と共に，簿記や会計監査の細かな実務が必要になります。理論的な知識だけに頼った取材だと，事実を深くえぐれない上滑りした記事になりがちです。

　実習授業も全否定はしません。ただ，その多くが世の中から批判にさらされるというリアリティに欠けています。ジャーナリストは時に他者を批判するので，本質的に人に忌み嫌われる職業です。これはマックス・ヴェーバーの『職業としての政治』にも克明に描かれています。精神的にも体力的にも相当しんどい状況でも，それを乗り越えることが要求されます。

　また，報道記事の場合，その多くが定型文で，執筆方法の訓練はさほど要しません。重要なのは取材という情報収集活動です。これはビジネスマンの営業活動と同じく，大学で学ぶのはとても難しい。米ハーバード大学の経営大学院で，最も重要だけれど唯一存在しない授業が「営業」です。営業や取材はある種の職人技で芸術的な側面があります。これは人から教わるものでなく，自ら編み出すものです。「暗黙知」と呼ばれ，これは大学の学びの中でも，「隠れたカリキュラム」にあるようです。

3　情報技術（IT）革命で
ジャーナリズムとマスコミが岐路に立たされる

　ここでは情報技術（IT）革命についてお話しします。これは1990年代後半，コンピュータやソフトウェア，インターネットが急速に発展・普及したことによる政治や経済，社会や生活の変革を指します。

　IT革命はマスコミ業界の構造からジャーナリストの仕事内容に至るまでとてつもなく大きな影響を及ぼしました。ここではジャーナリストとしての私が直面したIT革命の衝撃についてお話しします。IT革命前のジャーナリズムの世界を知ることは君たちにとっても有意義でしょう。

　1990年代前半のことです。当時，私は米ジョージア州アトランタで，主にオリンピックを取材する駆け出しのマスコミのジャーナリストでした。この頃はまだインターネットやパソコン，携帯電話やデジタルカメラはありません。取材現場ではメモ帳に走り書きしながら，カセット・テープの録音機を回し，銀塩フィルムのカメラで写真を撮っていました。フィルムは36枚撮りで，むやみやたらにシャッターは切れません。

　取材が終わるとカメラ屋にフィルムを現像に出し，支局に戻って専用のワードプロセッサー機を使って記事を書きました。参考用にと何冊ものスクラップ・ブックに記事の切り抜きを貼り付けておきました。仕上がった記事はプリントアウトして，ファクシミリで東京に送っていました。これが終わると「写真電送機」で東京まで写真を送ります。カラー写真 1 枚送るのに約40分もかかりました。当時はまだ，携帯電話など普及していません。報道現場から速報する場合は，近くの公衆電話から支局で待ち構える上司にメモ書きした記事を口頭で伝えました。これが IT 革命前のジャーナリストのおおよその仕事の仕方です。

　これが IT 革命で一変しました。いまでは取材はスマートフォン（スマホ）1 台でほとんど用が足せます。インターネットがつながれば世界中のどこにいてもスマホで撮った写真を一瞬で送ることができます。取材中にスマホに録音した音声を自動的に文字に置き換え，それを記事に編集して，ネットを通じて送稿できます。記事を書くのに必要な参考情報はその場でネット検索すればいい。これら一連の作業は時間をかけずに報道現場で終えることが可能です。いまではオンラインの記者会見も普及しました。IT 革命の影響で，取材報道活動が驚異的に効率化され，情報流通の速度はますます加速しています。職人技だった写真撮影もほとんど自動化されて，簡単にプロ並みの写真が撮れます。IT 革命でジャーナリズムの世界へのハードルが低くなったといえます。

　ただ，ジャーナリズムにとって IT 革命は良いことだけではありません。ネット上には真偽が定かでない情報が溢れています。事実に基づかないフェイクニュースもあります。IT 技術を活用できる者とそうでない者の格差，デジタル・デバイド問題もあります。そして，ジャーナリズムにとって致命的な問題が浮かび上がりました。効率化を追求するあまり，社会問題に腰を据えて追い続ける地道な調査報道が疎かになりました。

4　ネットで世界の知識を吸収し，海外現場体験をメディア表現

　次は「グローバル化」です。IT 革命に加え，ロー・コスト・キャリア（LCC）

など移動手段の発達，金融取引の国際的な連携などによって，ヒト，モノ，カネ，そして情報の国境を越えた移動が容易になりました。世界各国・地域が相互に依存し，国際社会の動向が人々の生活に大きな影響を与えるような状況をグローバル化といいます。

　情報分野にはジャーナリズムに関する教育も含まれます。最近では大学の授業のオンライン化が進みました。これまではキャンパスまで通学し，一定の時間に，一定の場所で，一定の人数しか受講できないのが大学の授業でした。オンライン化でこれらの制限が一気に取り払われたと共にグローバル化が加速しました。ネット上で世界各国の大学の授業を無料で受講できる MOOCs（ムークス）が出現し，国内の大学生も英オックスフォード大学など世界の名門大学の授業を自宅で受講できるようになりました。しかも，自動翻訳など人工知能（AI）の発達で，外国語が不得意でもこれらの授業内容をおおよそ理解できます。さらに，SNS などを通じて海外の受講生と会話もでき，課題も一緒にできます。これらは IT 革命以前では不可能でした。

　実際に私はゼミの学生と一緒に，カリフォルニア大学のジャーナリズムの授業や，ボストン大学のデジタル・マーケティング戦略のムークス授業を受けています。これらの知識をもとに，フェアトレードコーヒーを通じた南北問題や，造り酒屋の再生といった地域振興問題に関する研究をゼミで進めています。

　ただ，オンライン授業は万能ではありません。教室でゼミの学生と顔をつきあわせて問題を深掘りしつつ，学生と共にタイの山岳少数民族の村に実際に足を運び，そこの人々と対話をして貧困や差別のにおいを嗅ぎ分けることも必要です。ちなみに，この村の人々はガスも水道もない藁葺きの高床式住居に住んでいますが，みんなテレビを観てスマホを持っています。学生や私はいまでは村の人々と SNS で連絡を取り合っています。これらの過程を克明に綴れば上質なルポルタージュに仕上がります。これがパブリック・ジャーナリズムの活動です。大学生が学んだ知識や経験のアウトプットをメディアに乗せて発信することが可能になりました。

　もはや大人数を詰め込む大教室で教師が教科書を読み上げるだけの大学の授業は不必要です。つまり，IT 革命とグローバル化によって世界規模での理論

と実践を融合させた授業が可能になったと同時に，国内の大学の存在意義そのものが問われているのです。

4　ポスト・マスコミ時代のジャーナリズム

20世紀は大量生産・大量消費に代表されるマス（大衆）の時代でした。この時代の情報の伝達はマスコミが主流でした。ここではマスコミが情報の発信機能をほぼ独占していたと考えられます。情報の受け手にもその機能が期待されていたのですが，物理的に困難でした。マスコミが発信する大衆に向けた情報は必然的に最大公約数的な内容になります。

ここで社会の大多数を占める大勢の人々，大衆について考えてみましょう。人はそれぞれ個性があり，社会は多様性に溢れています。こう考えると大衆など存在せず，マスコミが創作した幻想だと分かります。マスコミが発信する画一的な情報は個々の情報の受け手のニーズに必ずしも合致しているとはいえないのです。

IT 革命によってネット・メディアが出現し，情報流通の手段が多様化しました。かつて主流だったマスコミから読者・視聴者への一方向かつ直線的な情報流通の様式は，個々のメディアや個人同士がクモの巣状につながるウェブ形式に置き換わりました。だれもが，いつでも，どこからでも情報を発信できる時代になりました。しかも，その情報はいとも簡単に国境を越えていきます。

いま，国内外のマスコミ企業の多くが経営難に苦しんでいます。この業界はこれまで，記者クラブ制度などの参入障壁によって保護されてきました。また，設備に多額の資金が必要なため，これも参入障壁になっていました。これらによって業界全体は超過利潤を得ることが可能で，マスコミ企業の業績は良好でした。

これが IT 革命によってネット・メディアが出現したと共に，参入障壁が取り払われはじめました。マスコミに比べたらネット・メディアを作る資金などごくわずかです。不特定多数への最大公約数的な情報を扱うマスコミは，地域の細かな情報を提供することが不得意です。この分野の情報発信の多くが小所

帯の地域メディアに取って代わられました。また，自治体もネット・メディアを開設し，マスコミを中抜きにして地域住民に直接対話することも始まりました。

　さらに，ネット上には無料の情報が溢れています。この中には報道記事などの情報も数多く含まれます。しかも，ネット上ではそれぞれのマスコミが発信する報道記事を並べて比較することも可能になりました。これらがジャーナリズム界の競争をさらに激化させ，マスコミ業界の収益力を劇的に低下させたのです。

　ただし，マスコミというメディア形態が衰退あるいは消滅したとしても，ジャーナリズムという意識活動が消滅するわけではありません。マスコミという箱に入っていたジャーナリズムというコンテンツが，ネット・メディアという箱に引っ越しをするという感じです。現にアメリカではこれがだいぶ進みました。

　これまでマスコミに独占されていたジャーナリズムに一般の人々も参加できる状況になりました。取材報道の自由は表現の自由の一部とされ，これは日本国憲法で保障される国民の基本的人権の一つです。IT革命によって個人がメディアを使って自由に情報発信することが可能になり，個人が主体的に参加するパブリック・ジャーナリズムがグローバル規模で拡がっています。

　ジャーナリズムの世界で最も権威があるとされる表彰に，アメリカの「ピューリッツアー賞」があります。2021年には黒人男性が白人警官に押さえつけられ死亡した事件で，その現場の状況を撮影した一般女性に特別賞が贈られました。パブリック・ジャーナリズムが評価されたといえましょう。

　私はいま，少数民族のコーヒー・フェアトレードやメディア教材を使った感染症対策の話題をルポルタージュにまとめて，マスコミに寄稿する傍らネット・メディアでも発表しています。この目的はグローカルな課題を当事者として伝えるパブリック・ジャーナリズムの活動といえましょう。これはポスト・マスコミ時代のジャーナリズムの一例といえます。

第26章

コンピュータの問題点

山崎浩二

1　コンピュータの仕組み

　大量のモノや情報を扱うには数値計算が欠かせません。しかし，人は数値計算があまり得意ではありません。そこで，大量の数値計算を，高速に，正確に，自動的に行う機械であるコンピュータが発明されました。このコンピュータに数値計算を自動的に行わせるための手順を書き表したものがプログラムです。ここではコンピュータとプログラムの仕組みについて説明します。

■コンピュータの仕組み

　コンピュータの重要な要素として「CPU」と「メモリ」があります。一般的なコンピュータでは，メモリにプログラムとデータが格納され，CPU はプログラム中の命令とデータをメモリから一つずつ読み出して順番に処理します。

　CPU での命令の実行は，図26-1に示す4つの動作に分けられます。命令とデータはメモリに格納されています。そこでメモリから命令とデータを読み込みます（①②）。そして命令を実行し（③），最後に計算結果をメモリに書き込みます（④）。

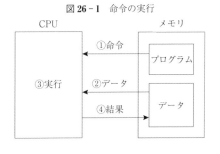

図26-1　命令の実行

　計算速度のみを考えるならば，数多くの高機能な命令がコンピュータに用意されているほうが高速に計算できます。しかし，命令の数や機能を増やせば増やすほど，コンピュータは巨大で高価なものになってしまいます。そこで，一

般的なコンピュータでは，基本的な命令のみを用意します。代表的な命令には，足し算，かけ算などの演算命令，メモリとの間のデータの読み書き命令，プログラムの実行の分岐や停止などを指示する制御命令，などがあります。

■プログラムの仕組み

コンピュータには基本的な命令しか用意されていませんので，複雑な計算を行うためには，基本的な命令を組み合わせて実現しなければなりません。このような基本的な命令を組み合わせたものがプログラムです。

どんなに大きなプログラムでも，足し算をせよというような「具体的な計算処理」と「制御構造」で構成されます。制御構造とは，命令を実行する順番を制御するためのもので，「条件分岐」と「繰り返し」の2種類があります。条件分岐は，「もし　この条件を満足する　ならば　この処理をせよ，そうでなければ　この処理をせよ」というもので，条件により処理内容を変えるものです。繰り返しは，「ある条件を満足する間，この処理を繰り返し実行せよ」というものです。このような制御構造を利用して，プログラムには，どのデータに対して，どのような計算を，どのような順番で行うか，ということが書かれます。

コンピュータは，プログラムで指示されている計算を忠実に実行します。逆の言い方をすれば，コンピュータはプログラムで指示されていないことを勝手に行うことはありません。したがって，正しい結果を得るためには，必要な計算手順を，漏れなく，正確にプログラムに記述しておかなければなりません。この必要な計算手順の中には，誤操作などの異常事態への対処も含まれます。

2　コンピュータの問題点

プログラムの不備により大きな被害が出るトラブルが時折発生します。トラブルは発生しないほうが良いのは当然ですが，プログラムの不備を完全になくすことはできません。トラブルが発生する要因の代表的なものとして，要求定義の不備，例外処理の不備，テストの不備があります。ここでは，これらにつ

いて順に説明していきます。

■要求定義

　大規模なプログラムでは，それを利用・使用する企業など（利用者）が，自分たちで作ることはあまりありません。プログラムを開発する企業（開発者）に作成を依頼することがほとんどです。したがって，高品質なプログラムを作成するには，利用者は自分の要求を的確に開発者に伝えることが重要です。また，開発者は，利用者の要求を的確に把握することが重要です。このような利用者の要求を明確化する工程のことを「要求定義」と呼びます。

　要求定義では最初に基本計画を立てます。基本計画では，利用者の現状の分析・課題の把握を行い，プログラムの目的および達成目標を明確化します。プログラムの目的は，例えば，ある作業に要する時間を短縮する，というようなものです。達成目標は，作業に要する時間を現状の半分以下にする，というようなものです。次に，基本計画に基づいて，プログラムが満たすべき機能や性能，開発期間や開発費用などの要求を要求定義書としてまとめます。

　この要求定義はとても重要な工程です。プログラムの作成は，要求定義書の内容を忠実に実現することを目的とします。要求定義書の事項を勝手に変更したり，要求定義書にない事項を勝手に加えたりすることはありません。したがって，要求定義書の内容が不十分であれば，できあがるプログラムも不十分なものになります。また，プログラムの作成が始まってから要求定義の内容を追加・変更する，いわゆる仕様変更は簡単ではありません。仕様変更の影響が及ぶ範囲を探すには手間がかかります。さらに，影響が広範囲に及ぶ場合には，大幅に作り直さなければなりません。利用者が仕様変更を依頼するのは，プログラムをより良いものにするためです。しかし，安易な仕様変更はプログラムをいびつなものにし，誤動作や不安定な動作を引き起こすなど，品質の低下をまねくので注意が必要です。

　プログラムは要求定義書の内容を実現したものです。したがって，要求定義書に不備や不足があると，作成されるプログラムは利用者の本来の要求を満たさないものになってしまい，様々なトラブルを引き起こしてしまいます。利用

者の要求があいまいであったり，伝えたつもり，理解したつもりなどの思い込みがあったりすると，要求定義書に不備や不足が生じてしまいます。高品質なプログラムを作成するには，利用者と開発者の間の円滑なコミュニケーションがとても重要です。

■例外処理

　例外とは，プログラムの正常な実行を妨げるような事態のことを言います。例えば，入力されるはずのないデータが誤って入力された，誤った操作がなされた，などが例外に当たります。例外処理とは，例外が発生した場合に行う処理や対処のことを言います。人は異常事態の際，指示がなくてもその場の状況に応じて自ら判断して行動することができます。一方，コンピュータは，例外処理がプログラムに適切に記述されていなければ，人であれば簡単に対処できる事態であっても，どんなにひどい状況であっても何もしません。

　例外処理の対象となる例外は，プログラムの利用者と開発者が事前に想定します。そして想定した例外に対して対処方法をプログラムに組み込みます。しかし，例外には様々な可能性があり，ありとあらゆる例外を想定しつくすことはできません。設計段階で想定しなかった想定外の例外が発生した場合，プログラムがどのような動作をするかは誰にも分かりません。想定外の例外のためにプログラムが異常動作し，大きなトラブルに発展する可能性はゼロにはなりません。

■テスト

　大規模なプログラムでは，記述量が数百万行を超えることも珍しくありません。プログラムを正しく動作させるには，この膨大な記述に漏れがなく，すべてが正しくなければなりません。プログラムが正しく記述されているかを確認する作業がテストです。

　プログラムのテストの基本的な手順は，①テストデータの作成，②テストデータのプログラムへの入力と出力の取得，③出力の誤りの原因の分析，④プログラムの修正，となります。①のテストデータは要求定義書に基づいて作成

されます。大規模なプログラムでは確認する項目が多いので, その量は膨大な
ものになります。②で正しく動作しないことが分かった場合でも, ③の原因分
析, ④の修正に多大な時間がかかることも珍しくありません。このように, テ
ストは多くの手間と時間を要する工程です。そのためプログラム作成のスケ
ジュールの遅れや, 作成費用の安易な削減のために, 十分なテストが行われな
いということがあります。このようなケースでは, 重大な誤りが見逃されてし
まい, 大きなトラブルの発生につながります。

　また, テストには, 根本的な問題があります。オランダの計算機科学者ダイ
クストラの格言に, 「テストは, 誤りの存在を示すことはできるが, 誤りのな
いことは示せない」というものがあります。これは, すべてが正しく記述され
ているということを証明できない, ということを表しています。プログラムに
誤りがないことを証明するには, すべての入力データの組み合わせに対して正
しい結果が得られることを確認しなければなりません。しかし, 入力データの
組み合わせは無限に存在し得ます。例えば電卓プログラムの場合, 入力データ
の組み合わせは, 1＋1, 1＋1＋1, 1＋1＋1＋1・・・と無限に続きます。こ
のように, 現実の世界でどれだけテストを行ったとしても, プログラムに誤り
がないことを証明することはできません。

　プログラムの誤りをゼロにすることはできません。しかし, テストを十分に
行うことで, 致命的な誤りが残存する確率を下げることができます。きちんと
作成・テストされたプログラムは高い品質を持っており, 大きなトラブルが発
生することはそれほど多くはありません。

3　AIの仕組み

　コンピュータに計算させるには, 計算の順番, 分岐の条件をあらかじめ決定
しておかなければなりません。しかし, あらかじめ決定することが現実的に不
可能な場合もあります。例えば車の自動運転では, 自分の車, 他の車, 歩行者,
障害物などとの関係を, 安全な状態, 危険な状態, 回避が必要な状態などに分
け, その時にどのように振る舞うかを, あらかじめ条件として決定しておくと

いうことが無理であることは容易に想像できると思います。このような問題に
対処するために利用されるのが AI（人工知能）です。AI には様々な手法があ
りますが，ここではニューラルネットワークの仕組みについて説明します。

■ニューラルネットワークの仕組み

　ニューラルネットワークとは，生物の脳の仕組みを模倣したものです。
ニューラルネットワークは，図 **26 - 2** のようなニューロンを，図 **26 - 3** のよう
に層状に重ねて構成されます。各ニューロンは値をもち，次の層のニューロン
の入力信号となります。図 **26 - 2** では $x_1 \sim x_n$ がニューロンの入力信号（＝前の
層のニューロンの値）を，z がニューロンの値を表しています。また，$w_1 \sim w_n$
は重み，b はバイアスと呼ばれる値です。

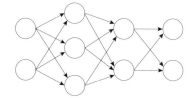

図 **26 - 2**　ニューロンの構造　　　　図 **26 - 3**　ニューラルネットワークの構造

　ニューロンの値 z は，入力信号，重み，バイアスを使って，次の式で計算
されます。

$$z = A(x_1x_1 + \cdot\cdot\cdot + w_nx_n + b)$$

　なお，A は活性化関数と呼ばれる関数で，ニューロンの値をある範囲内に
収めるために用いられます。計算式は難しく見えるかも知れませんが，ここで
重要なのは，
　　ニューラルネットワークの最終的な出力値は，各ニューロンの重みとバイア
　　スによって決まる
ということです。
　ニューラルネットワークで欲しい出力値を得るためには，各ニューロンの重み

とバイアスの値を調整する必要があります。この調整作業のことを「学習」と呼びます。

　学習方式には様々なものがありますが、基本的には、学習用データの入力、重みとバイアスの調整、という作業を繰り返し行います。例えば手書き文字を認識する場合は次のように学習が行われます。まず準備として、手書き文字の画像を学習用データとして大量に用意します。また、それぞれの画像がどの文字であるのか、という正解データも合わせて用意します。学習用の入力データと正解データを合わせて教師データと呼びます。次に学習用の画像データをニューラルネットワークに入力し、その出力値を正解データと比較して、何枚の画像の文字を正しく認識できたかを調べます。そして、より多くの学習用データの画像を正しく認識できるように各ニューロンの重みとバイアスを調整します。一回の調整で認識精度を大幅に向上させることは難しいため、学習用データの入力、重みとバイアスの調整、という作業を、十分な精度が得られるまで、何回も繰り返して行います。

　ニューラルネットワークは、様々な問題の解決に利用されています。問題が複雑になれば、それだけ多くのニューロンが必要になります。さらに、重みとバイアスの調整のための繰り返しの回数も増えるため、複雑な問題では学習に大量の時間を要します。

4　AI の問題点

　AI は学習させれば必ず望む出力結果が得られるようになるとは限りません。AI の代表的な問題点として、過学習、教師データの不足・偏り、得られた結果の根拠が不明、があります。ここでは、これらの問題点について説明します。

■過学習

　過学習とは、特定のデータ集合に対してのみ、過剰に適応してしまった状態のことを言います。例えば、教師データに対しては良い結果が得られるが、それ以外では良い結果が得られない、というケースが過学習に当たります。

　学習の狙いは，未知の入力や状況に対処することにありますので，過学習が起こってしまっては，その狙いが達成できません。そのため過学習が起きていないかということに，常に注意を払う必要があります。過学習への対策としては，教師データの他に，学習に使用しないテストデータを用意し，学習の効果をテストデータで評価する，という方法などがあります。

■教師データの不足・偏り

　学習の成果は教師データの量や質に依存します。教師データの量や質が十分でない場合，教師データに含まれない状況下で適切な出力結果が得られないことがあり得ます。また，教師データに偏りがある場合は出力結果にも偏りが生じる可能性があります。偏りのない大量の教師データがあることが望ましいのですが，偏りがないこと，量が十分であることを，判定することは簡単ではありません。

■得られた結果の根拠が不明

　学習の結果は重みやバイアスが表しています。しかし，私たちが重みやバイアスを見ても，なぜそのような出力結果が得られたのかまったく分かりません。現在の AI には出力結果の根拠を示す機能がありません。したがって，不適切な結果が出力された場合，なぜそのような結果が出力されたのかが分かりませんので，どのように修正すればよいかは分かりません。また，そもそも，結果が適切なのかどうかも分からない場合もあります。

　現在の AI は，ある種のブラックボックスのようなものです。AI を使っているからその結果は信用できる，というものではありません。過学習が起きていたり，教師データの量や質が不十分であったりすれば，出力された結果の信頼性・有効性は低いものとなります。現在の AI を不用意に信じることは危険が伴うものであり，AI の出力結果が妥当であるかを，常にチェックし続ける必要があります。

ブックガイド

小田徹『コンピュータ開発のはてしない物語——起源から驚きの近未来まで』技術
　評論社，2016年。

カーニハン，ブライアン（酒匂寛訳）『教養としてのコンピュータサイエンス』日
　経 BP，2020年。

田口善弘『はじめての機械学習——中学数学でわかる AI のエッセンス』講談社ブ
　ルーバックス，2021年。

第27章

組織やコミュニティにおける監視

「見張り」と「見守り」

竹中克久

1 監視とは何か

　現代社会は高度情報社会であると言われています。高度情報社会では，私たちに関する情報が様々なかたちで監視されています。例えば，街中にあふれる防犯カメラという名前を借りた監視カメラに映らないように生活することは不可能でしょうし，スマホの地図アプリの位置情報を使わずに移動することも難しいでしょう。その意味では私たちは常に自らの情報を監視されている社会に生きているとも言えるのです。このような監視技術は，一方では，安全・安心で便利な社会を作りながら，他方では，不自由な社会を作っている可能性があります。この章では，そうした監視の両面性に目を向けていきます。

　アメリカの社会学者であるデイヴィッド・ライアンは監視を「影響，管理，保護または指導の目的で，個人の詳細事項に対して向けられた，焦点を絞った体系的でルーティーン化した注意」（ライアン，2011：22）と定義しています。これだけでは何のことだか分かりにくいでしょう。ライアンの言う監視には2つの「C」があると考えると，分かりやすいかもしれません。その2つとは管理（control）とケア（care）です。管理と言われると少し嫌な印象を持ちますが，ケアと言われると優しいイメージを抱きます。すなわち，監視には「見張り」＋「見守り」という2つの側面があるのです。

　街中を歩いていても，防犯カメラが私たちの安全を保証してくれているようです。防犯カメラは1990年までは金融機関などに限定されて設置されていましたが，1990年以降，商店街や住宅街をはじめとした様々な地域社会で導入がなされ，もはやカメラがある光景は日常的で当たり前のものとなってきています

（朝田，2019）。また，個人によるカメラの設置も盛んに行われています。インターネットショッピングのサイトで「防犯カメラ」と検索すれば，多くのものが比較的安価で手に入れることができる時代になっていることが分かります。さらには21世紀に入り，スマートフォンが普及するとともに，"1人1台のカメラを常に携帯する"ことが当たり前になってきています。加えて，最近のドライブレコーダーの増加も考慮しなければなりません。このことから現代の日本には，人口よりも多くのカメラが存在すると言っても過言ではないことが分かります。

　例えば，私が勤務する明治大学の和泉キャンパス周辺を例にあげてみましょう。まず，明大前駅周辺に7台以上，明大前駅から正門までの間に13台以上，正門から校舎までに3台以上のカメラが確認できました。確認できたものだけで23台以上あるので，確認できなかったものや周辺の店舗のものも含めると50台程度はありそうです。直線距離500mに50台ですから，実に10mに1台という数のカメラが設置されていることになります。

図 **27 - 1**　明大前駅から明治大学の監視カメライメージ

2　監視社会としての現代社会──監視カメラを手がかりに

防犯カメラはどうして街中に存在するのでしょうか？　もちろん，「防犯」なのですから，「犯罪」を「防ぐ」ためでしょう。しかし，実際には防ぐことができなかった犯罪を記録しているだけとも言えるのです。「防犯カメラの映

像によりますと……」と始まることが，ニュース番組の定番となっている現状では，もはや犯罪を防いでいる防犯カメラというよりは，すべてを常に見張っている監視カメラと呼ぶ方が良さそうです。安心・安全な社会を求める私たちは，常にカメラによって監視されないと安心できない社会を作り上げたのです。そのカメラの前では，私たちはいつか罪を犯す人，すなわち「潜在的不審者」として取り扱われます。「見守り」の技術は「見張り」の技術でもあるのです。

　それでは，家の中に閉じこもっていれば良いのでしょうか。インターネット上では個人の購買行動に基づいて「おすすめ商品」が表示されるほか，自分に合った広告が提示されるようになっています。一見便利なようなこのようなシステムも見守りであり，見張りになっているのです。

　では，監視カメラをはじめとした技術は，私たちに安心・安全な社会をもたらしてくれたでしょうか。2017年に内閣府が行った調査で，「あなたは，現在の日本が，治安がよく，安全で安心して暮らせる国だと思いますか」という問いに対して，「そう思う」「どちらかといえばそう思う」と回答したのは80.2%でした。この数字からはある程度の安全・安心が保たれている社会であるように見えます。完全に安全・安心という社会が事実として存在しない以上，これはかなり高い数値であるとも言えます。その一方で，「あなたは，ここ10年間で日本の治安はよくなったと思いますか。それとも悪くなったと思いますか」という問いに対しては，「どちらかといえば悪くなったと思う」「悪くなったと思う」という回答が60.8%にものぼるのです。もっとも，2012年に行われた調査では，81.1%もの人が「治安が悪くなった」と回答していたことを考えると若干は改善しているのかもしれません。ただし，日本人の5人のうち4人が安心・安全だと考える社会に対して，5人のうち3人はこの10年の間に治安が悪くなったと感じているのです。これを「体感治安の悪化」と言います。

　では，実際に治安は悪化しているのでしょうか。**図27-2**のグラフを見てください。戦後から近年までの刑法犯の認知件数です。グラフからは2002年以降急激に犯罪が減っているように見えます。にもかかわらず，なんとなく体感としての治安は悪くなっていると感じている人が多いのです。

　その間，監視カメラの数が増えているのは確実でしょうし，その機能（解像

図**27 - 2** 戦後から近年までの刑法犯認知件数

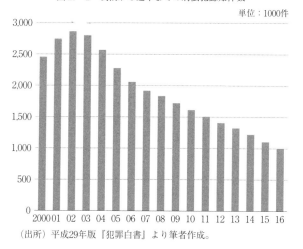

（出所）平成29年版『犯罪白書』より筆者作成。

度など）も向上しているはずです。しかしながら，私たちは毎日，治安悪化の不安を抱えながら日々を過ごしているのです。体感治安が悪化する要因には様々なものが考えられますが，TV やインターネットをはじめとしたメディアに繰り返し登場する犯罪報道の存在もその一つです。高度情報社会においては，情報の総量は非常に大きくなります。さらにはその報道にコメントが加えられたり，シェアされたりするなどして，さらに情報は量的に拡大していくことになります。また，映像付きのニュースが多いことも特徴の一つです。カメラが増えているわけですから，多くの事件・事故は記録されることが多くなります。インパクトのある映像をともなう報道がなされることによって，情報が質的にも変化し，よりわれわれにリアルなイメージを呼び起こさせるのです。このような情報の量的・質的変化が体感治安を悪化させる一つの要因となっていると考えることもできます。

　その結果，監視カメラはますます多くの場所に設置されるようになります。近年では痴漢犯罪およびそのえん罪から身を守るために電車の車両内にもカメラが設置されているほか，街中の自動販売機などへの設置も進んでいます。また，実際にカメラがなくとも「防犯カメラ作動中」「この地域は監視カメラが24時間見守っています」といったステッカーを目にしない日はありません。

"カメラがあるから犯罪をやめよう"という犯罪者（いるのかどうか分かりませんが）にとっては，ステッカーだけでその効果はあるはずです。「防犯」，すなわち「犯罪」を「防ぐ」ためのカメラが，「防げなかった」犯罪を映しているようでは本末転倒だとも言えます。

3　組織における監視——監視カメラ・通話の録音

　働いているかどうかを監視する，というと刑務所での労務作業のようですが，私たちの職場でも同じようなことが行われているようです。社会においてその正当性が認められた監視技術は，組織のレベルでも活用されていくようになります。ここで問題となってくるのが，プライバシーの問題です。例えば，会議室に監視カメラが取り付けられたケースを考えてみましょう。誰かに記録されている中で自由な議論が行われることは難しいと言えます。その一方で，「企業脅迫」や「総会屋対策」ということを考えれば，これは組織にとってのリスクマネジメントでもあるのです。ほかの事例も考えてみましょう。例えば，コールセンターに電話をかけてみると，最初に「弊社ではサービス向上のために通話を録音させていただきます」というアナウンスを耳にします。ここで，監視されているのは誰でしょうか。もちろん，コールセンターには様々な人々が電話をかけてくることは想像できます。なかには理不尽な要求をするようなクレーマーもいるかもしれません。その意味では「通話の録音」は組織にとってのリスクマネジメントとなります。ただし，この通話の録音にはそれに対応するオペレーターの会話も含まれています。適切に「お客様」に対応したかどうか，という記録にもなり得るのです。様々な技術は，組織のリスクマネジメントにも組織メンバーの監視＝プライバシーの侵害にも使用することができるものなのです。

　例えば，ある食品工場では「いつ，誰が，毒物を混入させるかもしれない」ことを防ぐためにカメラを5台から700台に増やしたそうです。[(2)]そのほか，技術的には社内メールのやりとりは把握することができますし，スマホの位置情報でどこに社員がいるか把握することもできます。さらにはセンサーを使うな

どして一日の行動を管理することも行われています。これは私たちが望んだ社会でしょうか？

　アメリカの経営学・心理学者にダグラス・マクレガーという学者がいます。彼は1960年代にＸ理論とＹ理論というものを提示したことで有名です。Ｘ理論では〈人間は本来仕事を回避したがる傾向があり，強制や命令を行わなければ十分に力を発揮せず，責任をとるよりは安全をとる存在である〉と考えます。これは1960年代以前の労働管理のあり方でした。それに対してＹ理論では〈人間は条件次第で自らが進んで身を委ねた目標の達成のために，創意工夫をこらして問題を解決し，その責任をとろうとする存在である〉と考えます。マクレガーは今後の経営管理を考える上で，Ｘ理論からＹ理論へ変えていくべきだと考えていました（マクレガー，1970：38-40，54-55）。

　果たして，現代社会における組織ではどうでしょうか。カメラで見張り，メールを監視し，センサーで行動を記録する，といったようにまさにＸ理論が前提となっているようにも見えます。いったん，Ｘ理論からＹ理論に転換が起こった後に，現代では再びＸ理論に「退化」していっていると考えることもできます。

4　コミュニティにおける監視──安心・安全メール・声かけ禁止条例

　監視社会の足音は私たちの身の周りのコミュニティにも聞こえてきたようです。不審者情報は警察や自治体から即座にメールで配信されますし，子供への声かけを制限する条例を作った自治体もあります[3]。監視技術で取り除くことができなかった不安は，私たちが相互に監視し合う，すなわちお互いを「潜在的不審者」として取り扱う「相互監視社会＝相互不安社会」を生み出してしまったのかもしれません。監視カメラの前では，私たち全員が等しく「潜在的不審者」となっているかのようです（浜井・芹沢，2006）。

　例えば，次のようなメールが自治体や警察から送られてくることがあります。

事例①

• 2週間ほど前，午前 8：20頃○○公園付近で「おい」と声をかけられたため，児童が「うん？」と反応した後，腕を軽くつかまえられたり，追いかけられたりした。

• 水曜日夜，同じ人から声かけをされた。

【不審者の特徴】50〜60代の男性・身長 160 cm くらい

事例②

• 午後 5 時40分頃，○○ 3 丁目の路上で，児童（女）が通行中，男に声をかけられました。

• 声かけ等の内容：君たち。せっかくだから，お菓子をあげるよ。

【不審者の特徴】年齢70歳前後，身長 160 cm くらい，白髪，黒色背広上下，サングラス，セカンドバッグ所持

　事例①は確かに不審者の可能性が高いかもしれません。しかし，事例②はどうでしょうか。お菓子を配ろうとしたおじいさんの姿が思い浮かばないでしょうか。これがまさに，人々が全員で全員を監視するという「相互監視社会＝相互不信社会」となっている好例となります。子供に声をかける＝不審者であるという可能性を社会の拠り所とする社会なのです。先ほど，子供への声かけを条例で禁止する自治体もあることを述べました。これらの自治体では，たとえ子供が泣いて困っていても声をかけることすらためらわざるを得ないでしょう。常に潜在的不審者に「予防」を行ってきた私たちは，実際に困っている子供の「手助け」ができなくなってしまっているのです。

　加えて，これらの通報が善意の第三者によって行われていることも重要です。"地域の治安を守らなければ"という使命感によって突き動かされた一般の人々が，まさに「善意」で不審者を通報しているわけです。そこでは不審者が本物であるかどうかは関係ありません。人々は，少しでも怪しければ（あるいは怪しくなくても），予防として一般の人＝潜在的不審者を通報するとともに，他の誰かが通報した別の不審者情報を恐れ，ますます治安の維持のために監視を繰り返すことになるのです。

　また，マンション内での挨拶を禁止するという決定がマンションの自治会で行われたという報道もありました。どういうことかというと，ある家庭では"知らない人に挨拶されたら逃げなさい"と子供に伝えていたようです。同じマンション内の高齢者もそれまでは挨拶をしても挨拶がかえってこなかった，もう挨拶をしなくて良くなったのでありがたい，というわけです。[4]

　このマンションが1995年に巨大地震を引き起こした都市にあることも付け加えておかねばなりません。災害時には，コミュニティ全体で助け合うことが不可欠です。私もこの地震で被災したため，そのことは身にしみて分かっています。ところが，この挨拶禁止のマンションでは助け合うことができるでしょうか。過剰に犯罪を「予防」した私たちは，未曾有の災害になんの「備え」もない状態におかれてしまっているとも言えるのです。

　監視社会という現代の高度情報社会について見てきましたが，私たちの社会は少なくとも安全で便利であるだけでなく，不安や不信，不自由な要素も含んでいるようです。体感治安の悪化が監視カメラを増設させていく一方で，どれほど監視カメラを増やしても犯罪を防ぐことができないという「事実」に私たちはまた不安を募らせていくのです。すべての人が潜在的不審者となるこの現代社会においては，監視技術は私たちの働く企業をはじめとした組織や，日常生活を送るコミュニティにも浸透していきます。

　監視技術が「見張り」でありながら「見守り」でもある，このような両面性に気づくためには情報やコミュニケーションといったものの両面性を意識する情報コミュニケーション学の視点が不可欠になってくるのです。私たちは情報を発信しながら，情報に翻弄され，コミュニケーションで共感しながら，不安を感じているのかもしれません。

注
(1)　2017年11月内閣府『治安に関する世論調査』。
(2)　2014年5月29日（修正2014年6月16日）アクリフーズ「農薬混入事件に関する第三者検証委員会」『最終報告』。
(3)　2004年11月17日に奈良市内で帰宅途中の小学1年生の女子児童が誘拐され，殺害されるという事件をきっかけに条例を定める自治体が登場した。

⑷　2016年11月4日『神戸新聞』(夕刊)。

ブックガイド

入山章栄『世界標準の経営理論』ダイヤモンド社，2019年。

スノーデン，エドワード，国谷裕子他『スノーデン　監視大国　日本を語る』集英
　　社，2018年。

バウマン，ジグムント（奥井智之訳）『コミュニティ——安全と自由の戦場』筑摩
　　書房，2017年。

リベラルな国際秩序と世界的変動

鈴木健人

　現代の世界はグローバル化し，政治経済社会的に一体のものとなりました。この現象は，15世紀ごろの大航海時代から西欧諸国によって導かれました。近代における西欧の勃興は資本主義による世界市場の成立をもたらし，産業革命はそれを加速しました。イスラム世界，インド，中国で成立していた帝国は，西欧の帝国主義政策によって植民地化もしくは半植民地化されました。第二次世界大戦をきっかけにして植民地の独立が広がりましたが，独立後の国家は，やはり西欧起源の主権国家としてでありました。

　ですが21世紀に入って20年が過ぎようとしている今，アジアの工業生産力は西欧諸国を凌駕し，約500年ぶりとなる世界史的大転換期を迎えています。世界的なパワーシフトが起こりつつあるのです。こうしたパワーシフトの中，自由や民主主義など，西欧起源の「普遍的な」価値観も挑戦を受けるようになっています。果たしてアメリカ・西欧・日本を中心とするリベラルな国際秩序は，生き残っていけるでしょうか。現在のリベラルな国際秩序は，第二次世界大戦後にアメリカのリーダーシップによって成立したものです。その秩序は，自由貿易，民主主義，ユーラシアの勢力均衡という三つの要件から成り立っていました。

　これに対して中国は，国内では国民への監視を強化する「デジタル権威主義国家」となり，「権威主義国家＋国家資本主義＝自由なき経済的繁栄」という「新しい」モデルとなりつつあります。さらにロシアは経済的に停滞しているとはいえ，軍事力を強化し，ウクライナではクリミア半島を支配し，「ハイブリット戦争」によってウクライナ東部を支配下に置きました。こうした動きはNATO諸国を警戒させ，ロシアへの不信感が高まっています。

　リベラルな国際秩序は，中国とロシアによって重大な挑戦を受けているのです。リベラルな国際秩序の受益者であった日本は，その秩序を維持するために

役割を果たさなければなりません。また朝鮮半島をはじめとして日本周辺では軍事的緊張が高まっています。言うまでもなく北朝鮮の核開発と弾道ミサイルや巡航ミサイルの開発です。また台湾をめぐって中国と台湾およびアメリカとの緊張が高まっています。朝鮮半島についても，台湾についても，日本は傍観を許されない当事者です。国際的にリベラルな秩序を維持するために貢献するとともに，自国の安全を確保するために努力する必要があります。

　こうした従来型の問題に加えて，現在の世界はパンデミックや気候変動など，一国単位では解決できないグローバルな問題にも直面しています。こうした問題は全人類的課題であり，国家安全保障という観点からだけではなく「人間の安全保障」という広い視点から問題に取り組む必要があります。またアフガニスタンでタリバン政権が復活したことで，世界は再びテロの脅威に曝されることになりました。

　世界政治を考えることは難しいといえます。だが人間の活動であることに変わりはありません。異なる文化や歴史を学び，地域の特性を考慮しながら，SDGs に示されるように世界的な問題の解決に努力しなければなりません。

おわりに

　本書は明治大学情報コミュニケーション学部の必修科目である「情報コミュニケーション入門」を担当している教員が中心になって執筆したものです。

　学際的，すなわち，様々な専門領域から現代情報社会について教育・研究を行う情報コミュニケーション学部の教員の視点から現代情報社会について見渡した時，現在何について考えるべきなのかを提示する一冊となっています。はじめにでも述べましたように，執筆に際し情報とコミュニケーションという現代を読み解くためのキーワードから，各執筆者は社会，文化，世界について論じることを目指しました。同時に，学際的なアプローチである，情報コミュニケーション学の豊かな中身を紹介することを心がけています。本書を読んで，この私たちをとりまく現代社会の諸現象について，そこに存在する諸問題に対する新たな発見は何かありましたか。読者のみなさんそれぞれが，本書を通して，情報コミュニケーション学とは何かを理解し，自分の周りにある事柄を様々な視点で観察し，現代社会に対する自分の関心や問いをみつけてもらえれば幸いです。

　最後となりますが，この本を出版するにあたってご尽力くださった明治大学情報コミュニケーション学部の先生方，事務室のみなさん，また，本書を出版する機会を作ってくださった宮川友里さん，ミネルヴァ書房で編集をご担当くださった本田康広さん，そして，本書を手にしてくださった読者のみなさんに心よりお礼申し上げます。また，本書のはじめにを率先して執筆いただいた編集委員会の島田剛先生にもお礼を申し上げます。

2022年1月

明治大学情報コミュニケーション学部書籍編集委員会
高馬京子，小林秀行，島田　剛，宮本真也，横田貴之

引用・参考文献

はじめに

岡田暁行『「クラシック音楽」はいつ終わったのか──音楽史における第一次世界大戦の前後』人文書院，2010。

加藤周一「『釣狐』または言葉と暴力の事（1993年10月20日）」，『夕陽妄語2』筑摩文庫，2018所収。

第1章

落合恵子『偶然の家族』東京新聞，2021年。

国立社会保障・人口問題研究所『第15回出生動向基本調査（結婚と出産に関する全国調査）』2015年。

小林和美『早期留学の社会学──国境を越える韓国の子どもたち』昭和堂，2017年。

是枝裕和『万引き家族』宝島社，2018。

施　利平「後継者の獲得をめぐる世代間の交渉──中国の一人っ子世代の出生をめぐって」『比較家族史研究』第35号：99-131，2021年。

辻村深月『朝がくる』文藝春秋，2015年。

統計数理研究所『国民性の研究　第13次全国調査──2013年全国調査』2015年。

内閣府『平成21年度インターネット等による少子化施策の点検・評価のための利用者意向調査最終報告書』2009年（最終閲覧日：2021年6月8日）

凪良ゆう『流浪の月』東京創元社，2019年。

Fong, Vanessa L. 2004. *Only Hope : Coming of Age Under China's One-China Policy* : Stanford University Press.

第2章

ギデンズ，アンソニー『モダニティと自己アイデンティティ──後期近代における自己と社会』ちくま学芸文庫，2021年。

友枝敏雄，浜日出夫，山田真茂留編，『社会学の力』有斐閣，2017年。

明治大学就職キャリア支援センター，「『CAREER CENTER GUIDEBOOK 2021』を公開しました！」，2021年7月2日　https://www.meiji.ac.jp/shushoku/info/2021/careercenterguidebook2021（最終閲覧日：2022年1月27日）

第3章

文部科学省科学技術政策研究所「民間企業の研究活動に関する調査報告 2011」『NI-STEP REPORT』No. 152：1-168ページ。

Autor, David H. "Why Are There Still So Many Jobs? The History and Future of Workplace Automation." *Journal of Economic Perspectives*, vol. 29, no. 3, pp. 3-30, 2015.

第4章

NEC ソリューションイノベータ（株）ホームページ https://www.nec-solutioninnovators.co.jp/rd/topics/topics_17.html（最終閲覧日：2021年6月29日）

サンスティーン，キャス／ライシュ，ルチア（遠藤真美訳）『Trusting Nudges──データで見る行動経済学，全世界大規模調査で見えてきた「ナッジ（NUDGES）の真実」』日経 BP，2020年。

白岩祐子，池本忠弘，荒川歩，森祐介『ナッジ・行動インサイト　ガイドブック──エビデンスを踏まえた公共政策』勁草書房，2021年。

セイラー，リチャード／サンスティーン，キャス（遠藤真美訳）『実践行動経済学──健康，富，幸福への聡明な選択（Nudge：Improving Decisions about Health, Wealth, and Happiness)』日経 BP 社，2009年。

日本臓器移植ネットワーク　https://www.jotnw.or.jp/explanation/07/06/（最終閲覧日：2021年6月29日）

福原明雄，「「リバタリアン」とはどういう意味か？：リバタリアニズム論の視角からみたリバタリアン・パターナリズム」(in：那須耕介，橋本努，「ナッジ!?：自由でおせっかいなリバタリアン・パターナリズム」) 勁草書房，pp. 174-201，2020年。

Cabinet Office the Behavioural Insights Team, "Applying Behavioural Insights to Reduce Fraud, Error and Debt" https://assets.publishing.service.gov.uk/government/uploads/system/uploads/attachment_data/file/60539/BIT_FraudErrorDebt_accessible. pdf（最終閲覧日：2021年6月29日）

Cabinet Office the Behavioural Insights Team "EAST：Four Simple Ways to Apply Behavioural Insights" https://www. bi. team/wp-content/uploads/2015/07/BIT-Publication-EAST_FA_WEB.pdf（最終閲覧日：2021年6月29日）

Johnson, Eric, J. and Daniel Goldstein, "Do Defaults Save Lives?", Science, vol. 302, no. 5649, pp. 1338-1229, 2003.

New Zealand Police, https://twitter.com/nzpolice/status/1242644889751285760（最終閲覧日：2021年6月29日）

The Behavioural Insights Team "The Behavioural Insights Team Annual Report 2017-

2018" https://www.bi.team/wp-content/uploads/2019/01/Annual-update-report-BIT-2017-2018.pdf（最終閲覧日：2021年6月29日）

阿部真大『搾取される若者たち——バイク便ライダーは見た！』集英社，2006年。
内田良『教育という病——子どもと先生を苦しめる「教育リスク」』光文社，2015年。
内田良・斉藤ひでみ『教師のブラック残業——「定額働かせ放題」を強いる給特法とは?!』学陽書房，2018年。
大内裕和・今野晴貴『ブラックバイト』堀之内出版，2015年。
久冨善之「教師の生活・文化・意識」『岩波講座 現代の教育第6巻 教師像の再構築』岩波書店，pp. 73-92，1998年。
小池和男『仕事の経済学〔第2版〕』東洋経済新報社，1999年。
厚生労働省ホームページ https://www.mhlw.go.jp/content/11650000/000689565.pdf（最終閲覧日：2021年10月18日）
児美川孝一郎『権利としてのキャリア教育』明石書店，2007年。
今野晴貴『ブラック企業——日本を食いつぶす妖怪』文藝春秋，2012年。
政府広報オンライン https://www.gov-online.go.jp/useful/article/201904/2.html（最終閲覧日：2021年4月17日）
永井聖二「日本の教員文化」『教育社会学研究』第32集，pp. 93-103，1977年。
本田由紀『軋む社会——教育・仕事・若者の現在』河出書房新社，2011年。
本田由紀・内藤朝雄・後藤和智『「ニート」って言うな！』光文社，2006年。

第6章
浦野正樹「災害社会学の成立と展開」大矢根淳・浦野正樹・田中淳・吉井博明編『シリーズ災害と社会2 災害社会学入門』弘文堂，pp 18-28，2007年。
小林秀行『初動期大規模災害復興の実証的研究』東信堂，2020年。
ナイ，ジョセフ・S（山岡洋一訳）『ソフト・パワー——21世紀国際政治を制する見えざる力』日本経済新聞出版，2004年。

第7章
井田良『講義刑法学・総論（第2版）』有斐閣，2020年。
高橋則夫『刑法総論（第4版）』成文堂，2018年。
前田雅英『刑法総論講義（第7版）』東京大学出版会，2019年。
守山正，小林寿一編著『ビギナーズ犯罪学』成文堂，2020年。

第8章

芦部信喜著・高橋和之補訂『憲法（第七版）』岩波書店，2019年。

新井紀子『AI vs. 教科書が読めない子どもたち』東洋経済新報社，2018年。

内山奈月・南野森『憲法主義——条文には書かれていない本質（文庫版）』PHP 文庫，2015年。

NHK for School ホームページ「社会にドキリ 日本国憲法」 https://www2.nhk.or.jp/school/movie/bangumi.cgi?das_id=D0005120501_00000（最終閲覧日：2021年7月31日）

松尾豊『人工知能は人間を超えるか——ディープラーニングの先にあるもの』角川 EpuB 選書，2015年。

山本龍彦『おそろしいビッグデータ——超類型化 AI 社会のリスク』朝日新書，2017年。

第9章

サンスティーン，キャス（石川幸憲訳）『インターネットは民主主義の敵か』毎日新聞社，2003年。

田中辰雄，山口真一『ネット炎上の研究——誰があおり，どう対処するのか』勁草書房，2016年。

著作権情報センター『著作権分野におけるソフトローに関する調査研究報告書 p 49, 2018年。

成原慧『表現の自由とアーキテクチャ——情報社会における自由と規制の再構成』勁草書房，2016年。

長谷部恭男『憲法学のフロンティア』岩波書店，1999年。

レッシグ，ローレンス（山形浩生訳）『CODE VERSION 2.0』翔泳社，2007年。

Spectrum 1

ダンバー，ロビン（藤井留美訳）『友達の数は何人？』インターシフト，2011年。

ピンカー，スティーブン（松田直子訳）『心の仕組み（上・下）』ちくま学芸文庫，2013年。

Spectrum 2

Redding, W. C. (1985). Stumbling toward identity: The emergence of organizational communication as a field of study. In R. D. McPhee & P. K. Tompkins (Eds.), *Organizational communication: Traditional themes and new directions* (pp. 15-54). Beverly Hills, CA: Sage.

Robbins, S. P. (1992). *Essentials of organizational behavior* (3rd ed.). Englewood Cliffs,

NJ: Prentice-Hall.

Spectrum 3

牛尾奈緒美・志村光太郎『女性リーダーを組織で育てるしくみ——先進企業に学ぶ継続
　就業・能力発揮の有効策』中央経済社，2014年。

明治大学アカデミックフェス2018 書籍編集委員会編，牛尾奈緒美他著『〈知〉が生ま
　れるコミュニケーション——情報社会におけるダイバーシティ・マネジメント』明治
　大学出版会（電子書籍），2019年。

第10章

大城志津子「ティサージ」沖縄大百科事典刊行事務局編『沖縄大百科事典』中巻，沖縄
　タイムス社：839，1983年。

金白峰「舞踊家　金白峰 My Way, My Life」『ヨウォン』2月号：41-49，1983年。

波照間永子・金采嬹・田銀子「琉球舞踊にみる衣装『袖』と身体技法——韓国舞踊との
　比較の試み」，寒川研究室編『スポーツ人類学の世界——早稲田の窓から』虹色社，
　169-183，2019年。

波照間永子・金采嬹・三田徳明「環太平洋的視点からみた舞踊の上肢動作——シンポジ
　ウム報告アジアの舞踊と身体文化」『比較舞踊研究』第20巻：52-60，2014年。

東村純子「女性がおくる布‐古代の領巾（ヒレ）と沖縄・八重山諸島の手巾（ティサー
　ジ）」『万葉古代学研究所年報』第10号：51-61，2012年。

第11章

井手口彰典『ネットワーク・ミュージッキング——「参照の時代」の音楽文化』勁草書
　房，2009年。

大山昌彦「第1章　音楽文化と楽譜」『ミュージックメディア』コロナ社，2016年，1-24
　頁。

大山昌彦「第2章　音楽文化と音響技術」『ミュージックメディア』コロナ社，2016年，
　25-60頁。

小川博司『音楽する社会』勁草書房，1988年。

宮澤淳一「第6章　聴取とメディア」『音楽論』武蔵野美術大学出版局，2016年，191-
　230頁。

八木良太『日本の音楽産業はどう変わるのか——ポスト ipod 時代の新展開』東洋経済新
　報社，2007年。

第12章

京都国立近代美術館，京都服飾文化財団編『身体の夢——ファッション OR 見えない コルセット』京都服飾文化財団，1999年。

高馬京子『日本とフランスにおける日本人ファッションデザイナーの表象：日仏新聞記 事（1981-1992）の言説分析を通して』Kaunas: Vytautas Magnus University, 2009 年。

高馬京子「越境する geisha—現代フランスの新聞における『日本女性像』の構築」『越 境する文化，コンテンツ，想像力—トランスナショナル化するポピュラーカル チャー』高馬京子・松本健太郎編，ナカニシヤ出版，2018年，3-20頁。

ジンメル，ゲオルク（円子修平・大久保健治訳）『ジンメル著作集 7』白水社，1976年。

トドロフ，ツヴェタン（小野潮，江口修訳）『われわれと他者——フランス思想におけ る他者像〈新装版〉』法政大学出版局，2015年。

深井晃子他編『世界服飾史』世界美術社，1998年。

Arvanitidou, Z., and Gasouka, M., Construction of Gender through Fashion and Dress-ing, *Mediterranean Journal of Social Sciences, Vol. 4 No. 11*, October 2013, pp. 111-115.

Chenoune, F., *Jean-Paul Gaultier (Fashion Memoir)*, London: Thames & Hudson Ltd, 1996.

Fashion Mix: Mode d'ici. Créateurs d'ailleurs, Paris: Flammarion, 2014.

Kaiser, S. B., *Fashion and Cultural Studies*, New York: Bloomsbury, 2012.

KOMA, K., "Kawaii as Represented by Wearers in France Using the Example of Loli-ta Fashion", *Representation of Japanese Popular culture in Europe*, Kaunas: Vytau-tas Magnus University, 2013, pp. 67-82.

Reis, B., and R. Miguel, B., et al. Genderless Clothing Issues in Fashion, *Textiles, Identi-ty and Innovation: Design the Future*, Taylor and Francis, 2018, https://www. researchgate. net/ profile/Susana-Azevedo/publication/337114029_Genderless_cloth-ing_issues_in_fashion/ links/ 5e32c42fa6fdccd9657716fb/Genderless-clothing-issues-in-fashion.pdf（最終閲覧日：2021年 7 月19日）

Taylor, D., and Jacob, J., Chanel the bricoleur: Steal all the ideas you can, *Fashion, Style & Popular Culture, vol. 4, No. 2*, 2017, pp. 167-178.

第13章

エールブルッフ，ヴォルフ（絵），ホルツヴァルト，ヴェルナー（文），（関口裕昭訳） 『うんちしたのはだれよ！』偕成社，1992年。

ゲーテ（生野幸吉訳）「西東詩集 註解と論考」，『ゲーテ全集』第15巻，潮出版社，

2003年。

ブラセル，ブリュノ（荒俣宏監修）『本の歴史』創元社，1998年。

フラッシャール，ミレーナ＝美智子（関口裕昭訳）『ぼくとネクタイさん』郁文堂，2018年）

ベルマン，アントワーヌ（藤田省一訳）『他者という試練　ロマン主義ドイツの文化と翻訳』みすず書房，2008年。

ベンヤミン，ヴァルター（野村修訳）『暴力批判論　他十篇』岩波文庫，1994年。

マンデイ，ジェレミー（鳥飼玖美子監訳）『翻訳学入門』みすず書房，2018年。

第14章

片岡智子「源俊頼の叙景歌における視座――「見る」姿勢の特質について」『ノートルダム清心女子大学紀要』第2巻第1号，1978年。

谷川茂他編『新編国歌大系』角川書店，1983-92年。

内藤まりこ「詩的言語と人称――和歌解釈の枠組みを考える」『日本文学』第60巻第7号，2001年。

第15章

大津由紀雄『はじめて学ぶ言語学――ことばの世界をさぐる17章』ミネルヴァ書房，2009年。

松岡和美『日本手話で学ぶ手話言語学の基礎』くろしお出版，2016年。

Chomsky, Noam. 1982. A note on the creativity aspect of language use. *The Philosophical Review* 91, 423-434.

FrontalCortex ホームページ http://frontalcortex.com/?page＝oll&topic＝24&qid＝274（最終閲覧日：2021年5月16日）

Hickok, Gregory, Bellugi Ursula, and Edward S. Klima. 1996. The neurobiology of sign language and its implications for the neural basis of language. *Nature* 381, 699-702.

Poizner, Howard, Edward S. Klima, and Ursula Bellugi. 1987. *What the hands reveal about the brain*. Cambridge, MA：MIT Press.

第16章

Freed, B. F., Segalowitz, N., & Dewey, D. P. (2004). Context of learning and second language fluency in French：Comparing regular classroom, study abroad, and intensive domestic immersion programs. Studies in Second Language Acquisition, 26(2), 275-301.

Galaczi, E. (2014). Interactional competence across proficiency levels：how do learners manage interaction in paired speaking tests? Applied Linguistics, 35(5), 553-574.

Galaczi, E., & Taylor, L. (2018). Interactional competence: Conceptualisations, operationalisations, and outstanding questions. Language Assessment Quarterly, 15(3), 219-236.

Gass, S. M., & Mackey, A. (2020). Input, interaction, and output in second language acquisition. In B. VanPatten, G. D. Keating, & S. Wulff (Eds.), Theories in second language acquisition (3rd. ed.) (pp. 192-222). New York, NY: Routledge.

Hassall, T. (2015). Influence of fellow L2 learners on pragmatic development during study abroad. Intercultural Pragmatics, 12(4), 415-442.

Kramsch, C. (1986). From language proficiency to interactional competence. The Modern Language Journal, 70(4), 366-372.

Magnan, S. S., & Lafford, B. A. (2012). Learning through immersion during study abroad. In S. M. Gass & A. Mackey (Eds.), The Routledge handbook of second language acquisition (pp. 543-558). New York, NY: Routledge.

Marriott, H. (1995). The acquisition of politeness patterns by exchange students in Japan. In B. F. Freed (ed.) Second language acquisition in a study abroad context (pp. 197-224). Amsterdam: Benjamins.

Miller, L., & Ginsberg, R. B. (1995). Folklinguistic theories of language learning. In B. F. Freed (ed.) Second language acquisition in a study abroad context (pp. 293-316). Amsterdam: Benjamins.

Salaberry, M. R., & Kunitz, S. (Eds.). (2019). Teaching and testing L2 interactional competence: Bridging theory and practice. New York, NY: Routledge.

Tullock, B., & Ortega, L. (2017). Fluency and multilingualism in study abroad: Lessons from a scoping review. System, 71, 7-21.

第17章

芦部信喜『憲法』（高橋和之補訂）第7版，岩波書店，2020年。

ケペル，ジル『宗教の復讐』晶文社，1992年。

小杉泰『現代中東とイスラーム政治』昭和堂，1994年。

小杉泰『イスラーム世界』名古屋大学出版会，2006年。

末近浩太『イスラーム主義——もう一つの近代を構築する』岩波書店，2018年。

末近浩太『中東政治入門』筑摩書房，2020年。

高尾賢一郎「日本の政治と宗教の関係はどうか」岩田文昭・碧海寿広編『知っておきたい日本の宗教』ミネルヴァ書房，pp. 82-89，2020年。

伊達聖伸『ライシテから読む現代フランス』岩波書店，2018年。

Casanova, José. 1994. *Public Religions in the Modern World*. Chicago and London : University of Chicago Press.

Taylor, Charles. 2011. "Why We Need a Radical Redefinition of Secularism," Eduardo Mendieta and Jonathan VanAntwerpen eds., *The Power of Religion in the Public Sphere*. New York : Columbia University, pp. 34-59.

第18章

厚生労働省『「令和元年度雇用均等基本調査」の結果概要』 https://www.mhlw.go.jp/toukei/list/dl/71-r01/07.pdf（2021年 3 月18日閲覧）

東京新聞「コロナのしわ寄せか，目立つ女性の自殺，2020年は増加に転じる」『東京新聞 TOKYO Web』2021年 1 月22日 https://www.tokyo-np.co.jp/article/81493（2021年 3 月18日閲覧）

内閣府『男女共同参画参画白書 令和 2 年版』，2020年 https://www.gender.go.jp/about_danjo/whitepaper/r02/zentai/index.html（2020年 3 月18日閲覧）

認定 NPO 法人しんぐるまざあず・ふぉーらむ＆シングルマザー調査プロジェクト『新型コロナウィルス 深刻化する母子世帯のくらし～1800人の実態調査・速報』2020年 8 月28日 https://note.com/api/v2/attachments/download/6f2cf94b08789915992eb50bf9e0dbd5（2021年 3 月18日閲覧）

新村出編『広辞苑 第 7 版 机上版』岩波書店，2018年。

ホックシールド，アーリー（田中和子訳）『セカンド・シフト 第二の勤務——アメリカ 共働き革命の今』朝日新聞社，1990年。

松村明監修『大辞林 第 3 版』三省堂，2006年。

ラカー，トマス（高井宏子・細谷等訳）『セックスの発明——性差の観念史と解剖学のアポリア』工作舎，1998年。

Cologny/Geneva, Switzerland, 2019, http://www3.weforum.org/docs/WEF_GGGR_2020.pdf（2021年 3 月18日閲覧）

World Economic Forum, *Global Gender Gap Report 2020,*

Spectrum 4

赤木洋一『平凡パンチ 1964』平凡社，2004年。

赤木洋一『「アンアン」1970』平凡社，2007年。

今田絵里香『「少女」の社会史』勁草書房，2007年。

阪本博志『『平凡』の時代』昭和堂，2008年。

佐藤卓己編『青年と雑誌の黄金時代』岩波書店，2015年。

すがやみつる『仮面ライダー青春譜——もうひとつの昭和マンガ史』ポット出版，2011

年。

難波功士『族の系譜学』青弓社, 2007年。

難波功士『創刊の社会史』筑摩書房, 2009年。

第19章

庵功雄「マインドとしての〈やさしい日本語〉——理念の実現に必要なもの」庵功雄・岩田一成・佐藤琢三・柳田直美『〈やさしい日本語〉と多文化共生』ココ出版, pp. 1-21, 2019年。

庵功雄（編）『「やさしい日本語」表現事典』マルゼン出版, 2020年。

外務省ホームページ「児童の権利に関する条約：全文」 https://www.mofa.go.jp/mofaj/gaiko/jido/zenbun.html（最終閲覧日：2021年6月1日）

上林千恵子「労働市場と外国人労働者の受け入れ」宮島喬・佐藤成基・小ケ谷千穂（編）『国際社会学』有斐閣, pp. 45-62, 2015年。

厚生労働省ホームページ『「外国人雇用状況」の届出状況』 https://www.mhlw.go.jp/content/11655000/000729116.pdf（最終閲覧日：2021年6月5日）

近藤敦『多文化共生と人権——諸外国の「移民」と日本の「外国人」明石書店, 2019年。

斎藤ひろみ「多様な言語文化背景を持つ生徒に対する教育の現状と課題」『早稲田大学国語教育研究』40巻：43-49。

佐藤郡衛『多文化社会に生きる子どもの教育——外国人の子ども, 海外で学ぶ子どもの現状と課題』明石書店, 2019年。

総務省ホームページ『多文化共生の推進に関する研究会報告書：地域における多文化共生の推進に向けて』 https://www.soumu.go.jp/kokusai/pdf/sonota_b5.pdf（最終閲覧日：2021年3月20日）

樽本英樹『よくわかる国際社会学』ミネルヴァ書房, 2016年。

西原和久「日本における『越境者』」西原和久・樽本英樹（編）『現代人の国際社会学・入門：トランスナショナリズムという視点』有斐閣コンパクト, pp. 36-54, 2016年。

法務省出入国在留管理庁ホームページ「在留外国人統計」 http://www.moj.go.jp/isa/policies/statistics/toukei_ichiran_touroku.html（最終閲覧日：2021年6月15日）

法務省出入国在留管理庁ホームページ「在留資格一覧表」 http://www.moj.go.jp/isa/content/930002260.pdf（最終閲覧日：2021年6月15日）

文部科学省ホームページ「外国人児童生徒等教育の現状と課題」 https://www.soumu.go.jp/main_content/000684204.pdf（最終閲覧日：2021年4月25日）

文部科学省ホームページ「外国人の子供の就学状況等調査結果について」 https://www.mext.go.jp/content/20200326-mxt_kyousei01-000006114_02.pdf（最終閲覧日：2021年6月10日）

文部科学省ホームページ「学校基本調査」 https://www.mext.go.jp/b_menu/toukei/chousa01/kihon/sonota/1355787_00001.htm（最終閲覧日：2021年6月10日）

文部科学省ホームページ「留学生30万人計画骨子」 https://www.mext.go.jp/a_menu/koutou/ryugaku/__icsFiles/afieldfile/2019/09/18/1420758_001.pdf（最終閲覧日：2021年5月7日）

第20章

外務省（2021）「ODA 実績——日本の二国間政府開発援助の供与相手国上位10か国（2019年）」 https://www.mofa.go.jp/mofaj/gaiko/oda/shiryo/jisseki.html（最終閲覧日：2022年1月25日）

特定非営利活動法人 国際協力 NGO センター（JANIC）（不明）「NGO の概念」 https://www.janic.org/ngo/faq/（最終閲覧日：2021年4月26日）

国連気候変動に関する政府間パネル（IPCC）（2015）『気候変動 2014 統合報告書 政策決定者向け要約』 http://www.env.go.jp/earth/ipcc/5th/pdf/ar5_syr_spmj.pdf（2021年4月24日閲覧）

一般社団法人 ジェイ・アイ・ジー・エイチ（JIGH）（2015）「日本における政府開発援助（ODA）に関する世論調査 結果」 http://jigh.org/wp/wp-content/uploads/2015/12/435f296fd2f1a1e5f63cdecd760de53b.pdf（最終閲覧日：2021年5月20日）.

株式会社電通（2021）「電通，第4回「SDGs に関する生活者調査」を実施」, https://www.dentsu.co.jp/news/release/pdf-cms/2021025-0426.pdf（最終閲覧日2021年5月8日）

南博，稲場雅紀『SDGs——危機の時代の羅針盤』岩波書店，2020年。

ロスリング，ハンス／ロスリング，オーラ／ロスリング・ロンランド，アンナ（上杉周作，関美和訳）『FACTFULNESS（ファクトフルネス）——10の思い込みを乗り越え，データを基に世界を正しく見る習慣』日経 BP 社，2019年。

Center for Global Development (2020). "The Commitment to Development Index 2020," https://www.cgdev.org/sites/default/files/CDI-brief-2020-WEB-EN.pdf（最終閲覧日：2021年4月20日）

Center for Research on the Epidemiology of Disasters (CRED)/UCLouvain (2022). "EM-DAT The International Disaster Database," https://public.emdat.be/（最終閲覧日：2022年1月28日）

Organisation for Economic Co-operation and Development (OECD) (2021a). "Net ODA," https://data.oecd.org/oda/net-oda.htm（最終閲覧日：2021年4月10日）

Organisation for Economic Co-operation and Development (OECD) (2021b). "The global picture of official development assistance (ODA)," https://www.oecd.org/

dac/ financing-sustainable-development/development-finance-data/（最終閲覧日：2021年4月10日）

Oxfam (2015). "Extreme Carbon Inequality : Why the Paris climate deal must put the poorest, lowest emitting and most vulnerable people first," https://www-cdn.oxfam. org/s3fs-public/file_ attachments/mb-extreme-carbon-inequality-021215-en.pdf（最終閲覧日：2021年4月30日）

World Economic Forum (2019). "Global Survey Shows 74% Are Aware of the Sustainable Development Goals," https://www.weforum.org/press/2019/09/global-survey-shows-74-are-aware-of-the-sustainable-development-goals/（最終閲覧日：2021年5月15日閲覧）

第21章

小澤卓也『コーヒーのグローバル・ヒストリー：赤い悪魔か，黒い悪魔か』ミネルヴァ書房，2010年。

島田剛，「貧困と雇用──アフリカにおける産業政策と経済学の役割」『経済セミナー2020年2・3月号：p 39-43，日本評論社 2020年。次の URL で PDF をダウンロードできます。 https://researchmap.jp/goshimada/published_papers/21222684/attachment_file.pdf

ダロン・アセモグル，ジェイムズ・A・ロビンソン（鬼澤忍訳）『国家はなぜ衰退するのか──権力・繁栄・貧困の起源（上・下）』ハヤカワ・ノンフィクション文庫，2016年。

Bolt, Jutta and Jan Luiten van Zanden. 2020. *Maddison Project Database. Version 2020 : Maddison style estimates of the evolution of the world economy. A new 2020 update.* https://www.rug.nl/ggdc/historicaldevelopment/maddison/releases/maddison-project-database-2020（最終閲覧日：2021年8月7日）

Cramer, Christopher, Deborah Johnston, Bernd Mueller, Carlos Oya, and John Sender. 2017. "Fairtrade and Labour Markets in Ethiopia and Uganda." *The Journal of Development Studies* 53(6): 841-856.

David, Paul A. 1985. "Clio and the Economics of QWERTY." *The American economic Review* 75(2): 332-337.

NASA. 2020. *Visible Earth.* https://visibleearth.nasa.gov/images/55167/earths-city-lights, 最終閲覧日：2021年5月4日）

第22章

英エコノミスト編集部『2050年の世界』文藝春秋，2012年。

NHK スペシャル取材班『無縁社会』文春文庫，2012。

小熊英二『単一民族神話の起源』新曜社，1995年。

外務省『海外在留邦人数調査統計』（2021年～2020年）　https://www.mofa.go.jp/mofaj/
　　toko/tokei/hojin/index.html（最終閲覧日：2021年8月20日）

川島高峰『流言投書の太平洋戦争』講談社学術文庫，2004年。

国土交通省『観光白書』各年度（平成9年版～令和3年版）　https://www.mlit.go.jp/
　　statistics/file000008.html（最終閲覧日：2021年8月20日）

シュムペーター（中山伊知郎／東畑精一訳）『資本主義・社会主義・民主主義』東洋経
　　済，1995年。

ベル，ダニエル（林雄二郎訳）『資本主義の文化的矛盾（上）（中）（下）』講談社学術文
　　庫，1972年。

ピケティ，トマ（山形浩生／守岡桜／森本正史訳）『21世紀の資本』みすず書房，2014年。

古市憲寿『絶望の国の幸福な若者たち』講談社，2011年。

法務省『出入国管理（入管白書）』各年度（平成15年版～2020年度版）　https://www.
　　moj.go.jp/isa/policies/policies/seisaku_index2.html（最終閲覧日：2021年8月20日）

吉川洋『高度成長』中公文庫，2012年。

第24章

加藤裕治「新聞報道の誕生　西南戦争をめぐる報道からの考察」『社会学評論』第49巻
　　第2号，1998年9月。

小西四郎『錦絵　幕末・明治の歴史』（全12巻）講談社，1977～78年。

ドクルソン，ロラン「AFP 記者コラム　報道写真の加工問題，芸術性と不正の境界」，
　　2015年3月16日　https://www.afpbb.com/articles/-/3042654?page=4（最終閲覧日：
　　2021年8月4日）

日置貴之『変貌する時代のなかの歌舞伎　幕末・明治期歌舞伎史』笠間書院，2016年。

森田健司「江戸時代における「かわら版販売者」の形装」『大阪学院大学通信』第46巻
　　第12号，2016年3月

「吉祥寺は先週末と同じにぎわい「いいんだよ，別に」」『日刊スポーツ』オンライン版，
　　2020年4月19日　https://www.nikkansports.com/general/nikkan/news/202004190000286.
　　html（最終閲覧日：2021年8月4日）

第25章

ヴェーバー，マックス『職業としての政治』岩波書店，1980年。

小田光康『パブリック・ジャーナリスト宣言』朝日新聞出版，2007年。

コヴァッチ，ビル，ローゼンスティール，トム（加藤岳文，斎藤邦泰訳）『ジャーナリズ

ムの原則』日本経済評論社，2002年。

花田達朗・ニューズラボ研究会編『実践ジャーナリスト養成講座』平凡社，2004年。

第27章

朝田佳尚『監視カメラと閉鎖する共同体——敵対性と排除の社会学』慶應義塾大学出版
　会，2019年。

浜井浩一・芹沢一也『犯罪不安社会——誰もが「不審者」？』光文社，2006年

マクレガー，ダグラス（高橋達男訳）『企業の人間的側面（新版）』産業能率出版部，
　1970年。

ライアン，デイヴィッド（田島泰彦・小笠原みどり訳）『監視スタディーズ——「見るこ
　と」「見られること」の社会理論』岩波書店，2011年。

Spectrum 6

アイケンベリー，G・ジョン（猪口孝監訳）『民主主義にとって安全な世界とは何か——
　国際主義と秩序の危機』西村書店，2021年。

鈴木健人・鈴木健・塚原康博編著『問題解決のコミュニケーション——学際的アプロー
　チ』白桃書房，2012年。

鈴木健人・伊藤剛編著『米中争覇とアジア太平洋——関与と封じ込めの二元論を超え
　て』有信堂，2021年。

ナイ，ジョセフ・Sジュニア／ウェルチ，デイヴィッド・A（田中明彦・村田康嗣訳）
　『国際紛争——理論と歴史［原書第10版］』有斐閣，2017年。

ミアシャイマー，ジョン・G（奥山真司訳）『新装完全版　大国政治の悲劇』五月書房
　新社，2019年。

《執筆者紹介》肩書，担当頁，担当科目（執筆順）

須田 努 Tsutomu SUDA 教授 序文
　社会文化史，東洋史

宮本真也 Shinya MIYAMOTO 教授 はじめに，第2章，おわりに
　社会学，コミュニケーション思想史

小林秀行 Hideyuki KOBAYASHI 准教授 はじめに，第6章，おわりに
　リスク社会論

高馬京子 Kyoko KOMA 准教授 はじめに，第12章，おわりに
　地域文化論，超域文化論

横田貴之 Takayuki YOKOTA 准教授 はじめに，第17章，おわりに
　多文化と相互理解，地域文化論

島田 剛 Go SHIMADA 准教授 はじめに，第21章，おわりに
　国際経済論

施 利平 Liping SHI 教授 第1章
　家族社会学

山内 勇 Isamu YAMAUCHI 准教授 第3章
　情報社会と経済，情報産業論

後藤 晶 Akira GOTO 専任講師 第4章
　不確実性下の人間行動，情報と経済行動

鈴木雅博 Masahiro SUZUKI 准教授 第5章
　情報社会と教育

阿部力也 Rikiya ABE 教授 第7章
　犯罪と法，現代型犯罪と刑法

田村 理 Osamu TAMURA 教授 第8章
　憲法，人権と憲法，人権政策

今村哲也 Tetsuya IMAMURA 教授 **第9章**
知的財産法Ⅰ・Ⅱ，ビジネスと法Ⅰ・Ⅱ，財産と法Ⅰ・Ⅱ，情報倫理

石川幹人 Masato ISHIKAWA 教授 **Spectrum 1**
科学リテラシー，環境生物学，認知心理学

山口生史 Ikushi YAMAGUCHI 教授 **Spectrum 2**
組織コミュニケーション

牛尾奈緒美 Naomi USHIO 教授 **Spectrum 3**
ジェンダー・マネジメント

波照間永子 Nagako HATERUMA 准教授 **第10章**
身体表現論

宮川 渉 Wataru MIYAKAWA 特任准教授 **第11章**
音楽論，デジタルアート

関口裕昭 Hiroaki SEKIGUCHI 教授 **第13章**
比較文学・比較文化，ドイツ語

内藤まりこ Mariko NAITO 専任講師 **第14章**
日本語表現

坂本祐太 Yuta SAKAMOTO 専任講師 **第15章**
言語学，談話コミュニケーション

ドウ ティモシー J. Doe Timothy Jonathan 専任講師 **第16章**
英語コミュニケーション，英語音声学

田中洋美 Hiromi TANAKA 准教授 **第18章**
ジェンダー論，ジェンダーと社会

江下雅之 Masayuki ESHITA 教授 **Spectrum 4**
情報社会論，メディアの歴史

大黒岳彦 Takehiko DAIKOKU 教授 **Spectrum 5**
　哲学，メディア論

根橋玲子 Reiko NEBASHI 教授 **第19章**
　異文化理解・適応

髙橋華生子 Kaoko TAKAHASHI 専任講師 **第20章**
　国際開発論

川島高峰 Takane KAWASHIMA 准教授 **第22章**
　政治学，政治とメディア，現代政治学Ⅰ・Ⅱ

和田　悟 Satoshi WADA 准教授 **第23章**
　情報リテラシー，国際交流

日置貴之 Takayuki HIOKI 准教授 **第24章**
　日本文学・日本文化論

小田光康 Mitsuyasu ODA 准教授 **第25章**
　コミュニケーション，メディア言語論

山崎浩二 Koji YAMAZAKI 准教授 **第26章**
　情報科学，プログラミング実習

竹中克久 Katsuhisa TAKENAKA 准教授 **第27章**
　組織論，組織と情報

鈴木健人 Taketo SUZUKI 教授 **Spectrum 6**
　国際関係論

情報コミュニケーション学への招待

2022年3月31日　初版第1刷発行　　　　　　　　〈検印省略〉

定価はカバーに
表示しています

編　　者　　明治大学情報コミュニケーション学部

発 行 者　　杉　田　啓　三

印 刷 者　　坂　本　喜　杏

発行所　株式会社　ミネルヴァ書房

607-8494　京都市山科区日ノ岡堤谷町1
電話代表 075-581-5191
振替口座 01020-0-8076

© 明治大学情報コミュニケーション学部, 2022　冨山房インターナショナル・新生製本
ISBN 978-4-623-09374-8
Printed in Japan

森　正美 編著
実践！　防災と協働のまちづくり
A 5・216頁
本体2,400円

湯淺正敏 編著
メディア産業論
A 5・280頁
本体3,000円

遠藤英樹 著
ポップカルチャーで学ぶ社会学入門
A 5・216頁
本体2,400円

井上雅人 著
ファッションの哲学
四六・480頁
本体2,800円

大津由紀雄 編著
はじめて学ぶ言語学
A 5・352頁
本体2,800円

樽本英樹 著
よくわかる国際社会学 ［第 2 版］
B 5・248頁
本体2,800円

小澤卓也 著
コーヒーのグローバル・ヒストリー
四六・348頁
本体3,000円

西尾哲夫・東長　靖 編著
中東・イスラーム世界への 30 の扉
四六・392頁
本体2,700円

井田　良・佐藤拓磨 編著
よくわかる刑法 ［第 3 版］
B 5・240頁
本体2,600円

斉藤くるみ 編著
手話による教養大学の挑戦
四六・312頁
本体3,500円

─── ミネルヴァ書房 ───

https://www.minervashobo.co.jp/